New Media 新媒体 新传播 新运营 系列丛书

新媒体运营

李俊 魏炜 马晓艳 ◉ 主编
王春丽 李亚萍 ◉ 副主编

人民邮电出版社
北京

图书在版编目（CIP）数据

新媒体运营 / 李俊，魏炜，马晓艳主编. -- 北京 ：人民邮电出版社，2020.7（2023.6重印）
（新媒体·新传播·新运营系列丛书）
ISBN 978-7-115-53865-9

Ⅰ. ①新… Ⅱ. ①李… ②魏… ③马… Ⅲ. ①传播媒介－运营管理 Ⅳ. ①G206.2

中国版本图书馆CIP数据核字(2020)第084101号

内 容 提 要

本书从新媒体运营的角度出发，首先介绍新媒体和新媒体运营的基础知识，新媒体运营用户、平台和内容的定位；再结合微信、微博、社群、音频、视频、直播、App、二维码、知识平台等多种新媒体运营途径展开讲解；最后对新媒体数据分析的重要性，以及微信公众号、微博的数据分析方法进行了重点介绍，以全面覆盖新媒体运营的各项内容，帮助相关从业人员学习并掌握新媒体的运营方法，使其成为一名专业的、优秀的新媒体运营人员。

本书可以作为高等院校、职业院校新媒体运营课程和各类新媒体运营培训机构的教材，也可以作为新媒体相关工作的从业人员的参考书。

◆ 主　　编　李　俊　魏　炜　马晓艳
副 主 编　王春丽　李亚萍
责任编辑　刘　尉
责任印制　王　郁　马振武
◆ 人民邮电出版社出版发行　　北京市丰台区成寿寺路 11 号
邮编　100164　　电子邮件　315@ptpress.com.cn
网址　https://www.ptpress.com.cn
山东百润本色印刷有限公司印刷
◆ 开本：787×1092　1/16
印张：12.5　　2020 年 7 月第 1 版
字数：301 千字　　2023 年 6 月山东第 8 次印刷

定价：46.00 元

读者服务热线：(010) 81055256　印装质量热线：(010) 81055316
反盗版热线：(010) 81055315
广告经营许可证：京东市监广登字 20170147 号

前言
PREFACE

互联网与信息技术的快速发展使传统媒体在市场运营中越来越力不从心。因此，基于人工智能、大数据、云计算等新兴技术的新媒体登上了媒体的舞台，使市场运营迎来了新的时代。新媒体的快速发展使人们的思维发生了改变，人们越来越依赖网络带来的便利，也更倾向于通过网络获取各种资讯。同时，一大批新媒体资讯平台的出现，也为企业提供了更加广阔的运营空间，企业可通过微博、微信、社群、音频、视频、直播等富有新媒体时代特色的运营平台顺利完成转型升级，获得新媒体带来的诸多“红利”。个人也能通过新媒体平台塑造个人品牌，成为网络红人或某领域的关键意见领袖（Key Opinion Leader，KOL），更好地实现个人价值与能力的变现。

为了顺应时代发展的需要，我们在综合调查新媒体发展趋势的基础上，结合目前常用的运营手段编写了本书，以向新媒体运营从业人员提供指导。同时，为了加强读者对新媒体运营的实际操作能力，本书采用了项目式结构，以充分结合新媒体运营的理论知识与实际操作，使读者全面掌握新媒体运营的知识和技能。

本书全面贯彻党的二十大精神，将二十大精神与新媒体运营的实际工作结合起来，立足岗位需求，以社会主义核心价值观为引领，传承中华优秀传统文化，注重立德树人，培养读者自信自强、守正创新、踔厉奋发、勇毅前行的精神，强化读者的社会责任意识和奉献意识，从而全面提高人才自主培养质量，着力造就拔尖创新人才。

本书内容

本书设计了8个项目，可以分为新媒体与新媒体运营基础、新媒体运营手段、新媒体数据分析3个部分（见下图）。读者在学习过程中要循序渐进，注重理论与实践相结合，以便更好地掌握本书的内容。

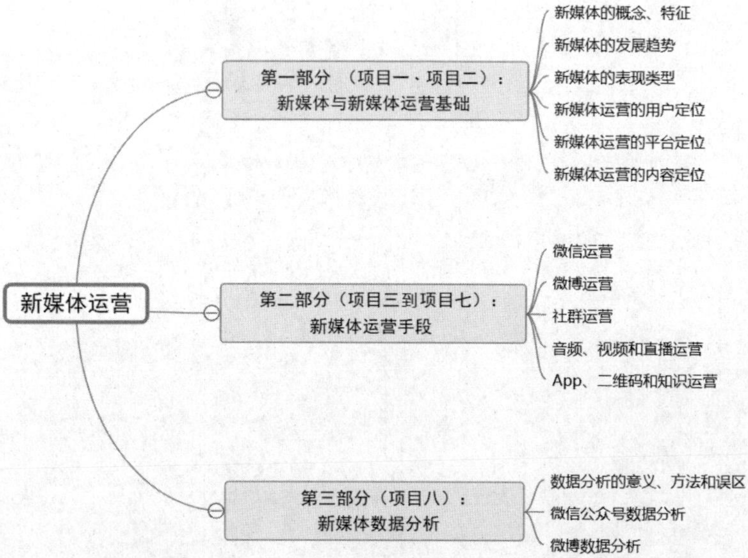

赠送资源

（1）拓展资源。本书在需要重点讲解的内容处配有二维码，这些二维码链接的内容是对知识的说明、补充和拓展等，读者扫码即可查看。

（2）赠送资源。本书还提供了丰富的配套资源，包括PPT课件、教学大纲等，有需要的读者可自行下载，网址为“http://www.ryjiaoyu.com”。

编者留言

由于编者水平有限，书中难免存在不足之处，欢迎广大专家、读者给予批评指正。

编　者

2023年4月

目录
CONTENTS

项目一 新媒体运营概述

学习目标

互联网和数字技术的发展催生了更符合当前用户需求的新媒体。新媒体打破了各媒介之间的壁垒，消除了信息传播者与接收者之间的界限，为个人和企业提供了更加广阔的运营空间，新媒体运营因此也应运而生。新媒体运营是更加符合当前网络环境的主流运营方式，新媒体运营人员需要了解和掌握其相关知识，构建完整的新媒体运营的理论知识体系，才能为具体操作打好基础，从而提升运营效果。

学习导图

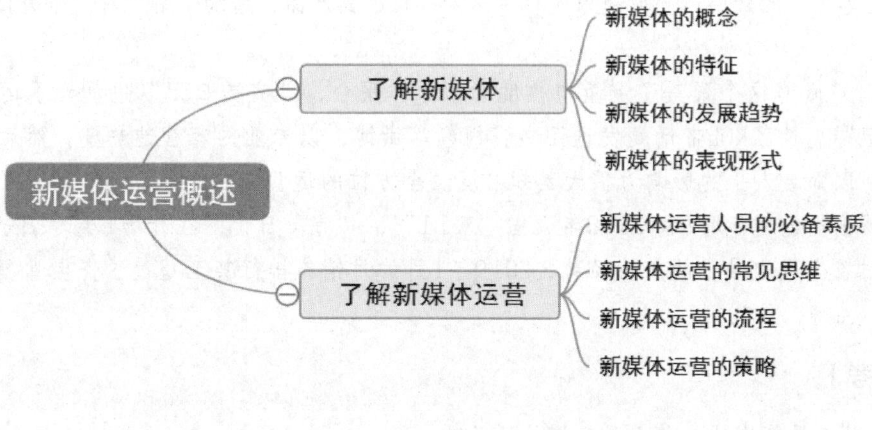

案例导入

为了顺应时代的发展，传统企业纷纷通过新媒体平台来进行新媒体运营。在美妆领域中，各品牌使出了浑身解数，结合多种运营手段不断推广自己，以在广大用户心中留下深刻的印象，从而形成良好的流量转化，使销量和知名度都节节攀升，“完美日记”就是其中的典型代表。

“完美日记”是一个小众美妆品牌，于2016年正式成立，2017年在天猫开设了官方旗舰店。在美妆市场由海外美妆品牌占据大份额的情况下，“完美日记”凭借其全方位的运营策略异军突起，成为美妆品牌的新兴势力。“完美日记”在市场调查与消费者分析的基础上，确定了以内容为主导的新媒体运营策略，并分别通过不同的新媒体平台来进行品牌的推广，其中最主要的就是“小红书”这个生活分享平台。“完美日记”入驻“小红书”后从4个方面进行了品牌和产品推广：一是自产“笔记”（“小红书”中的内容分享形式），以美观的店铺装修、专业的内容生产、趣味的美妆分享等吸引用户的注意；二是邀请普通用户发表来自他们的使用感受，通过生活化和真实的美妆应用来引起用户的共鸣，增加用户对品牌的信任；三是联合美妆关键意见领袖（Key Opinion Leader，KOL）发表专业的产品测评和对比内容，以专业性来增强消费者的购买欲望，增加忠实用户；四是邀请了“小红书”中热爱分享的知名人士推广其产品，通过知名人士的粉丝效应和广泛传播力来扩大传播范围。全方位的运营策略打响了“完美日记”新媒体运营的第一战，其用户数量和品牌知名度都得到了很大提高。

此外，“完美日记”还充分结合其他新媒体平台来进行运营，如在抖音、B站（哔哩哔哩）等发布短视频。这些短视频平台的用户数量巨大、消费力惊人，且其年轻化的用户特征也正好符合“完美日记”的主要消费人群。通过与短视频平台的带货“达人”合作，以视频来展示产品的特点，“完美日记”在美妆市场中的地位越来越稳固。“知乎”这个国内相对专业的知识问答平台，也没有被“完美日记”忽略。“完美日记”在“知乎”上以专业的态度解答用户对产品功效、实用性等方面的疑问；同时邀请美妆“达人”推广其产品，增加了用户对“完美日记”的信任度。

当然，对微博这个聚集了流量与热度的新媒体平台，“完美日记”也加大了运营力度。“完美日记”邀请了KOL带话题发送图文、视频等微博，以专业内容营造热度，然后邀请知名人士代言，以知名人士的影响力扩大其知名度。全方位的运营使“完美日记”获得了很多的忠实用户，其销量也逐年增加。2018年天猫“双11”，“完美日记”在开场1小时28分钟后就成为天猫商城首个成交破亿的美妆品牌，2019年1月的月销售排行甚至超过了资生堂、迪奥、纪梵希等国际品牌，位列第7。

【思考】

（1）什么是新媒体？什么是新媒体运营？

（2）“完美日记”采取了哪些新媒体运营策略？

（3）“完美日记”的内容运营主要体现在哪些方面？

（4）“完美日记”利用了哪些新媒体渠道？其特点分别是什么？

任务一 了解新媒体

互联网和数字技术的发展使传统媒体（如报纸、杂志等）受到了很大冲击，新媒体这种基于当前网络环境和用户碎片化阅读需求的媒体逐渐成为重要媒体，并为企业的运营提供了全新的方式，为企业产品或品牌的运营推广提供了新的平台（如微博、微信、社群等）。在新媒体环境下，运营人员必须先了解并掌握新媒体的相关知识，做好准备工作才能做好新媒体运营服务。

课堂讨论

针对下列问题展开讨论。

（1）谈谈你对电视广告、报纸广告的看法。

（2）目前你在网络中看到最多的运营推广方式是什么？

（3）电视广告、报纸广告与目前网络环境下的广告有什么区别？

（4）你获取信息的主要途径是什么？常用的搜索引擎是什么？

一、任务目标

新媒体为企业提供了多渠道、多模式的运营方式，可以帮助企业快速建立品牌优势，增强运营效果。新媒体的快速发展也使越来越多的企业加入了新媒体运营的队伍：海尔、小米、星巴克等传统企业通过新媒体进一步提升了品牌知名度，增加了忠实粉丝数量；三只松鼠、江小白等在新媒体环境下诞生的新品牌打响了品牌知名度，树立了品牌形象，获得了广大用户的喜爱。新媒体运营人员要想实现企业和品牌的推广与建设，首先要熟悉新媒体。本任务将对新媒体的概念、特征、发展趋势和表现形式等进行介绍，帮助运营人员全方位认识新媒体。

二、相关知识

（一）新媒体的概念

新媒体是相对传统媒体而言的一种新兴媒体，可以从狭义上和广义上进行理解。

- **从狭义上理解新媒体。**可以将新媒体看作继报纸、广播、电视和楼宇广告等传统媒体之后，随着媒体的发展与变化而产生的一种媒体形态，如互联网媒体、数字电视、移动电视、手机媒体等。
- **从广义上理解新媒体。**可以将新媒体看作在各种数字技术和网络技术支持下，以互联网、宽带局域网和无线通信网等为渠道，利用计算机、手机和数字电视等各种终端，向用户提供信息和服务的传播形态，具有媒体形态数字化的特点。

因此，也可以将新媒体理解为数字化时代的各种媒体形态，是一种不断发展、不断变化的产物。本书所述新媒体均基于以上解释展开，但并不过于纠结于其固有概念。

专家指导

数字电视基于电视，属于新媒体，电子报刊基于报刊，属于新媒体。新媒体的关键就是数字技术与网络技术，各种传统媒体通过数字技术和网络技术进行改造后，也可以变为新媒体。

（二）新媒体的特征

与传统媒体相比，新媒体在传播方式、接收方式、传播行为、传播速度和运营内容等方面具有较为典型的特征，下面分别进行介绍。

- **传播方式双向化**。传统媒体时代，人们只能单向（传播者主动发布，用户被动接受）接收信息；新媒体时代，用户既是信息的接收者又是信息的传播者，可以更自由地进行信息的互动传播，加快信息的传播速度。
- **接收方式移动化**。移动互联网的快速发展使新媒体朝着移动端发展，各种移动运营方式层出不穷，手机媒体成了人们接收信息的主要方式，人们可以不受场地和距离的限制随时接收信息，信息接收具有很明显的移动化特征。
- **传播行为个性化**。新媒体环境下用户可以作为信息的传播者，自由发布信息和观点，也可以评论或转载他人发布的信息，信息传播行为与用户的个人喜好密切相关，具有典型的个性化特征。
- **传播速度实时化**。在数字技术与网络技术的支持下，新媒体信息的传播速度非常快，只要新媒体运营人员发布了信息，用户就可以实时接收到信息。而且，很多新媒体平台还提供了“推送”功能，发送信息后即会主动告知用户，方便用户实时查看。
- **运营内容丰富化**。文字、图片、音频、视频等元素都可以组成新媒体运营的内容。这些内容可以单独存在，也可以以组合的方式存在，运营的内容更加丰富和多元化。

（三）新媒体的发展趋势

近几年新媒体的发展非常迅速，这是互联网和经济全球化趋势下的必然结果。根据目前我国的网络和信息技术发展可以推断出新媒体未来的发展趋势，主要表现在以下5个方面。

- **价值化**。新媒体发展至今，“流量”时代逐渐被“内容”所取代，新媒体内容的真实、深度变得越来越重要，内容的价值不容忽视。其中，知识产权（Intellectual Property，知识IP）、知识付费等内容表现形式将成为未来新媒体内容输出的一个重要发展方向。
- **移动化**。新媒体的应用平台受移动互联网和智能手机发展的影响，现已呈现出大规模的移动化倾向。中国互联网络信息中心（CNNIC）发布的第43次《中国互联网络发展状况统计报告》显示：截至2018年12月，我国网民规模达8.29亿，互联网普及率达59.6%，较2017年底提升3.8个百分点，全年新增网民5653万。我国手机网民规模达8.17亿，网民通过手机接入互联网的比例高达98.6%。平板电脑、智能手机等移动设备是人们获取信息的主要渠道，新媒体运营的阵地也继续朝着移动端发展。
- **互动化**。与传统的书籍、报刊相比，新媒体平台中的用户容易因为内容的乏味而快速放弃当前的阅读行为，因而只有交互性更强的内容才能吸引用户继续阅读。如移动广播的用户既可以在线收听广播，也可以回放节目，还可以随时随地通过微博、微信等新媒体推荐并参与节目。未来，更多个性化、互动化的功能将成为新媒体运营的亮点。

- **可视化**。由于媒体形态的不同，短视频、网红直播等直观的视频内容将是未来新媒体发展的主流趋势。这是因为在大数据技术的支持下，运营人员可以获得更加清晰的网络用户画像，更准确地进行用户需求定位，而视频这种直观的传播方式可以使运营信息更直观地被用户接收。
- **智能化**。大数据、云计算和人工智能等技术得到快速发展并遍及生活的方方面面，这使媒体信息的采集、制作、发布和传播方式发生了巨大改变，如纸质书→电子书→订阅图书等。这些技术的发展推动着社会各个领域的发展，新媒体当然也不例外。如用于新媒体的智能化工具：各种智能终端、语音识别系统、图像识别系统、自动翻译系统、自动成像与虚拟成像系统等，可以更好地进行信息的提取与整合，完成资源的高效利用。

（四）新媒体的表现形式

一切依托于数字技术和网络技术的媒体表现形式都可以看作新媒体，其中门户网站、搜索引擎、自媒体、知识问答平台、视频和直播平台、社群等是目前新媒体的主要表现形式，熟悉这些表现形式可以加深运营人员对新媒体的了解。

1. 门户网站

门户网站是进入互联网的入口，是新媒体被人们广泛认知的开始。早期的门户网站功能有限，大多只能提供搜索和网站目录索引服务，随着互联网技术的不断发展，信息发布、在线调查、话题专栏和在线留言等功能开始出现。发展至今，门户网站已经成了具有丰富功能的综合性网站，企业可以通过门户网站进行产品宣传、品牌建设等运营活动，达到降低企业管理成本、开拓市场等目的。图1-1所示的新浪网即为目前主流的大型综合性门户网站，可看出该网站栏目众多，为不同需求的用户提供了入口，方便了用户获取信息，并为企业运营推广提供了条件。其他门户网站还有网易、天涯、腾讯和搜狐等。

图1-1 新浪网

专家指导

根据信息获取方式的不同，门户网站可分为综合性门户网站和垂直性门户网站；根据网站内容和定位进行分类，还可分为综合性门户网站、导航式门户网站、地方生活门户网站、垂直行业综合性门户网站和公司组织门户网站。

移动互联网的发展催生了微网站。微网站是专用于移动设备上的，可以与微博、微信等移动应用相互链接的新一代网站。与门户网站相比，微网站更注重移动用户的浏览体验与交互性体验，且其受移动设备屏幕大小的限制，同一屏页面中无法展示太多的信息，因而信息更容易被用户关注并打开网页阅读。

2．搜索引擎

搜索引擎通过蜘蛛程序在互联网上抓取海量网页信息，并建立索引数据库。用户通过关键词进行搜索时，搜索引擎将与该关键词匹配的结果信息呈现给用户。搜索引擎呈现的这些结果信息也来自用户的编辑，新媒体运营人员可以将需要运营的内容发布到网上，通过关键词排名或竞价搜索的方式将信息展现给用户。目前常用的搜索引擎有国外的Google，国内的百度、搜狗、360搜索等。

百度竞价排名

通过搜索引擎进行运营的原理是，在用户搜索结果页面中植入运营信息，吸引用户点击并产生最终转化。图1-2所示的带有“广告”字样的搜索结果就是通过竞价排名的方式展现在首页的。

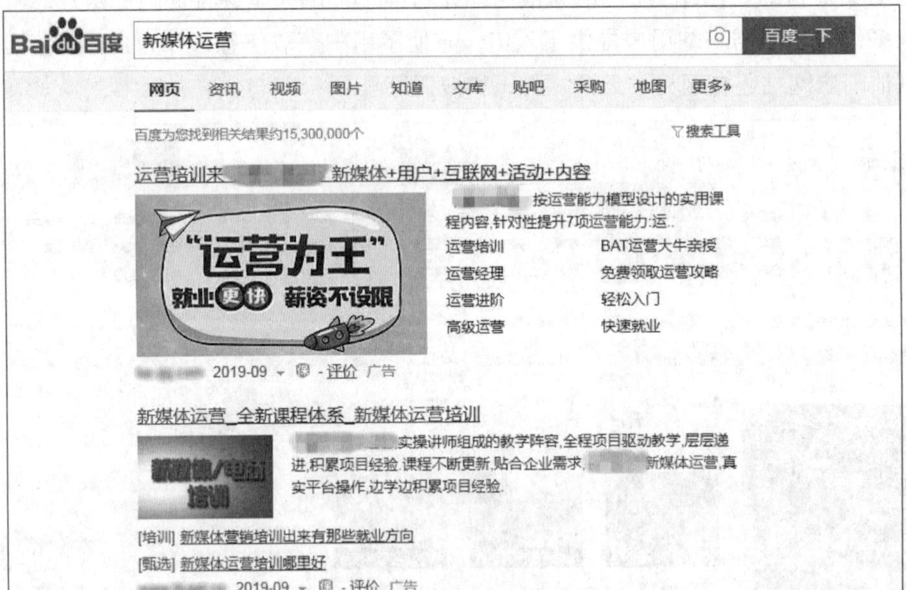

图1-2　搜索引擎排名

3．自媒体

自媒体是一种个人媒体，是利用电子媒介向他人或特定的某些人传递信息的新媒体，具有私人化的特点。每个人都可以通过各种新媒体渠道发布自己的所见所闻，成为自媒体。自媒体的常见渠道有微博、微信、博客、贴吧和论坛等，企业或个人可以通过这些渠道进行产品或品牌的运营推广。

课堂讨论

根据你的理解，谈谈自媒体与新媒体之间的区别。

4．知识问答平台

百度知道、搜搜问问等是早期的知识问答平台，其特点是搜索速度快、答案内容丰富，但答案的“水分”较高，很多答主为了自己的利益复制、抄袭其他内容，或提供与问题关联不大的答案。随着新媒体的发展，用户对知识的真实性和专业性要求越来越高，这也催生了一大批基于专业知识的知识问答平台，其中最具代表性的就是“知乎”。它除了有知识和经验的分享外，更注重对发散思维的整合。

同时，一些更加个性化的知识问答平台也开始出现，如“果壳网”推出的“在行”。它是国内领先的知识技能共享平台，当用户遇到任何领域的问题或有个性化服务需求时，它可以进行一对一见面约谈，使用户享受定制化服务，“在行”网站如图1-3所示。

图1-3 “在行”网站

专家指导

“在行”的问答服务是收费的，用户可以自己提问并设置赏金，等待他人回答；也可直接挑选专家，支付相应的费用后查看答案。

5．视频和直播

视频网站的最初盈利方式是上传视频与他人分享内容，以获得流量和人气，但这种方式通常盈利不多，导致网站维护成本昂贵。随着新媒体运营的兴起，在视频前、中、后加上贴片广告成了视频网站新的盈利点，其中以优酷、爱奇艺、腾讯视频等视频网站为主。同时，短视频这种时长较短、更方便用户制作和分享的视频形式随着移动互联网的发展而兴起，它具有操作流程简单、随拍随传、即拍即处理、即时通过社交软件分享等特点。

网络直播是一种可以实时分享现场的新媒体运营方式，具有真实性和直观性等特点，是目前十分流行的新媒体运营方式。与视频相比，直播更加直观，并且可以更好地实现与用户之间的互动，提高用户的信任度与忠诚度。

6．社群

随着各种社交媒体的快速发展，稳定的群体结构和较一致的群体意识使社群运营成了新媒体运营的新潮流。社群的成员由一群具有相同爱好或对某种事物具有共同认知或实施共同行为的人组成，他们具有一致的行为规范和持续的互动关系。社群运营主要是依靠专业、优质的内容输出形成社群圈层，并建立起中心化的信任关系，依靠信任建立彼此之间的互动的一种运营方式。自媒体或其他媒体都可朝着社群发展，以获得持续的内容生产和变现能力。

专家指导

网络电视、手机电视、数字电视、手机报、网络杂志等也属于新媒体表现形式。

三、任务实训

实训一：搜索新媒体并查看其发展状态

在搜索引擎中搜索与新媒体相关的内容，了解新媒体的概念、特征并查看其现状与未来发展趋势。

1. 实训目标

（1）了解新媒体的概念和特征。

（2）熟悉新媒体的现状与未来发展趋势。

2. 实训要求

（1）在百度中搜索关键词“新媒体”“新媒体特征”，查看搜索结果并进行信息归纳，总结新媒体的概念与特征。

（2）在百度中搜索关键词“新媒体现状”“新媒体发展趋势”，查看搜索结果并进行信息归纳，总结新媒体现状与发展趋势。

3. 实训思路

步骤 01 在百度首页的搜索文本框中输入关键词“新媒体”，按【Enter】键查看搜索结果，如图1-4所示。单击搜索结果查看与新媒体有关的信息并进行归纳，然后使用相同的方法搜索“新媒体特征”，查看搜索结果并进行归纳。

步骤 02 使用相同的方法在百度搜索文本框中输入关键词“新媒体现状”，查看搜索结果并进行归纳。然后搜索“新媒体发展趋势”，查看其搜索结果并进行归纳。

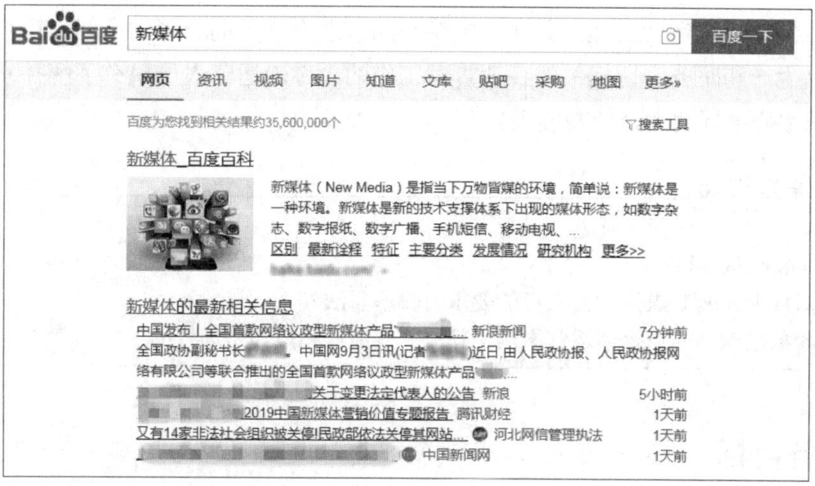

图1-4 “新媒体”搜索结果

实训二：了解自媒体并查看其内容表现形式

查看自媒体的相关信息，并以某一个自媒体平台为例分析其内容表现形式。

1. 实训目标

（1）了解并熟悉自媒体。

（2）熟悉自媒体的内容表现形式。

2. 实训要求

在百度中搜索自媒体并总结其内容表现形式。

3. 实训思路

步骤 01 在百度中搜索“自媒体”，查看自媒体的相关搜索结果并对比其与新媒体的异同。

步骤 02 登录微博，以微博为例查看自媒体内容在该平台中的表现形式。根据观察可知，图文、视频、直播等常见的内容运营都可通过微博来展开。

四、任务考核

填写表1-1的内容并上交。

表1-1 任务考核

序号	考核内容	分值（100分）	说明
1	新媒体与传统媒体有何区别	20分	
2	新媒体有哪些特征	30分	
3	列举新媒体的表现形式并分别说明其特点	50分	

任务二 了解新媒体运营

企业的发展离不开运营，运营其实是围绕商品管理而展开的一系列计划、组织、实施和控制，是与产品生产和服务密切相关的各项管理工作的总称。运营人员只有了解并掌握新媒体运营的相关知识才能更好地为企业发展服务。

课堂讨论

针对下列问题展开讨论。

（1）你对成为一名新媒体运营人员的要求有哪些看法？

（2）你印象最深刻的新媒体运营案例是什么？其流程和策略是怎样的？

一、任务目标

新媒体运营是指整合产品、策划、宣传、公关和广告的一系列完整的计划、组织、实施和控制活动，不是任何人都能胜任的。本任务将对新媒体运营人员的必备素质，新媒体运营的常见思维、流程和策略进行详细介绍，为新媒体运营人员做好运营工作打好基础。

二、相关知识

（一）新媒体运营人员的必备素质

一名合格的新媒体运营人员必须具备产品理解能力、网感和灵感、资源整合能力、策划能力和写作能力等素质，下面分别进行介绍。

- **产品理解能力**。产品是运营的基础，一名合格的新媒体运营人员必须具备产品理解能力，能清晰地进行产品定位，分析产品对用户的吸引力，找到用户的行为模式和特点，针对不同类型用户的需求进行针对性运营，从而最大限度地激发用户的购买欲望和传播欲望。
- **网感和灵感**。网感是网络敏感度的简称，它反映了新媒体运营人员对网络流行热点（如网络热点话题、网络热点词汇、网络热点表情包等）的快速反应能力。这种能力能够给新媒体运营人员带来创作灵感，使其更好地把握先机，将企业产品或品牌精神与网络热点结合起来，打造具有吸引力的运营内容，从而制造运营优势。
- **资源整合能力**。新媒体运营平台众多，这些平台虽然方便了新媒体运营人员开展运营活动，但很容易出现资源分散、端口交叉或重叠的问题，如在不同的运营平台中存在多个同质化的内容，导致运营内容的原创性不足与质量降低，给用户带来不佳的感观。新媒体运营人员要了解企业自身的传播渠道和运营模式，积极收集和合理利用网络中的资源（如文章素材、优质合作对象等），进行充分整合后科学选择最有利于企业的运营方式，完成企业品牌形象的树立与产品销量的提升。
- **策划能力**。新媒体运营人员需要具备良好的策划能力，包括对运营内容和方式的定位、对运营渠道的确定、对目标用户人群的分析等，这是运营的前提。特别是在瞬息万变的互联网环境中，新媒体运营人员还要不断实践，以提高自己的策划能力，保证运营计划顺利开展。

- **写作能力**。写作能力也是新媒体运营人员不可缺少的一项能力。内容是运营的关键，没有良好的写作能力，写不出能够吸引和打动用户的内容，就会造成资源的浪费。

（二）新媒体运营的常见思维

新媒体的火爆吸引了越来越多的个人和企业，新媒体运营的市场竞争也越来越激烈，要想突出重围、获得竞争优势，新媒体运营人员必须在已有的运营方法和经验基础上不断创新思路。只有拥有能够适应不断变化的运营环境的思维，才能更好地打开新的运营通道和市场。在目前的新媒体环境下，新媒体运营的常见思维主要有用户思维、品质思维、品牌思维和平台思维，下面分别进行介绍。

新媒体营销的方法

1. 用户思维

用户思维是新媒体运营的核心思维，用户需求永远是运营工作的向导，企业在开发、研制、运营任何一款产品或提供服务时，都应该以用户为核心。

（1）用户需求的挖掘

用户思维要求企业在运营过程的各个环节都要以用户为中心，在深度理解用户的基础上挖掘用户需求，解决用户的问题。而在挖掘用户需求的过程中，有3个比较核心的问题，即市场定位、品牌和产品规划、用户体验，研究这3个问题实际上就是研究目标用户是谁，目标用户的需求是什么，产品和品牌怎样满足用户的这些需求。

挖掘用户需求的方法有很多，较为常用的是用户分析。通过对用户心理、用户特征、用户信息等的搜集与分析，发现用户未被满足的需求、急需解决的问题等。同时，企业还可通过为用户提供个性化的服务精准地满足的用户需求，提升用户的参与感，将用户进一步变成粉丝。粉丝比用户的忠诚度更高，且会为品牌投注感情因素，是企业最优质的目标消费用户，品牌更需要粉丝。

（2）用户思维的运营

用户思维的运营是一种更加人性化的运营，它能够找到用户心理的共同点、卖点和痛点，更容易提升运营效果。

运营用户心理的共同点是指找到用户群体的共同特征，然后针对他们的共同心理将产品推广出去，吸引用户主动汇聚；运营用户卖点相当于运营用户口碑，在产品的不同阶段可以打造不同的口碑重点，如小米前期面对专业级用户的口碑是“为发烧而生”，运营后期面对大部分普通用户的口碑则是10项“黑科技”；运营用户痛点是指强调现有设计的落差，满足用户的期望，让用户感觉他们需要这个产品。

2. 品质思维

在任何运营环境中，品质永远是产品的主要价值，特别是互联网经济下，把产品、服务和用户体验做到极致，超出用户预期，企业才能保持恒定的竞争力。

- **产品品质**。在互联网经济下，大多数产品都处于供大于求的状态。在市场比较饱和的情况下，企业如果不能保证产品品质，将很难在市场中站稳脚跟。互联网经济时代的竞争是用户认知的竞争，是粉丝的竞争，用户对品牌、产品的认知，很大程度上决定了他们的消费观念。无法得到用户认可的产品难以传播，所以企业必须提升产品的价值和内涵，向精细化发展。

- **服务品质**。互联网环境下的目标用户需求更加个性化，这也意味着用户需求更难以满足。对于企业而言，必须准确抓住用户需求，提供更极致的产品和服务，这样才能引发产品和品牌的传播。新媒体时代，用户会主动对好产品进行口碑传播，因此除了产品品质之外，服务品质也是品质思维的重点，甚至对于很多无法在品质上超越竞争者的产品而言，服务才是运营的关键。

3. 品牌思维

品牌是企业价值的体现，是用户对企业及其产品、售后服务、文化价值的一种评价和认知。企业与竞争对手之间的竞争，实际上就是品牌的竞争。品牌知名度、美誉度是企业保持长期竞争力的内在动力，甚至现在很多运营渠道、促销模式的选择，都是建立在品牌影响力的基础之上的。

（1）营造品牌概念

品牌直接影响用户对产品的认知、认可和评价，用户通常会优先选择品牌知名度、美誉度更高的产品。在这种情况下，品牌影响力越大，用户黏性就越高，忠诚度也会越高。在用户心中营造品牌概念是为了给用户树立一个鲜明的、独一无二的品牌形象，打造品牌的独特价值，吸引用户关注，让用户认可品牌。企业在设计品牌时需要定位清晰，要符合市场需求和用户需求，可以从产品和策略的角度来进行分析。

- **产品分析**。产品分析应该围绕产品进行，好产品才能支撑起有影响力的品牌。产品特点、卖点、功能、形象、服务等都可以作为品牌特色打造。
- **策略分析**。策略是指打造品牌的差异化；通过细分市场满足用户的个性化需求，从而获得独特的品牌优势。

（2）品牌宣传

品牌要被用户知晓就需要进行宣传，运营人员可以通过传统媒介和新媒体平台两种方式来进行宣传。

- **传统媒介宣传**。报纸、杂志、电视、广播等传统媒介虽然优势没有新媒体明显，但在当前环境下与新媒体结合进行宣传仍可达到一定的宣传效果，扩大宣传的覆盖面。
- **新媒体平台宣传**。通过新媒体平台宣传是目前推广的主要方式，且其成本相对传统媒介更低。因此，更多的企业和品牌开始转战新媒体平台，微博、微信等社会化媒体成了宣传品牌的主要平台。

不管哪一种宣传方式，只有真实、新颖、个性或具有创意的宣传，口碑传播的效果才会好，这也对品牌口碑传播的策划提出了更高的要求。

4. 平台思维

新媒体运营的平台几乎都是社会化媒体平台，用户可参与创造或单独创造内容，这就要求企业要善于利用新媒体平台与用户沟通和交流，再通过新媒体平台实现运营推广。平台思维是现在非常主流的运营思维，可以帮助企业重塑与用户之间的沟通关系，重塑组织管理和商业运作模式，改变企业生产、销售、营销的整个形态。

（1）使用新媒体平台

当今时代，人人都是自媒体，口碑传播在新媒体平台可以产生巨大的裂变效果，为企业带来十分可观的运营收益。通过自媒体的形式，企业可以建立产品与用户的连接，促进产品在用户的社交圈传播，实现产品和品牌的裂变式推广。如餐饮行业中口碑营销的佼佼者——海底捞。海底捞秉承“顾客至上，服务至上”的宗旨，凭借其细致的服务获得了用户的良好赞誉。用户通过微博、微信等新媒体平台分享了海底捞的服务细节和愉悦的消费体验，引发了网友对海底捞的热烈关注和讨论，使其通过用户的口碑传播实现了品牌形象的塑造与宣传，建立了其在餐饮界的重要地位。

（2）众包协作

众包是在互联网下诞生的产物，它强调社会差异性、多元性带来的创新潜力，强调从外部吸引人才参与创新与合作。众包蕴含着“携手用户协同创新”的理念，让产品设计由原来的以生产商为主导转向以目标用户为主导，延伸创新边界，借助社会资源来提升自身的创新与研发实力，通过用户的参与让产品更具吸引力，更容易适应市场需求并获得利润。众包是以“蜂群思维”和层级架构为焦点的互联网协作模式，小米手机在研发中让用户参与实际上就是一种众包模式。

专家指导

当然，新媒体运营并不是只有这4种思维，线上线下结合思维也是非常重要的。一个完整的新媒体运营都是线上线下的结合，主要表现在线上运营的内容制作、吸粉、互动、营销推广等，线下活动的推广如海报宣传、商业合作等。成功的新媒体运营都是线上线下一体化（O2O）的运营，但要根据实际情况区分线上线下工作的优先级。

新媒体运营的线上思维

（三）新媒体运营的流程

新媒体运营是一项系统性的工作，不能单纯地按照流程简单地划分工作流程，可以按照工作职能划分为策划和战略思考、数据分析与合作、日常内容生产、运营活动策划、社群组织与运营等阶段。每个阶段的工作流程可以按照图1-5所示的内容进行。

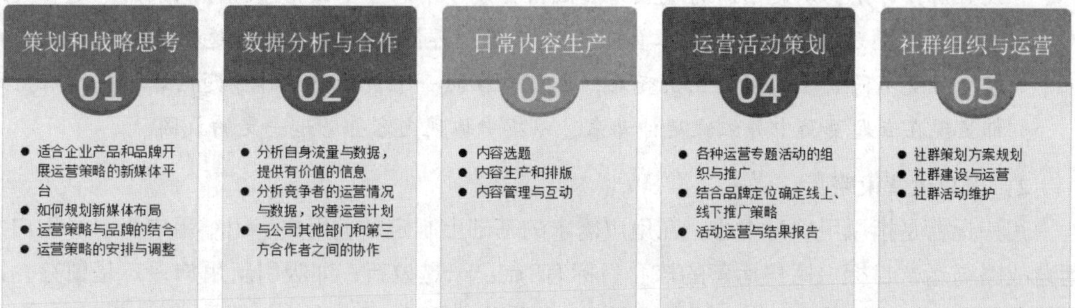

图1-5 新媒体运营流程

（四）新媒体运营的策略

内容运营、用户运营、活动运营是新媒体运营的3大主要方向，掌握好每个方向的运营策略可以帮助运营人员提升运营效果。

1. 内容运营策略

新媒体环境下，流量成本越来越昂贵，内容作为一种免费的能吸引用户的信息，必然会越来越受到重视。作为运营人员，首先要考虑内容运营策略，做好内容的定位与运营计划，才能提高信息被发现与浏览的概率。内容运营策略主要包括内容审核、内容价值判断、内容包装、专题合集内容策划4个部分。

- **内容审核**。新媒体运营的平台众多，每个平台的规则和要求都不相同，因此同一个内容可能无法在所有的新媒体平台中发布，此时内容的审核就相当重要。此外，内容审核还包括对内容质量的审核，表达不清晰、质量较低的内容要尽量避免推送给目标用户。

专家指导

新媒体平台的内容审核一般情况下是先审后发，即上传提交的内容（外部用户暂时不可见），先预存在系统服务器中，由系统管理人员和新媒体运营人员在后台审核后再进行发布，以保证内容质量。而贴吧等社区论坛主要是先发后审，即媒体人员先发布内容，再由论坛管理人员审核。

- **内容价值判断**。内容审核只是对内容是否违规、是否合理进行了一个粗略判断，不能对内容是否有价值——即是否为好内容、是否对用户有价值、是否具有足够的爆发力和传播力等进行判断。作为运营人员，要从内容与产品的特性和用户的喜好等方面进行判断，所选内容不仅值得一读，更应具有吸引用户自主传播的潜力。
- **内容包装**。俗话说“人靠衣装，佛靠金装”，这充分说明了包装对内容的重要性。对于用户比较关注的标题、配图、摘要等信息，更要进行内容的包装，从用户需求和产品相结合的角度入手，打造出让用户感兴趣的内容是制胜的关键。以微信公众号为例，在进行微信公众号平台的内容写作时，先通过标题吸引用户点击，再通过文章内容产生转化，最后通过互动进行粉丝维护。
- **专题合集内容策划**。将用户关注的内容以话题的形式集中展示，可以加深用户的印象并吸引用户讨论，发表不同的观点。如微信公众号中的多图文信息就可以采用专题合集的方式进行策划，通过首篇文章体现专题话题，再依次列出与该话题相关的不同主题内容，引发不同需求的用户点击查看；也可以在同一个页面中制作专题内容，将所有主题都呈现在专题页面中并依次延伸开来，以集中体现内容并营造一定的氛围。

2. 用户运营策略

用户运营是指以用户为中心，在用户需求的基础上制定贴近用户、团结用户、引导用户的运营战略与运营目标。用户运营的核心目标有3点：一是拉新，即吸引新用户；二是留存，即留住老用户；三是促活，即提高用户活跃度，如图1-6所示。

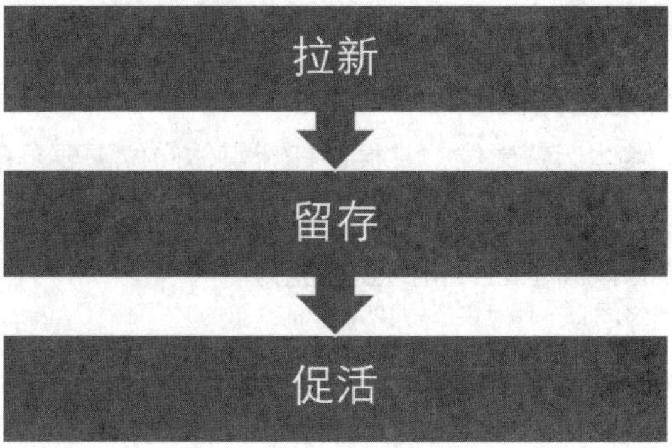

图1-6 用户运营的核心目标

要完成用户运营的目标，可从以下5个方面进行。

- 做好用户需求分析与调研，找到用户的兴趣点。
- 在可以接受的成本范围内开展运营活动，让用户使用自己的产品。
- 通过一系列活动让用户成为忠实用户，持续使用自己的产品。
- 与用户保持密切的互动，提升用户的活跃度，使用户成为产品和品牌的传播者，提升产品价值。
- 进行沉默用户的维护，如召回、反馈或通过其他合作等。

在用户运营的过程中还要进行用户细分，明确不同用户所处的等级可以更有针对性地制定用户运营策略，进行差异化对待，如普通用户与会员之间、会员与忠实用户之间的运营策略是不同的，应该花费更多的精力在能够提供价值的用户身上。

3．活动运营策略

开展活动是使用户了解企业产品和品牌的非常好的方式，是企业快速吸引用户并提升品牌知名度的重要方法。活动运营一般涉及4个方面的内容，包括活动背景、活动目标、活动规则和活动结果。

- **活动背景**。活动背景指开展活动的基础和缘由，即为什么要开展活动，在什么环境和条件下开展活动。
- **活动目标**。不同的活动目标需要设计不同的活动内容，在策划活动时要明确该活动的最终目标，如拉新、促销、品牌推广等。根据活动目标设计活动内容，让用户按照活动的指示进行操作。如拉新可设置首次注册领取一张30元无门槛优惠券，但限定订单金额满100元可用。
- **活动规则**。活动规则即活动的说明，要明确活动的开始与结束时间、活动的参与方式、活动的进行方式等信息。
- **活动结果**。活动结束后要对活动数据进行统计与分析，明确活动是否达到预期目标，是否还需要对活动进行改进。

新媒体环境下的活动运营方式有很多，如签到、游戏、有奖转发、抢红包等，在明确以上内容的基础上还要注重活动内容的趣味性、便捷性、易操作性。

三、任务实训

实训一：了解新媒体运营岗位

通过搜索引擎了解新媒体运营岗位，掌握胜任新媒体岗位需要具备的基本能力。

1. 实训目标

了解新媒体运营，熟悉该岗位应具备的基本能力。

2. 实训要求

围绕“新媒体运营”展开搜索，搜集并总结新媒体运营岗位所需具备的能力。

3. 实训思路

步骤 01 在百度中搜索“新媒体运营”，查看并了解相关信息。

步骤 02 在招聘网站中搜索“新媒体运营”，查看搜索结果中对该岗位职责的描述，以及任职要求。图1-7所示为某企业招聘新媒体运营的要求。

岗位职责：

1. 负责官方微博、微信公众号等平台的日常内容的撰写和运营，增长粉丝量；
2. 负责微博、微信大型活动方案的策划、创意、执行、运营以及汇报和总结；
3. 负责策划组织线上大型合作活动以及定向专题活动的组织策划执行推广，并做相应的活动评估报告和总结报告；
4. 负责各大网络平台推广文案内容制造；
5. 根据时间节点，负责终端连锁店营销活动策划；
6. 完成上级指定的其他工作。

任职要求：

1. 男女不限，大专以上学历，市场营销、传媒、新闻学、汉语言等专业优先；
2. 有餐饮连锁、教育、咨询等服务行业营销策划工作经验者优先；
3. 二年以上新媒体/文案策划工作经验，有过成功的内容运营/自媒体运营案例；
4. 灵活的头脑，创新的思维，具备文字加工升华能力，良好的文字功底，擅长捕捉时事热点并结合公司产品进行创作；
5. 思维活跃，逻辑条理清晰，创新意识强烈，具有独立策划、运营的能力，熟悉各种新媒体线上推广渠道。

图1-7　某企业招聘新媒体运营人员的要求

实训二：分析新媒体运营策略

阅读图1-8所示的案例，分析其新媒体运营思维与策略。

2016 年春节前夕，支付宝开展了一场以“集齐五福平分 2.15 亿元现金”为主题的营销活动，活动要求支付宝用户必须拥有至少 10 个好友；而获得福卡的方式有很多，可以向好友请求赐予福卡，可以扫描“福”字得福卡，可以在蚂蚁森林中浇水得福卡等。巨额奖励与多样的玩法很快吸引了广大网友，掀起了一场全民“集福”活动，微博、微信等社交媒体中充斥着好友的五福信息。虽然获得福卡的机会很多，但仍有很多网友没有集齐五福。其中“敬业福”就是最难获得的福卡，“敬业福”在当时也一度成为网络热词。最终结果统计显示，2016 年春节，支付宝“集五福”活动共有 791,405 人集齐五福，平分 2.15 亿元现金，人均 271.66 元，如图 1 所示。

图 1

2017 年春节，支付宝再次开展了“集五福”活动，“支付宝集五福”“在一起过福年”“支付宝五福卡”等话题很快占据了微博话题榜，同时支付宝邀请歌手刘维演唱洗脑神曲“五福到”并在微博首发，引发了广大网友的转发。然后支付宝在微博的音乐榜单、焦点头图、热门话题、推荐话题、粉丝头条等颇具影响力的广告位置进行广告营销，联合知名大 V 联手打造热度，“集五福”迅速成为引爆全网的热门话题。全方位的微博营销不但形成了产品矩阵对用户路径的全面覆盖，提高了话题的曝光率和讨论量，还进一步提高了支付宝的活跃用户数和知名度。据统计，支付宝 2017 年“集五福”活动在微博的话题矩阵阅读量累计超过了 15 亿次，支付宝官方微博涨粉 12 万人，单条博文互动创下 20 万条新纪录。2017 年春节“集五福”活动最终有 251,453,372 人成功集齐五福，拼手气分 5 亿元，如图 2 所示。

图 2

图1-8　新媒体运营案例

1. 实训目标

（1）掌握新媒体运营思维的应用。

（2）掌握新媒体运营策略的应用。

2. 实训要求

阅读并分析案例，从中提炼出该案例所应用的新媒体运营思维以及策略。

3. 实训思路

步骤 01 在纸上列出新媒体运营思维所包含的内容，阅读案例，将案例中所应用的思维在纸上打钩，然后仔细分析其实现方法。

步骤 02 采用相同的方法分析案例对新媒体运营策略的应用，然后结合两者，对该案例取得成功的原因进行分析。

四、任务考核

填写表1-2的内容并上交。

表1-2 任务考核

序号	考核内容	分值（100分）	说明
1	新媒体运营需要具备哪些能力	20分	
2	新媒体运营的常见思维有哪些？每种思维的运营方式是什么	40分	
3	新媒体运营的策略有哪些？每种策略的运营方式是什么	40分	

拓展延伸

新媒体运营是基于互联网环境，对传统市场营销的延伸与升华。新媒体运营人员要熟练掌握其理论知识才能更好地开展运营。下面对新媒体运营的其他知识进行介绍，使新媒体运营人员进一步拓展对新媒体以及新媒体运营的认知。

一、如何成为优质的新媒体

新媒体的竞争十分激烈，企业要在众多的竞争对手中取得竞争优势，就要具备成为优质新媒体的基本条件，知道自身能够覆盖的人群有哪些，通过哪些媒体可以更好地进行运营，哪种媒体与产品的相容性更高。具体来说，就是要对新媒体所覆盖的人群、规模等情况进行了解。

- **了解覆盖人群**。不同的媒体有不同的目标用户群体，运营人员在进行新媒体运营前首先需要知道每个媒体的覆盖人群的特点，找准定位才能更好地进行有针对性的运营，提高运营效果。如报纸、政务网站比较受政府官员或专业人士的青睐，电视则对中老年人群的吸引力更大，微博、微信等更受年轻人的欢迎。
- **了解覆盖场景**。在人群覆盖相同的情况下进行不同的新媒体运营，可能会产生不同的效果。这是因为不同的媒体产生转化的场景不同，即新媒体传递给目标人群的场景是否会被接收，目标人群会选择以什么样的方式获得媒体信息。

- **了解媒体风格**。对不同媒体的定位、评价和用户人群进行充分了解后，分析这些内容是否与自身的价值观和内涵气质相符合，是否能够很好地传递自己的媒体形象，提升说服力与公信力，使用户信任自己的广告内容。

二、新媒体发展面临的问题

新媒体在为我们带来便捷的同时，也产生了一些新的问题。这些问题带来的负面影响，随着新媒体的传播，变得越来越不容忽视。下面对这些问题分别进行介绍。

- **网络谣言**。新媒体的发展带来了信息量的快速增长，而过快的增长速度使信息真假难辨，甚至还有一些网络谣言的制造者为了博取关注编造虚假信息。如2018年10月28日的大巴车坠江事件，在前期谣传一小轿车女车主驾车逆行导致坠江，随后网上蔓延着对小轿车女车主的指责和谩骂。警方在对事故现场进行调查后发现，责任实际并不在小轿车女车主，而是某乘客与大巴车驾驶员发生争吵和殴打，导致大巴车在行驶中突然越过中心实线，撞击对向正常行驶的小轿车后冲上路沿，撞断护栏，坠入江中。由此可以看出，新媒体时代极易滋生网络谣言，该事件的女车主虽然在车祸中逃过一劫，但网络谣言却极大地伤害了她。
- **网络暴力**。新媒体所具备的互动性等特点，容易导致网民产生非理性情绪，当情绪被放大后，容易演变为大量网络用户对少数人的网络暴力。网络暴力一般是指在网络上发表具有侮辱性和煽动性的言语、图片、视频的行为。网络暴力的根源包括网民的匿名性、网络制度和道德约束的缺乏、部分网民的素质低下、法治与精神文明建设滞后等。
- **侵权抄袭**。版权（即著作权）是法律赋予作者对自己创作的作品的控制权，但是由于网络信息量巨大、网络的虚拟性和网民的匿名性等，版权的维护变得十分困难。在网络中，人们有时仅需注册一个账号，就能随意复制、抄袭其他人的言论，并在未经作者允许的情况下肆意转载其作品，导致侵权现象泛滥。

实战与提升

通过本项目知识的学习，对下列问题展开讨论与练习，在巩固所学知识的同时，拓宽视野，进一步提升自己的能力。

（1）根据你的理解，谈谈你对新媒体以及新媒体运营的看法。

提示：可以结合案例展开说明，也可以通过示意图的方式进行剖析。

（2）新媒体运营的用户思维是怎么体现的？

（3）举例说明目前新媒体的新技术与发展趋势，并说说你的看法。

项目二 新媒体运营的定位

学习目标

定位指确定某一事物在一定环境中的位置、方向等，应用在新媒体运营中，主要指对用户、平台和内容的定位。定位是新媒体运营的前提，运营人员必须掌握新媒体运营各要素的定位方法才能合理地制订运营计划，实施运营策略，达到预期的运营效果。

学习导图

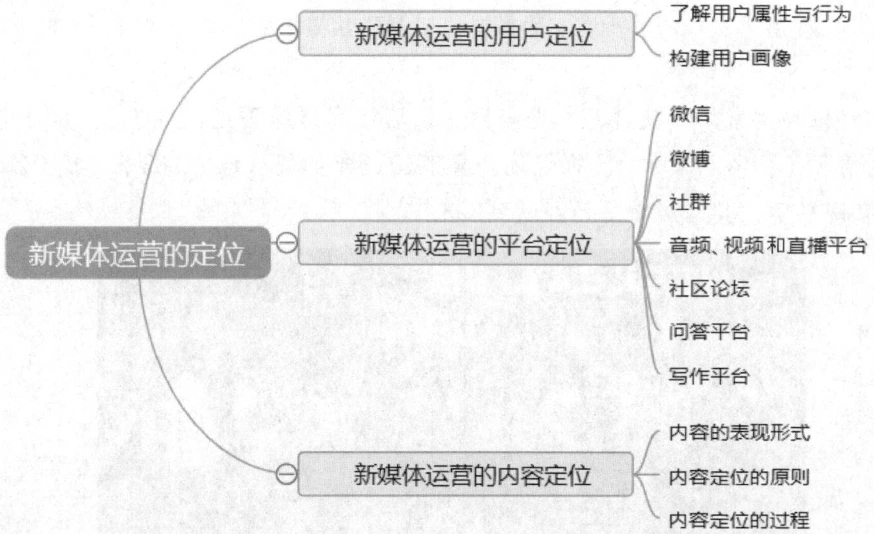

案例导入

随着经济的发展与人们收入水平的提高，人们对物质生活和精神生活的品质需求越来越高，而奶茶这种平凡、非刚需的饮品颇受年轻人欢迎，在众多奶茶品牌中，喜茶无疑是知名度、用户忠诚度较高的一个品牌，其火爆程度在一段时间内刷屏了微博和朋友圈。喜茶是一个典型的通过新媒体运营而打造的网红店，它之所以能在众多奶茶品牌中脱颖而出，最基本的因素就是其准确的定位。

喜茶对自身的定位是高品质，这主要体现在两个方面：一是产品品质，二是门店装修。喜茶在同质化严重的奶茶市场中选择了乌龙茶、茉莉茶等作为其优质茶底，与普通的粉末茶、奶精茶、碎茶拉开了差距，在奶茶的用料和口味上体现其高品质。喜茶的门店主要分布在北上广深等一线城市，这些城市的目标用户消费水平较高，对奶茶的品质要求也更高。同时，喜茶的门店装修以现代简约风为主，店面空间大、时尚潮流，这也充分满足了目标用户的精神生活需求。

喜茶高品质的定位源于其目标用户的定位。当代热爱生活、追求时尚潮流的年轻消费者是喜茶的主要目标用户，对他们来说，品质和服务才是决定产品价格的关键。喜茶满足了用户对品质和服务的需求，他们自然乐于分享，成为品牌口碑的忠实传播者。

当然，要达到火爆全网的效果，自然离不开新媒体平台的定位和运营。首先，喜茶基于分享的需求，选择了微信作为其主要运营平台。喜茶非常注重公众号的运营，将公众号打造成一个有格调、有品位，但又不失随性自然的形象，如早期通过“喜茶music”专栏定期推送与品牌形象相符的歌单，与用户互动。其次，喜茶通过优惠促销活动吸引了大量用户在门店排队，这一现象激发了用户的炫耀心理和攀比心理，使用户自发拍照并通过朋友圈分享，在朋友圈中引起了较大的曝光量与二次传播。同时，喜茶还联合一些微信公众号、微博大V号进行软文推广，持续增加其曝光量，扩大影响力。而在微博，喜茶则通过与用户的互动来增加品牌好感度与忠实粉丝数，如点赞用户发布的关于喜茶的微博，回复粉丝提出的问题、建议，及时处理不好的评论等。

精准的定位和运营策略使喜茶红遍全网，门店顾客络绎不绝，常常出现排长队甚至让黄牛代购的情况，如图2-1所示。据统计，喜茶2018年的门店已有163家，截至2019年7月9日，喜茶官网显示，其门店数量已经达到293家。

图2-1　喜茶门店排队盛况

【思考】

（1）喜茶的目标用户是哪些？

（2）喜茶是如何对自身进行定位的？

（3）喜茶对运营平台的定位准确吗？它采取了哪些运营策略？

（4）奶茶行业的入行门槛较低，容易形成竞争壁垒，且容易引发竞争对手的模仿。出现这种情况时，作为运营人员，你认为该如何重新进行新媒体运营的定位？

任务一 新媒体运营的用户定位

新媒体运营的本质是通过各种运营手段来吸引用户，将用户转变为自己的忠实粉丝，因此，用户定位是开展新媒体运营的前提。只有充分了解自己的目标用户群体，才能为用户提供他们需要的产品，吸引他们的关注并获得其认可。在这个过程中，运营人员要明确目标用户是谁、目标用户有什么特点，这样才能得到用户的认可，获得更大的竞争优势。

课堂讨论

针对下列问题展开讨论。

（1）作为一名消费者，请至少说出 3 个你喜欢的服装品牌，并说明为什么喜欢它们。

（2）影响你购物的主要因素是什么？请至少列举 2 项并说明理由。

（3）如果你是某企业的新媒体运营人员，制订运营策略前你将如何分析用户？

一、任务目标

用户定位是新媒体运营前的必备工作，有些运营人员对所运营的目标用户不了解，不知道用户的需求，不明白用户想获得的服务，不做用户定位就直接运营，最后发现达不到预期效果或损失惨重，这是非常不可取的。运营人员开展运营工作前必须做好用户定位，本任务将对用户定位的相关知识进行介绍，包括了解用户属性与行为、构建用户画像等。

二、相关知识

（一）了解用户属性与行为

用户定位的首要工作就是了解用户，这主要包括两个方面：一是了解用户的属性，即了解哪些人是自己的目标用户；二是了解用户的行为，即这些目标用户的主要特征是什么。下面分别进行介绍。

1. 用户属性

用户属性指用户的自身分类属性，包括性别、年龄、身高、职业、住址等基本信息。这些属性信息的不同可导致用户的收入水平、生活习惯和兴趣爱好不同，进而影响用户的消费行为。新媒体运营人员要做好用户属性的分析，找到符合自己产品和品牌定位的用户群体，才能针对这些用户群体更好地制订运营计划，吸引用户关注并刺激他们产生消费行为。

从用户属性的角度来进行用户定位，运营人员可以通过对大规模消费人群的地理位置、消费水平、消费行为、年龄、收入等属性信息进行分析，将具有类似属性信息的群体筛选出来，并与企业的产品、品牌定位等进行匹配，从中锁定与企业定位相符的最终用户群体，这部分用户群体就是企业后期开展运营的目标用户，是企业的潜在忠实用户。在这个过程中，运营人员可以采取一定的方法来获得用户属性信息，如调查问卷、有奖问答、实地探访等。图2-2所示即为某电子商务旅游网站的用户属性收集与调研调查问卷，通过该问卷调查人员可对用户进行调查研究，收集用户的信息并了解用户的真实想法，然后有针对性地根据用户的行为调整产品定位。

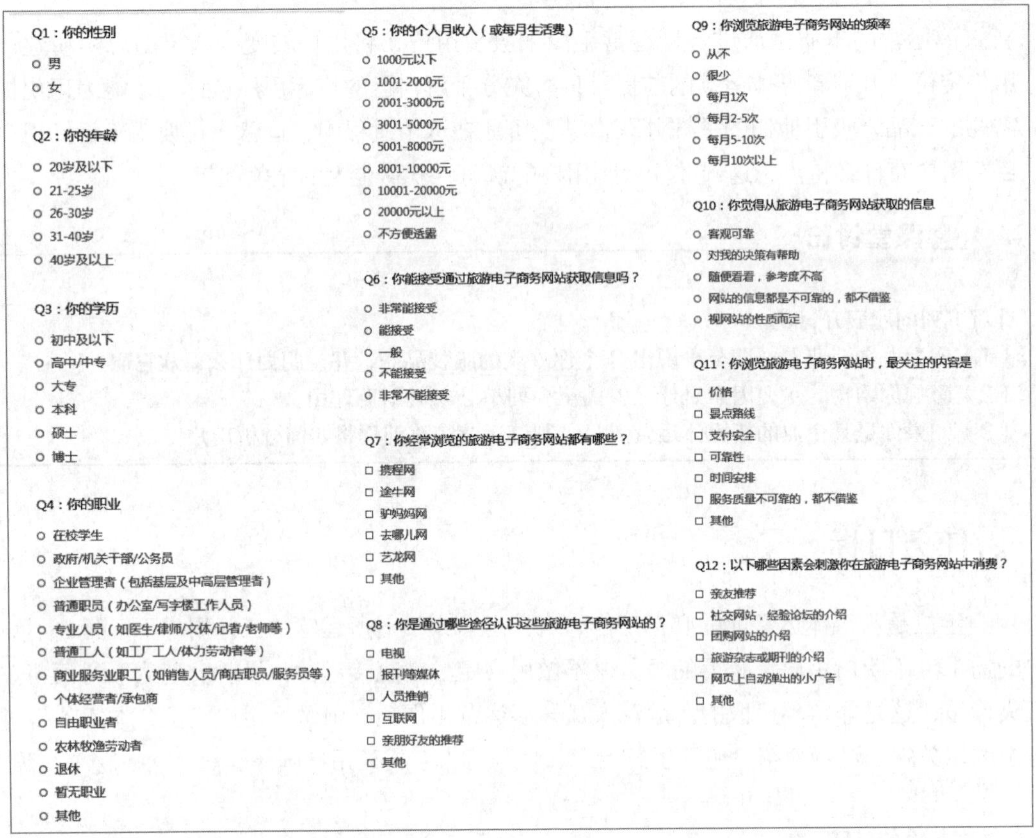
Q1：你的性别
○ 男
○ 女

Q2：你的年龄
○ 20岁及以下
○ 21-25岁
○ 26-30岁
○ 31-40岁
○ 40岁及以上

Q3：你的学历
○ 初中及以下
○ 高中/中专
○ 大专
○ 本科
○ 硕士
○ 博士

Q4：你的职业
○ 在校学生
○ 政府/机关干部/公务员
○ 企业管理者（包括基层及中高层管理者）
○ 普通职员（办公室/写字楼工作人员）
○ 专业人员（如医生/律师/文体/记者/老师等）
○ 普通工人（如工厂工人/体力劳动者等）
○ 商业服务业职工（如销售人员/商店职员/服务员等）
○ 个体经营者/承包商
○ 自由职业者
○ 农林牧渔劳动者
○ 退休
○ 暂无职业
○ 其他

Q5：你的个人月收入（或每月生活费）
○ 1000元以下
○ 1001-2000元
○ 2001-3000元
○ 3001-5000元
○ 5001-8000元
○ 8001-10000元
○ 10001-20000元
○ 20000元以上
○ 不方便透露

Q6：你能接受通过旅游电子商务网站获取信息吗？
○ 非常能接受
○ 能接受
○ 一般
○ 不能接受
○ 非常不能接受

Q7：你经常浏览的旅游电子商务网站都有哪些？
□ 携程网
□ 途牛网
□ 驴妈妈网
□ 去哪儿网
□ 艺龙网
□ 其他

Q8：你是通过哪些途径认识这些旅游电子商务网站的？
□ 电视
□ 报刊等媒体
□ 人员推销
□ 互联网
□ 亲朋好友的推荐
□ 其他

Q9：你浏览旅游电子商务网站的频率
○ 从不
○ 很少
○ 每月1次
○ 每月2-5次
○ 每月5-10次
○ 每月10次以上

Q10：你觉得从旅游电子商务网站获取的信息
○ 客观可靠
○ 对我的决策有帮助
○ 随便看看，参考度不高
○ 网站的信息都是不可靠的，都不借鉴
○ 视网站的性质而定

Q11：你浏览旅游电子商务网站时，最关注的内容是
□ 价格
□ 景点路线
□ 支付安全
□ 可靠性
□ 时间安排
□ 服务质量不可靠的，都不借鉴
□ 其他

Q12：以下哪些因素会刺激你在旅游电子商务网站中消费？
□ 亲友推荐
□ 社交网站，经验论坛的介绍
□ 团购网站的介绍
□ 旅游杂志或期刊的介绍
□ 网页上自动弹出的小广告
□ 其他

图2-2　某旅游电子商务网站的用户属性收集与调研调查问卷

2．用户行为

用户行为从狭义上理解是指用户的购买行为及实际消费，从广义上理解指用户为了获得、使用或处理某事物而采取的各种行动或决定该行动的决策过程。用户行为不是静态的，它受用户意向的影响。用户意向是指用户选择某种事物的主观倾向，表示用户愿意接受某种事物的可能性，是用户行为的一种潜在心理表现。一般来说，影响用户意向的因素主要有以下3个。

- **环境因素**。家庭环境、生活环境、职业环境、经济因素等都属于环境因素，它会影响用户某一阶段的购物行为。如冬季雾霾严重，防霾口罩就会受到用户的欢迎；又如影视剧中的潮流商品，会因为影视剧的热播而受到用户的喜爱。

- **商品因素**。商品因素主要指商品的价格、质量、性能、款式、服务、广告和购买便捷性等因素。用户会因为这些商品因素改变其购物行为。如相同款式的多个商品，价格相差不大但质量更好的商品更受用户欢迎；又如淘宝直播、京东直播等能够一边观看视频一边购买商品的方式也可以增加商品的销售量。
- **用户个人及心理因素**。用户由于自身的经济能力（如购买能力、接受程度）、兴趣习惯（如颜色偏好、品牌偏好）等不同，会产生不同的购买意向，并且用户的心理、感情和实际的需求各不相同，也会产生不同的购买行为。

通过以上因素分析可以看出，用户行为是不断变化的。要想了解用户行为，就要重视用户信息的收集、分析，并发现用户的行为规律，研究用户产生购买行为的原因。

专家指导

用户定位是一个长期的过程，企业不仅要在运营开始前进行定位分析，还要在运营的过程中随时观察用户的变化，找出用户未被满足的需求和未被重视的感受，将其作为下一阶段运营的改进方向。

（二）构建用户画像

用户画像是用户行为、动机和个人喜好的一种图形表示，它能够将用户的各种数据信息以图形化的直观形式展示出来，帮助运营人员更好地进行用户定位。用户画像展现的并非每一个用户的信息，而是具有相同特征的一群目标用户的共同数据信息，运营人员通过这种画像的方式为这些具有共同特征的用户贴上一个标签，从而实现数据的分类统计。

通过对用户属性与用户行为的分析可以建立基本的用户画像模型，然后再将收集和分析的数据按照相近性原则进行整理，将用户的重要特征提炼出来形成用户画像框架，并按照重要程度进行先后排序，最后再进行信息的丰富与完善即可完成用户画像的构建。图2-3所示为某App的用户画像，从中可看出该App的用户属性统计分析结果：其中女性用户占68.1%，且大部分为已婚青年女性；用户收入水平整体尚可，有一定的消费能力和行为自主能力，能为企业的销售额提升提供助力。

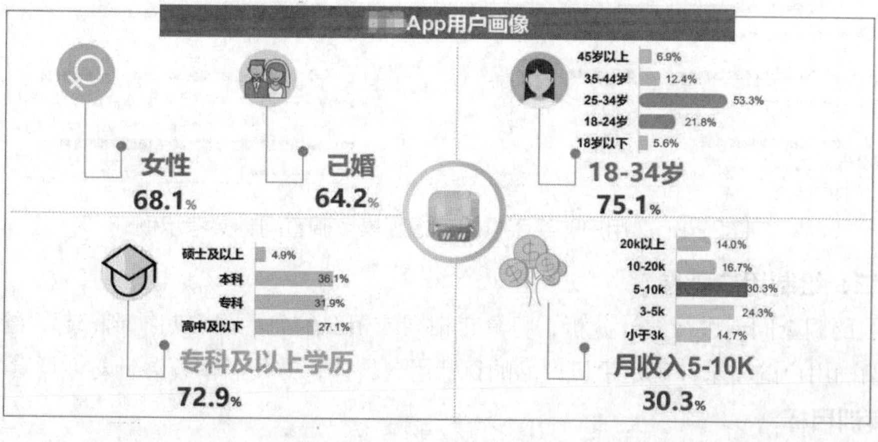

图2-3 某App的用户画像

三、任务实训

实训一：收集用户属性信息

某手机品牌要推出一款新品，为了进一步了解用户购买手机的考虑因素，下面将设计调查问卷来收集用户信息。

1. 实训目标

（1）了解用户属性与购买行为。

（2）掌握用户信息的收集方法。

2. 实训要求

以调查“用户购买手机的考虑因素”为主题，设计调查问卷收集用户信息。

3. 实训思路

调查问卷可以以单选题、多选题或简答题的形式来进行设计，针对本例的“用户购买手机的考虑因素”单一主题，可直接将购买因素列出，让用户选择或打分，图2-4所示为参考示例。然后对该调查问卷进行投放，邀请用户作答并进行回收。

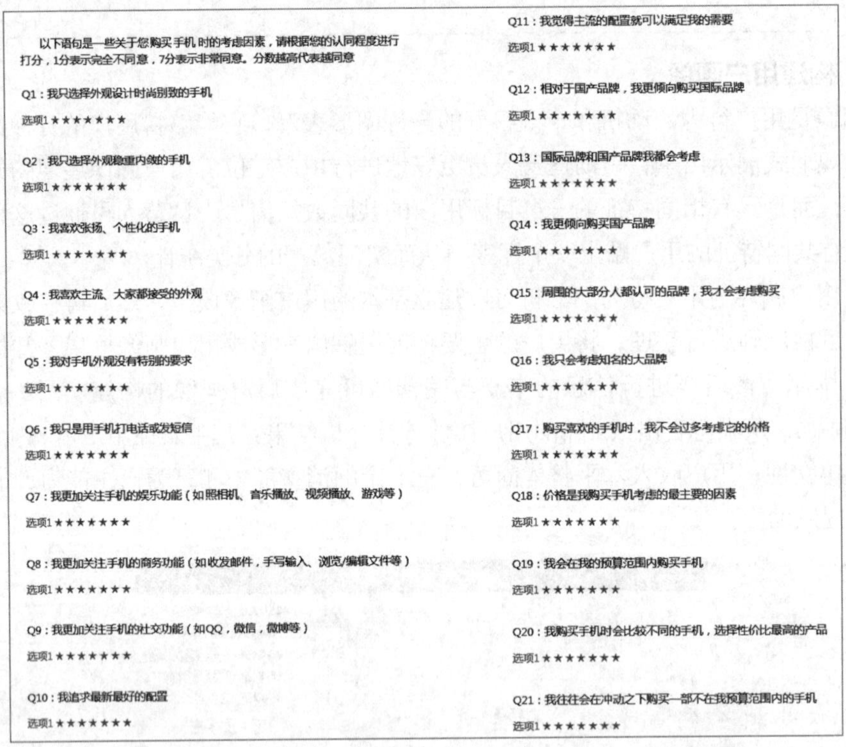

以下语句是一些关于您购买手机时的考虑因素，请根据您的认同程度进行打分，1分表示完全不同意，7分表示非常同意。分数越高代表越同意

Q1：我只选择外观设计时尚别致的手机

选项1 ★★★★★★★

Q2：我只选择外观稳重内敛的手机

选项1 ★★★★★★★

Q3：我喜欢张扬、个性化的手机

选项1 ★★★★★★★

Q4：我喜欢主流、大家都接受的外观

选项1 ★★★★★★★

Q5：我对手机外观没有特别的要求

选项1 ★★★★★★★

Q6：我只是用手机打电话或发短信

选项1 ★★★★★★★

Q7：我更加关注手机的娱乐功能（如照相机、音乐播放、视频播放、游戏等）

选项1 ★★★★★★★

Q8：我更加关注手机的商务功能（如收发邮件，手写输入、浏览/编辑文件等）

选项1 ★★★★★★★

Q9：我更加关注手机的社交功能（如QQ，微信，微博等）

选项1 ★★★★★★★

Q10：我追求最新最好的配置

选项1 ★★★★★★★

Q11：我觉得主流的配置就可以满足我的需要

选项1 ★★★★★★★

Q12：相对于国产品牌，我更倾向购买国际品牌

选项1 ★★★★★★★

Q13：国际品牌和国产品牌我都会考虑

选项1 ★★★★★★★

Q14：我更倾向购买国产品牌

选项1 ★★★★★★★

Q15：周围的大部分人都认可的品牌，我才会考虑购买

选项1 ★★★★★★★

Q16：我只会考虑知名的大品牌

选项1 ★★★★★★★

Q17：购买喜欢的手机时，我不会过多考虑它的价格

选项1 ★★★★★★★

Q18：价格是我购买手机考虑的最主要的因素

选项1 ★★★★★★★

Q19：我会在我的预算范围内购买手机

选项1 ★★★★★★★

Q20：我购买手机时会比较不同的手机，选择性价比最高的产品

选项1 ★★★★★★★

Q21：我往往会在冲动之下购买一部不在我预算范围内的手机

选项1 ★★★★★★★

图2-4 “用户购买手机的考虑因素”调查问卷参考示例

实训二：绘制用户画像

对回收的调查问卷进行统计分析，将具有相同或相似信息的用户归纳到一起，绘制出用户画像，以明确用户的需求，确定手机产品的目标用户群体，方便后期开展针对性运营。

1. 实训目标

掌握绘制用户画像的思路和方法。

2. 实训要求

通过对数据的统计分析绘制出用户画像。

3. 实训思路

步骤 01 根据回收的调查问卷得到的用户信息进行数据的统计分析，对信息进行分类，并从中抽取用户画像模型。在这个过程中需要确定一个变量，即用户对目标产品/服务的相关行为产生差异的核心因素，将每个变量作为一个核心维度去分析收集到的用户数据，将用户相关的行为数据化作一些“信息值”分布在这个维度上，然后将每个维度上的“信息值”串联起来，得到用户画像的核心特征，如图2-5所示。

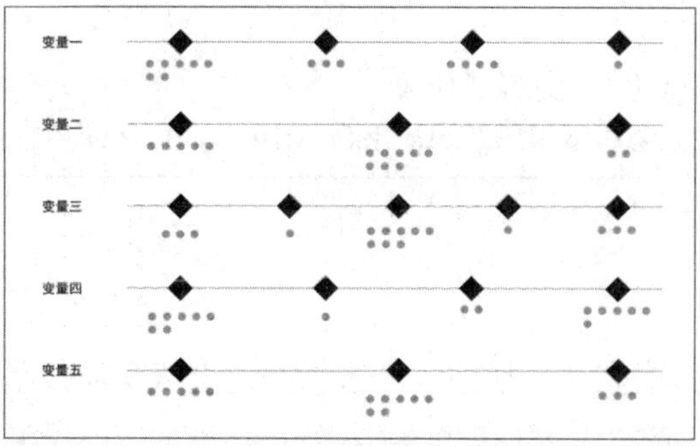

图2-5 信息维度

步骤 02 最后将这些信息归纳并以图形的形式展示出来，图2-6所示为“用户购买手机的考虑因素”的用户画像参考示例。得到用户画像后，将画像信息与企业品牌和商品定位进行比较，得到最有价值的目标用户。这类用户就是企业后期的主要潜在用户和首要用户。

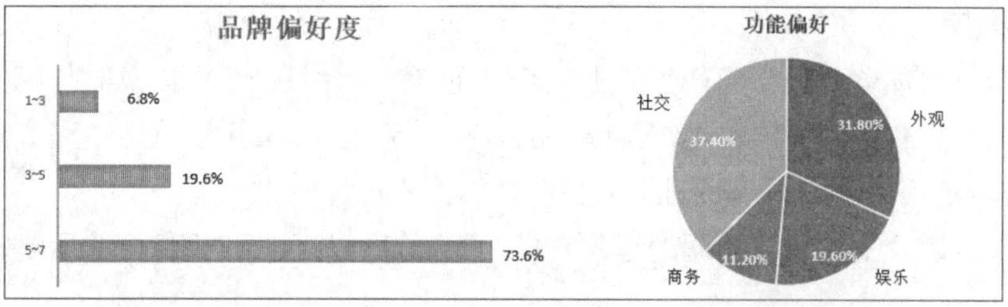

图2-6 “用户购买手机的考虑因素”的用户画像参考示例

四、任务考核

填写表2-1的内容并上交。

表2-1 任务考核

序号	考核内容	分值（100分）	说明
1	如何收集用户属性信息	20分	
2	用户行为的影响因素有哪些	30分	
3	绘制用户画像的方法是什么	50分	

任务二 新媒体运营的平台定位

新媒体为企业运营推广提供了广阔的空间，同时涌现了很多的运营平台，如微信、微博、短视频平台等，这些平台都有各自的特点和大量的用户。运营人员在开展运营工作前应了解目前主流的新媒体运营平台的特点，找准运营的目标平台，才能将运营信息更好地传达给用户，吸引用户并达到运营效果。

课堂讨论

针对下列问题展开讨论。

（1）你在网上获取信息的主要途径是什么？

（2）你的手机上安装了哪些常用的新媒体平台 App？为什么使用它们？

一、任务目标

不同新媒体平台的特点与目标用户不同，新媒体运营人员应该结合平台特点选择最适合企业自身的运营平台并做好定位，否则在运营后期容易出现内容建设混乱、粉丝增长缓慢和转化效果差等问题。本任务将对目前主流的新媒体平台进行介绍，帮助运营人员了解各平台的特点与定位。

二、相关知识

（一）微信

微信是基于智能移动设备而产生的主流即时通信软件，是一个可以及时与用户建立互动的交流平台。微信具有界面简洁、操作便捷、互动及时等特点，其用户渗透率和覆盖率很高，目前已累积了较多的活跃用户，是企业开展新媒体运营的必备平台。

微信为个人和企业提供了不同的运营方式，即微信个人运营和微信企业运营，下面对其进行简单介绍。

- **微信个人运营**。微信个人运营是基于个人微信号所进行的运营。图2-7所示即为个人微信号，它可以与手机通讯录绑定，邀请手机联系人、微信好友进行交流，可以通过朋友圈发布状态，与微信好友进行互动。微信个人运营是一种点对点的运营，可以为目标人群提供更持续、更精准的服务，并在服务的基础上进行一定程度的口碑传播。不管是建立个人品牌、促进产品销售还是维护用户关系，微信个人运营都具有非常良好的效果和价值。
- **微信企业运营**。企业微信是一款用于办公沟通的即时通信产品。图2-8所示为企业微信，它适用于各种类型的企业和机构用户，提供了丰富的办公应用和强大的管理能力，员工扫码关注后，即可在微信中接收企业通知和使用办公应用。微信企业运营区别于微信个人运营的主要方面为：更多地偏向于企业公众号、企业微信群的运营，或者培养业务人员利用自己的个人微信号进行推广。通过微信公众平台，企业可以打造具有特色的企业号，与特定群体进行全面的沟通和互动。企业在新媒体平台中进行运营，主要是由运营人员开通微信并进行微信公众号的运营。

图2-7　个人微信号

图2-8　企业微信

不管是微信个人运营还是微信企业运营，运营人员开展运营工作前都应做好定位，主要包括以下几点内容。

- 企业的产品或服务功能有什么特点？能够为用户提供什么样的产品或服务？
- 微信运营的目的是什么？是销售引导、客户管理、个性化服务，还是打通线上线下？
- 微信运营的目标用户是谁？如何精准地找到目标用户？
- 微信账号的风格是什么？展现给用户的形象是什么？

总体来说，微信定位是在企业产品和竞争对手产品分析的基础上，对用户需求进行深入挖掘，确定应该展示给用户的内容，并将其传递给用户的过程。定位有利于树立清晰的微信账号形象，有助于发展精准用户，更好地实现转化。如微信公众号“秋叶PPT”，其微信定位基于其优势产品PPT、PPT达人“秋叶”，以及爱学习、爱阅读、爱动手的职场人士的目标用户群体，前期主推PPT相关知识，并以售卖课程进行变现。其内容的原创性和知识的专业性赢得了用户的喜爱，目前，“秋叶PPT”已经由PPT拓展到了Word、Excel等。图2-9所示为其微信公众号的部分推文和菜单栏。

专家指导

微信的圈子相对封闭，微信个人号只能通过添加好友、在朋友圈中发布消息来进行运营；微信公众号则更注重为粉丝提供服务。企业进行微信运营时，更多的是在已有品牌知名度的基础上，通过微信来维护粉丝、吸引更多潜在用户。没有知名度的个人或企业通过微信来运营需要花费更多时间，但只要定位准确、勇于坚持，长期运营下来会有不错的效果。

图2-9　微信公众号“秋叶PPT”

（二）微博

微博是一个通过关注机制分享简短实时信息的广播式社交网络平台，是目前用户使用较多的平台。与微信相比，微博更注重信息的时效性和随意性，且每个用户都能在微博中发表自己的看法，相关信息也能被其他用户搜索到。若用户关注了微博主，就成了该微博博主的粉丝，微博博主发布的每一条信息都能被粉丝看到。微博博主可以与粉丝保持良好的交流互动，为培养忠实的用户打下坚实的基础。如果微博博主拥有数量庞大的粉丝群，则其发布的信息可以在短时间内传达给更多的用户，甚至形成爆炸式的病毒推广效果。因此不论是企业还是个人，都可选择将微博作为主要的运营平台之一。图2-10所示为微博首页，微博博主可以在其中发布消息。

图2-10　微博首页

微博具有准入门槛低、随时发布信息、信息快速传播、实时搜索等特点，因此吸引了大量的活跃用户。这些用户是个人或企业开展新媒体运营的潜在目标用户。同时，微博内容的公共性和话题性为运营提供了更好的环境。微博运营的方式更加多样化，个人可以通过个人微博进行运营，企业可以通过企业微博开展运营，因此运营人员要根据不同的微博类型进行定位。

1．个人微博定位

个人微博运营注重彰显个性，其定位需要遵循以下3个原则。

- **选择感兴趣或擅长的领域**。个人微博的运营最好选择自己感兴趣或擅长的领域，以自己的兴趣和特长为中心来进行微博的定位。如你喜爱化妆且热爱分享，可将微博账号定位为美妆领域；如你喜欢研究电子产品，可将微博账号定位为评测领域。
- **确定微博运营的目的**。不同的用户使用微博的目的不同，一般用户使用微博只是为了分享动态、查看热点，而运营人员则要明确自己使用微博的目的。一般来说，个人微博运营主要是为了进行个人品牌宣传，建立个人品牌形象。成为大V后，个人微博可以与企业微博联合运营，为企业宣传、产品推广等助力。
- **彰显微博的个性**。个人微博要运营出色就一定要个性。这种个性是微博运营人员自身个性的一种体现，是一种通过个人魅力来吸引用户的方法。

2．企业微博的定位

企业微博定位主要考虑微博的类型、运营的方式、运营的目标3方面。

- **微博的类型**。这里的类型是指微博内容的类型。运营人员应该在对目标用户需求进行分析的基础上确定微博的类型，常见的有品牌推广类微博、内容型微博、互动类微博、业务类微博等。
- **运营的方式**。运营的方式即确定如何运营，是以推广、活动为主，还是以内容输出为主。
- **运营的目标**。运营的目标即确定运营所要达到的效果，如涨粉人数、购买转化量、用户参与量、产品销量等。

（三）社群

社群是基于用户兴趣、爱好而形成的社交圈子，其定位直接影响社群规模。只有清晰、准确的社群定位才能有效推广社群、吸引更多用户加入，为社群提供源源不断的用户流量。社群定位的关键是找准自身的类型，一般来说，社群主要有产品型社群、兴趣型社群、品牌型社群和知识型社群。

- **产品型社群**。社群的本质是为用户和产品提供联系的纽带，越是优秀的产品越能吸引用户的关注，用户因产品而聚集在一起形成了社群，如小米手机、锤子手机等的产品社群。这种社群的群成员有着极高的活跃度，会为产品买单。
- **兴趣型社群**。兴趣是扩大人际交往范围的有利因素，因兴趣而组建的社群可以吸引有共同爱好的用户。这种社群更注重相互学习、相互探讨，如旅游类社群马蜂窝、运动健身类社群Keep等。
- **品牌型社群**。用户对产品的高度认可会转变成对品牌的忠诚度，因此品牌型社群可看作产品型社群的延伸。品牌型社群建立在用户对品牌价值观认可的基础上，其条件要求较高。
- **知识型社群**。知识型社群更注重知识的获取与技能的提升，这种社群要为用户提供能够学习或解决其问题的知识或技能才能吸引用户，如读书社群、BetterMe社群。

明确自己属于哪种类型的社群后，再根据类型进行社群用户和社群内容的定位即可。

（四）音频、视频和直播平台

音频、视频和直播是目前较为主流的新媒体运营方式。下面对音频、视频和直播平台定位的相关知识进行介绍。

1．音频平台

新媒体时代，信息传播的方式更加多样化。音频这种注重听觉感受的内容表现方式通过音频平台被用户接收，很好地满足了用户利用碎片化时间获取信息的需求，喜马拉雅FM、荔枝FM、猫耳、豆瓣FM等是目前较为常见的音频运营平台。

音频平台的用户主要有传统媒体的电台主播、专业的声音玩家或自媒体用户，他们所产出的内容主要是细分领域的专业性内容、基于兴趣的UGC（User Generated Content，用户原创）内容等。企业要在音频平台开展运营，需要注重资金的投入，如投放广告、自建音频自媒体等方式都需要大量的资金，同时还要注重流量的积累。图2-11所示为喜马拉雅FM网站的首页。

图2-11　喜马拉雅FM网站的首页

2．视频平台

视频平台根据视频的长短和智能终端可分为网络视频平台和短视频平台。

- **网络视频平台**。土豆视频、爱奇艺视频、腾讯视频、优酷视频、百度视频、搜狐视频、新浪视频、B站等都是比较常见的网络视频平台。这些视频平台的功能较为类似，都可以供用户自行上传视频内容，对视频时长的限制较小。同时，这些视频平台大多具有互动功能，可通过弹幕、评论等形式与用户互动，快速获取用户的反馈与意见，更好地进行运营计划的改善与调整。
- **短视频平台**。秒拍、抖音、美拍、快手、小咖秀等都是比较主流的短视频平台，它们的功能比较类似。与普通的视频相比，短视频具有操作流程简单、随拍随传等特点。并且短视频的时长相当短，一般在60秒以内，可以快速进行内容的查看与分享。

与其他平台相比，视频平台可以给用户更加直观地传达产品或品牌信息，更好地进行内容的融合，其特点主要有以下4点。

- **目标精准**。视频是一种传播非常精准的新媒体内容表现方式。只有对产品、品牌的视频内容感兴趣的用户，才会对视频产生兴趣并持续关注，甚至由关注者变为传播分享者，将视频分享给与自己有相同兴趣的用户。

- **传播灵活**。视频的传播速度较快，很多视频在发布后短时间内就可以得到大量传播。企业可以根据需要在指定时间段将视频推送给用户观看，用户也可以主动去相关网站寻找感兴趣的视频。
- **效果可预测**。网络视频的投放效果，通常可以根据一些数据进行分析和预测，如网站访问量、视频点击数、收藏数等。这些数据使用户群体清晰易辨，据此，企业不仅可以预测视频效果，还可以为下一次视频运营提供决策依据。
- **视觉效果好**。视觉效果好是视频最明显和最突出的优势。画面感能够缩短用户对产品产生信任的过程，加快用户的购买决策。视频广告以“图、文、声、像”的形式传递多感官的信息，比其他单纯的文字性或图片性广告更能体现出差异化。图2-12所示即为视频平台中的广告。

图2-12 视频平台中的广告

3．直播平台

目前国内比较火的网络直播平台有映客、虎牙、斗鱼和花椒等。与视频相比，直播更加直观，可以更好地实现与用户之间的互动，使运营更加方便，其特点主要如下。

- **运营成本低**。直播运营的直播设备简单，直播场景可由企业、个人自主构建，是目前成本较低的运营方式之一。特别是对于个人电商来说，可以仅靠一部手机就完成一次直播运营。
- **运营覆盖广**。直播运营可以直接将产品的形态、使用过程等展现给观众，达到全方位覆盖用户认识的效果。
- **销售效果好**。直播运营可以更加直观地通过主播的解说来传递各种优惠信息，同时开展现场促销活动，极大地提升观众的消费热情，提高运营效果。
- **运营反馈有效**。直播运营具有强有力的双向互动模式，可以在主播直播内容的同时，接收观众的反馈信息，如弹幕、评论等。这些反馈中不仅包含产品信息的反馈，还有观看直播的观众的表现，这为企业下一次开展直播运营提供了改进的空间。

（五）社区论坛

社区论坛的主要优势是活跃用户量大，在其中进行运营可以引流，聚集人气，是产品或品牌推广的不错选择，如百度贴吧、豆瓣等论坛都是较为常见的社区论坛。其中百度贴吧基于百度搜索引擎庞大的用户数量，运营价值较大，适合进行产品引流与推广；豆瓣则以提供图书、电影、音乐唱片的推荐、评论和价格比较，以及城市独特的文化生活为主，其内容的可信度更高，更适合进行品牌口碑的积累。图2-13所示为豆瓣的首页。

图2-13　豆瓣首页

（六）问答平台

知识问答是新媒体运营的常见表现形式，其对应的运营平台有很多，如百度知道、搜搜问问、知乎、在行等。问答平台运营是一种以内容质量获取粉丝的方式，其内容在搜索引擎中可以获得较高的权重，使问答平台能够据此获得较好的排名，具有较为精准的运营效果。同时，问答平台注重知识和经验的分享与传播，可以帮助个人和企业获得良好的口碑。问答平台的特点如下。

- **互动性**。问答平台采用双向问答形式，用户既可以在问答平台上提出问题，或与其他人分享知识、经验和见解，又可以关注其他与自己兴趣一致的人。通过知识的解答、生产和分享，问答平台构建了一个具有很高价值的人际关系网。企业可以在问答平台上通过交流的方式取得用户的信任，从而积累自己的品牌口碑。
- **针对性**。问答既可以针对某个目标群体，根据群体的特点选择关注的焦点，充分调动目标群体的力量，也可以针对话题做讨论，让更多的人参与进来，达到人群融合的效果。在平台中用户可以根据自身的需求有针对性地提出问题，同时，这些答案又将作为搜索结果，满足有相同或类似问题的用户需求。企业不仅可以通过回答问题来分享经验与知识，还能在其专属问题页面中推广企业的具体业务，通过专属的广告位增加企业曝光率，定位更加精确的消费群体，并形成转化。

（七）写作平台

写作平台是一种优质信息生产平台，用户可以通过写作平台分享自己的观点，输出个人价值，从而增强个人影响力并开展相关运营活动。当前主流的写作平台主要包括简书、今日头条、大鱼号、企鹅媒体平台、搜狐号、百家号、豆瓣等。总的来说，写作平台主要有3个特点。

- **流量大**。当前几大主流写作平台都背靠资金雄厚的大企业，如百度旗下的百家号、阿里巴巴旗下的大鱼号、腾讯旗下的企鹅媒体平台，这些平台天生就具备流量优势。除此之外写作平台还大力进行推广及引流，只要内容质量较高，一般就具有较高的阅读量。
- **版权的保护力度较大**。网络平台中的抄袭与转载无处不在，这非常不利于文章的保护以及个人、企业品牌的建立。当前主流的写作平台，如今日头条、企鹅媒体平台等都开通了原创计划，极大地保护了原创者的权益。
- **品牌曝光**。在新媒体环境下，很多人借助写作平台提升个人的影响力，通过写作平台不断地进行高质量的作品输出，拥有了大批粉丝，打造出了个人品牌，如豆瓣红人三公子等。就百家号而言，百家号是百度搜索引擎中重要的收录源，因此作者可以获得较高的个人品牌曝光率。简书与大量的出版社合作，质量高的文章可能还会获得出版社的青睐，并且简书还推出了签约作者，可为更多优质作者打造品牌。

专家指导

企业开展新媒体运营时，一般不会只选择一种平台，而是会同时集合多个平台的特点进行综合运营。这是因为单一平台的运营效果有限，且目标用户不集中，通过多渠道、多平台联合运营，可以更全面地覆盖用户，实现运营效果的最大化。

三、任务实训

为了使运营人员更好地掌握新媒体运营平台的定位，下面以图2-14所示的OPPO新品发布运营案例来进行分析，使运营人员掌握不同新媒体运营平台的特点及其运营方式。

OPPO在进行R11新品发布时，为了将产品“拍照手机”的核心功能“植入”用户心中，开展了一系列的运营操作。

- 为了扩大新品在用户群体中的知名度，OPPO邀请了两位知名人士作为它的代言人，并通过微博发布代言广告，两位纷纷转发微博。据统计，此次新品代言微博的传播层次达到了79层，为产品带来了超过4300万的曝光量，很好地建立起了产品与之间的联系，充分利用了名人庞大的粉丝基数进行产品的宣传。
- 随后，OPPO联合微博官方摄影账户微相册、微博摄影，以“转发赢OPPO R11”为噱头持续引爆流量，引导微博用户带话题“#OPPO前后2000万R11#”参与转发，打造高话题阅读量和浏览量，进一步为新品造势。
- 接下来，OPPO联合浙江卫视年中盛典，以“反正都精彩”为主题开展了新品发布会，并通过微博直播同步呈现发布会情况，很多精彩的视频片段都通过短视频的方式在微博上发送出来，充分利用了微博的各个功能，全方位、规模化的矩阵式传播营销方式使OPPO R11的新品发布会成功登顶微博当天的话题榜和热搜榜（#浙江卫视OPPO年中发布盛典#）。

在以上营销热度的基础上，OPPO成功推出了新品R11，触达全网网民，实现了全网营销的目的。后期，OPPO仍旧以微博营销为主要方向，通过微博发现页、名人话题转发“#OPPO前后2000万R11”（话题阅读量8亿+，讨论量600万+）持续引爆产品话题和口碑，取得了良好的活动效果。

图2-14　OPPO新品发布运营案例

1. 实训目标

熟悉新媒体运营平台，了解不同新媒体运营平台的特点与定位方法。

2. 实训要求

分析图2-14所示的运营案例，总结其在哪些新媒体平台中开展了运营，为什么要在其中开展运营。

3. 实训思路

步骤 01 阅读图2-14所示的案例，列举其所涉及的新媒体平台。

步骤 02 对应每个新媒体平台，将案例中的运营思路与方法提炼出来。

步骤 03 结合提炼出的内容，查阅资料分析其这样运营的原因。

四、任务考核

填写表2-2的内容并上交。

表2-2 任务考核

序号	考核内容	分值（100分）	说明
1	新媒体运营平台主要有哪些	20分	
2	微博和微信的区别是什么？其平台定位分别有什么侧重点	40分	
3	音频、视频和直播平台的特点是什么？企业在这些平台上运营时应注意什么	40分	

任务三 新媒体运营的内容定位

新媒体运营更注重对内容的运营，企业通过提供目标用户感兴趣的内容，与用户建立良好的关系，从而达到推广产品、树立品牌形象等目的。内容定位的出发点是用户，当企业进行了用户和平台的定位后，就需要进一步确定内容。

课堂讨论

针对下列问题展开讨论。

（1）打开一篇微信公众号推文，观察推文的内容呈现方式。

（2）你喜欢在网上查看哪种类型的新媒体内容？

一、任务目标

目前，新媒体运营以“内容”为主，内容的质量、表现形式、传播方式都影响着运营的最终效果。运营人员要熟悉不同新媒体运营内容的特点，才能更好地进行内容的定位，打造出更符合用户需求的、能帮助用户解决实际问题的内容，培养用户对企业和品牌的信任感，最终引导用户购买产品。本任务将对新媒体运营内容的表现形式、内容定位的原则、内容定位的过程等进行介绍。

新媒体运营的内容营销

二、相关知识

（一）内容的表现形式

新媒体运营的内容表现形式非常丰富，有文字、图片、视频、音频等，这些内容表现形式的表现力与特点都不相同，可以充分满足新媒体运营对内容的不同要求，下面分别对其进行介绍。

1．文字

文字具有直观、准确、占用体积小等特点，可以简单、准确地传递内容的核心价值，不容易使用户产生理解错误。同时，文字的表现手法多样，不同的文字写作方法可以带来不同的运营效果，快速吸引用户的注意并引起用户的共鸣。标题、短微博、长文章等形式的新媒体运营内容中常采用纯文字的形式进行展示。图2-15所示为一篇名为《OnePlus 6 | 我们在追求一种什么样的快？》的纯文字文章。

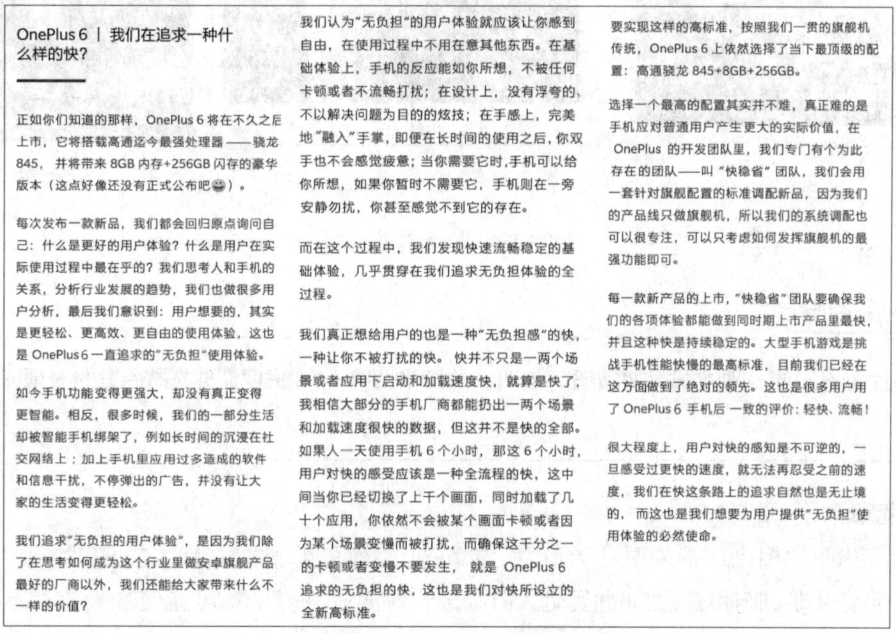

OnePlus 6 | 我们在追求一种什么样的快?

正如你们知道的那样，OnePlus 6 将在不久之后上市，它将搭载高通迄今最强处理器——骁龙 845，并将带来 8GB 内存+256GB 闪存的豪华版本（这点好像还没有正式公布吧😀）。

每次发布一款新品，我们都会回归原点询问自己：什么是更好的用户体验？什么是用户在实际使用过程中最在乎的？我们思考人和手机的关系，分析行业发展的趋势，我们也做很多用户分析，最后我们意识到：用户想要的，其实是更轻松、更高效、更自由的使用体验，这也是 OnePlus 6 一直追求的"无负担"使用体验。

如今手机功能变得更强大，却没有真正变得更智能。相反，很多时候，我们的一部分生活却被智能手机绑架了，例如长时间的沉浸在社交网络上；加上手机里应用过多造成的软件和信息干扰，不停弹出的广告，并没有让大家的生活变得更轻松。

我们追求"无负担的用户体验"，是因为我们除了在思考如何成为这个行业里做安卓旗舰产品最好的厂商以外，我们还能给大家带来什么不一样的价值？

我们认为"无负担"的用户体验就应该让你感到自由，在使用过程中不用在意其他东西。在基础体验上，手机的反应能如你所想，不被任何卡顿或者不流畅打扰；在设计上，没有浮夸的、不以解决问题为目的的炫技；在手感上，完美地"融入"手掌，即便在长时间的使用之后，你双手也不会感觉疲惫；当你需要它时，手机可以给你所想，如果你暂时不需要它，手机则在一旁安静勿扰，你甚至感觉不到它的存在。

而在这个过程中，我们发现快速流畅稳定的基础体验，几乎贯穿在我们追求无负担体验的全过程。

我们真正想给用户的也是一种"无负担感"的快，一种让你不被打扰的快。 快并不只是一两个场景或者应用下启动和加载速度快，就算是快了，我相信大部分的手机厂商都能扔出一两个场景和加载速度很快的数据，但这并不是快的全部。如果人一天使用手机 6 个小时，那这 6 个小时，用户对快的感受应该是一种全流程的快，这中间当你已经切换了上千个画面，同时加载了几十个应用，你依然不会被某个画面卡顿或者因为某个场景变慢而被打扰，而确保这千分之一的卡顿或者变慢不要发生， 就是 OnePlus 6 追求的无负担的快，这也是我们对快所设立的全新高标准。

要实现这样的高标准，按照我们一贯的旗舰机传统，OnePlus 6 上依然选择了当下最顶级的配置：高通骁龙 845+8GB+256GB。

选择一个最高的配置其实并不难，真正难的是手机应对普通用户产生更大的实际价值，在 OnePlus 的开发团队里，我们专门有个为此存在的团队——叫 "快稳省" 团队，我们会用一套针对旗舰配置的标准调配新品，因为我们的产品线只做旗舰机，所以我们的系统调配也可以很专注，可以只考虑如何发挥旗舰机的最强功能即可。

每一款新产品的上市，"快稳省"团队要确保我们的各项体验都能做到同时期上市产品里最快，并且这种快是持续稳定的。大型手机游戏是挑战手机性能快慢的最高标准，目前我们已经在这方面做到了绝对的领先。这也是很多用户用了 OnePlus 6 手机后 一致的评价：轻快、流畅！

很大程度上，用户对快的感知是不可逆的，一旦感受过更快的速度，就无法再忍受之前的速度，我们在快这条路上的追求自然也是无止境的， 而这也是我们想要为用户提供"无负担"使用体验的必然使命。

图2-15　文字表现形式

以文字形式表达长内容时一般字数较多，篇幅较长，此时要注意文字描述准确，用语简洁，注意每个段落的文字不要太长，要方便用户阅读。这种大篇幅的文字很容易造成用户的阅读疲劳及反感，因此除了专业性较强或需要提供较多文字说明的内容外，一般不建议采用大段的文字说明。

2．图片

图片比文字具有更强的视觉冲击力，可以在展示内容的同时给用户一定的想象空间。新媒体运营中的图片内容展示可以全部是图片，也可以将文字作为图片的一部分融合到图片中，使图片既能更鲜明地表达主题，又能快速提升用户的阅读体验。但文字在图片中的比例以及文字的大小要适宜，要确保查看图片时文字内容清晰且不遮挡图片。图2-16所示分别为微信公众号推文中的图文搭配、微博图文类博文、电商产品推广海报。

（a）　　　　（b）　　　　（c）

图2-16　图片表现形式

专家指导

图片有不同的表现方式，如动图、长图、九宫格图等，可根据需要选择合适的表现方式进行展示。

3．音频

与文字和图片相比，音频更具亲和力，能够快速缩短新媒体与用户之间的距离，可以让用户感受到亲切且促进与用户之间的互动。但收录音频时，外界干扰可能使音频信息不完整，影响用户对音频信息的接收，导致错失重要的内容。因此，以音频方式进行新媒体运营时，要保证录音环境没有噪声，嘉宾应吐字清晰，语速适当，用语简明，以方便用户理解和接受。图2-17所示为一个DISC（Dominance,Influence,Steadiness,Compliance，支配型、影响型、稳健型、谨慎型）社群中的内容，其嘉宾以音频的形式进行内容说明，比一段一段的文字输入更加方便，且内容讲解更加通俗易懂，方便用户对知识进行吸收；图2-18所示为微信公众号“罗辑思维”推送的内容，其在开头以一段60秒的语音进行说明，引导用户阅读正文内容。

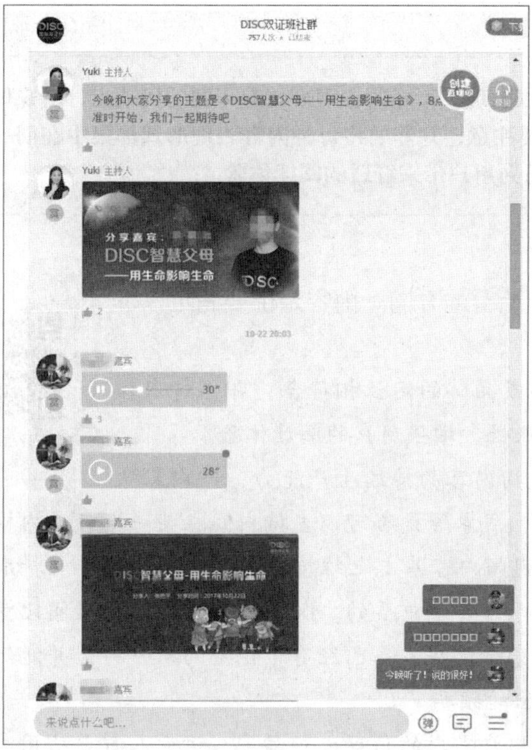

图2-17 DISC社群中的音频

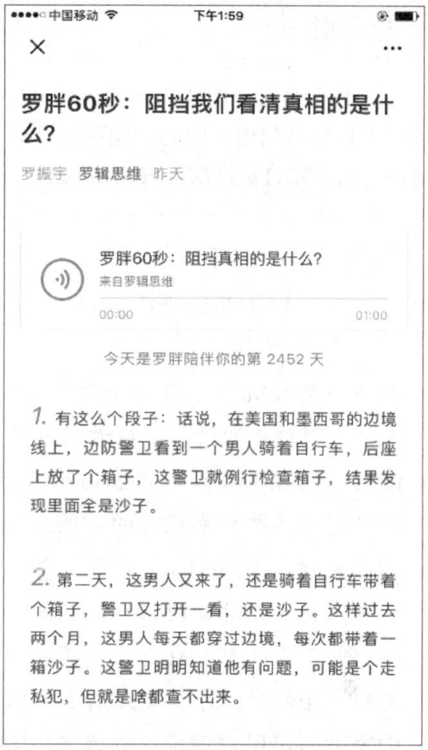

图2-18 “罗辑思维”60秒语音说明

4．视频

视频是目前较为主流的新媒体内容表现形式，它能够更加生动、形象地展现内容，具有很强的即视感和吸引力，能增加用户对运营内容的信任。在使用视频作为新媒体内容的表现形式时，运营人员可以直接拍摄视频，并对视频内容进行编辑，但要保证视频内容的真实性，不能为了运营效果而拼接虚假视频片段。

实力雄厚的大企业可以通过专业的视频制作公司来制作视频内容，以体现其专业性和内容的质量。如小米与爱否科技（科技垂直类榜单的TOP团队，其内容质量与娱乐化的评测风格深受用户喜爱）联合推出的《米家 什么值得买》短视频，以小米全线产品评测为主线，通过节奏鲜明、创意十足的方式将评测内容与热门动画、经典漫画人物关联起来，吸引用户查看的同时，又使用户为其专业性所折服。

个人可以通过自媒体平台来制作具有个人特色和风格的视频，树立个人品牌。目前有很多短视频自媒体运营的成功案例，如papi酱、李子柒、办公室小野等。图2-19所示为papi酱制作的短视频在微博中发布的效果。

图2-19 papi酱短视频内容

专家指导

综合以上几种新媒体内容的表现形式可以发现，不同的表现形式有不同的优缺点，新媒体运营人员可以综合利用不同的表现形式。但需要注意，并非要将每种内容表现形式都集中在同一个内容中，要注意合理搭配各种内容元素，尽量为用户带来舒适的阅读体验。

（二）内容定位的原则

内容定位可以帮助新媒体运营人员确定运营的方向。内容定位要满足以下几个原则，下面分别进行介绍。

内容定位的误区

- **内容风格要统一**。内容要与企业产品或品牌的定位相符合，即保持内容风格、用语等的统一，提升内容的专业性，增强用户的阅读体验。
- **内容输出频率要高**。内容输出频率是指内容的持续生产能力，即内容从构思到成品所需要花费的时间、精力、成本等是否可以支持内容在某一个频率内持续展现给用户。如papi酱在微博上发布的视频内容基本上维持在一周一个的频率。特别是刚开始做新媒体运营时，内容输出的频率是非常重要的。如果你推出内容的时间比竞争对手更长，更新频率更低，那将不具备竞争优势。当已经有了稳定的用户群，并能保证稳定的自传播时，可以慢慢缩小内容输出的频率。
- **内容要满足用户需求**。内容定位要从用户需求的角度进行考虑。运营人员要从用户的需求中挖掘痛点，再将相关内容展示给用户观看，以打动用户。如某品牌通过对目标用户需求进行分析，发现他们对某款键盘产品的需求较大，运营人员根据该需求修改文案，并制作了美观、需求突出的海报来宣传产品新卖点，获得了广大用户的喜爱，短时间内销量暴增。
- **内容要符合运营目的**。运营的目的不同，内容创作的重点与呈现的效果就不同。如以广告分成为目的，那么内容就要注重阅读量，运营人员可结合热点、娱乐等信息确定内容创作方向；如以个人品牌建设为目的，那么内容就要注重质量与专业性，以积累个人品牌口碑；如以销售产品为目的，那么内容就要注重引流和转化，运营人员要选择能够直接引导到产品链接页面的运营平台，并在内容中突出目标用户的痛点或可以获得的好处。
- **内容要贴合运营人员的能力**。内容创作与运营人员的能力密切相关，如果没有对内容的策划、写作和整合能力，即使有再好的创意也无法呈现出来。同时，运营人员也要明确自己运营所具备的优势，如资源优势、写作能力等，尽量利用自己的优势进行内容定位，这样才能更好地写出内容。

（三）内容定位的过程

掌握内容定位的过程可以帮助运营人员更好地进行内容定位，该过程主要包括圈定目标人群、找到合适的运营方式、寻找合适的媒介、策划和包装内容、打造内容亮点、设计便捷的转化入口、追踪和反馈效果7个阶段，下面分别进行介绍。

1. 圈定目标人群

圈定目标人群是指圈定具有重点价值的用户群体。原则上来说，一个产品的目标用户范围通常会比较广，如面向婴幼儿的无刺激产品，同时会受到很多女性的青睐。而在这个大范围的用户群体中，并不是每一位用户都能为企业创造价值，用户对产品的接受度、了解度都会影响到产品的最终销售情况。企业不可能在每一位可能的用户身上都投入成本，因此需要圈定核心目标用户，尽可能缩小投入范围，解析核心目标用户的消费方式、消费习惯和消费心理，挖掘他们的痛点，针对核心目标用户部署运营策略，提高运营的精准度。

2．找到合适的运营方式

不同的产品和品牌、不同的运营目的、不同的运营渠道，通常都会有各自适合的运营方式。如很多知识型自媒体喜欢通过出书、发布热门文章的方式进行推广，一些知名的达人、名人喜欢通过演讲、直播的方式进行宣传，很多网络红人喜欢通过拍视频的方式进行运营。

3．寻找合适的媒介

好内容必须依靠好媒介和好渠道进行推广和传播，让更多用户发现和关注，才能真正实现运营价值。新媒体为内容运营提供了非常广阔的平台，每一个平台都有其特点和优势，运营人员可以根据企业的运营策略选择合适的平台进行推广。此外，企业还可以借助有影响力的人来进行推广，如自由撰稿人、合作伙伴、KOL、高人气达人、忠实优质的粉丝等。

4．策划和包装内容

现在很多成功的运营案例看似“无心插柳”，其实大多是经过一系列的策划和包装“制造”出来的，因此策划和包装内容是内容运营中非常重要的一环。好内容需要好宣传，懂得适当地在不同时间段进行反复宣传和包装内容，可以有效增加内容传播的宽度和广度，同时保持内容在目标用户中的曝光度。

5．打造内容亮点

内容运营的核心是打造亮点，创造更多的品牌或产品价值。运营人员在进行内容运营的过程中，往往难以保证每一个内容推广的亮点都会产生效果，但依然要将亮点作为内容运营的重点。内容亮点一般围绕关键词、价值、品牌、用户4个因素进行打造。

- **关键词**。能被用户关注和搜索的内容才有机会发挥价值，因此关键词在内容中具有重要的意义。如果用户读完推送的内容后，能够记住推送者想要重点传达的关键词，那么这个内容推送无疑是成功的。
- **价值**。价值包含很多方面，如推送内容的价值、品牌的价值、产品的价值等。目前，产品类型、产品价格、销售渠道等同质化现象非常严重，普通用户难以准确区分看上去十分相似的产品，因此运营人员要通过内容将运营的价值凸显出来，让自己的产品或品牌从同类竞争者中脱颖而出。
- **品牌**。现在的新媒体运营趋势逐渐向品牌化的方向发展，品牌可以有效提升用户对产品的辨识度、接受度和忠诚度。品牌化的产品更容易被大众接受，因此运营人员开展内容运营时要有意识地树立和宣传品牌，设计自己的风格，打造个性化品牌。
- **用户**。用户是运营的中心，拥有用户才能实现最终的效果。想要拥有用户，就要了解用户，学会挖掘用户的痛点，为他们提供真正需要的信息。所以很多内容运营都是站在用户的立场、从用户的角度出发进行内容策划的。

6．设计便捷的转化入口

不管是文字、图片、音频，还是视频，任何优质的内容在推出时都需要一个方便用户行动的入口，如快速关注、直接购买、了解更多、收藏、转发等，让用户可以及时通过简单便捷的入口对所接收的信息进行关注、购买、收藏等。一般来说，用户刚接收信息的时候是转化的最佳时刻，时间间隔越长，入口操作越复杂，实现用户转化的可能性就越低。

由于内容的发布渠道很多，每个渠道都有不同的入口和功能，所以运营人员可以选择合适的渠道进行内容的营销和发布，也可以自己制作方便用户转化的二维码或导向链接。

7．追踪和反馈效果

一般来说，衡量内容的质量和效果可以参考内容制作效率、内容传播广度、内容传播次数、内容转化率等指标，根据各项指标的实际数值对内容的效果进行评价和判断，再对表现不佳的指标进行优化改善，从而获取更大的运营价值。

三、任务实训

某饮品品牌对现代女性的收入和消费水平进行分析后发现，现代女性更加崇尚“工作是为了更好地享受生活”的消费理念，并针对这部分消费群体推出了一款含乳轻酒精饮料——莎娃预调鸡尾酒。这款产品与其他酒精饮料的区别是其酒精含量低于市场预调酒，可以让女性更加优雅地享受饮料，释放压力，重新寻找少女时期的勇气和真挚。同时，包装采用了体现浪漫的粉色，充分满足了用户群体的“少女心”，如图2-20所示。现要求为该产品进行新媒体运营的内容定位。

图2-20　莎娃预调鸡尾酒

1. 实训目标

熟悉新媒体运营内容定位的相关知识，掌握内容定位的方法。

2. 实训要求

根据提供的资料，分析开展新媒体运营应该如何进行内容定位。

3. 实训思路

步骤 01 从提供的资料中分析用户需求，挖掘用户的痛点并确定内容的主要呈现方式。

步骤 02 对内容的风格进行定位，明确风格与产品、品牌之间的联系。

步骤 03 根据内容呈现方式确定内容的运营方式，选择合适的运营方式可以事半功倍。

步骤 04 组织内容信息，对内容进行策划包装，并打造内容的亮点，吸引用户关注。

步骤 05 定位内容的投放和传播方式，尽量让用户主动参与、分享。

四、任务考核

填写表2-3 的内容并上交。

表2-3 任务考核

序号	考核内容	分值（100分）	说明
1	新媒体运营的内容的表现形式主要有哪些？分别说出每种表现形式的特点	60分	
2	新媒体运营的内容的定位原则是什么	40分	

拓展延伸

定位是新媒体运营的前提，新媒体运营人员要熟练掌握本项目知识，才能更好地制订和实施运营计划。下面介绍一些与新媒体运营定位相关的其他知识，进一步拓展运营人员对定位的认知。

一、用户大量流失该怎么办

用户分析与定位贯穿于整个运营周期，当发现出现大量用户流失的情况时，运营人员需要重视并分析该问题产生的原因。一般来说，主要有平台原因和用户原因，下面分别进行介绍。

- **平台原因**。平台推送的内容对用户没有吸引力，不能吸引用户产生持续的阅读行为，用户觉得没意思因而直接放弃；平台中的广告太多，让用户反感进而不再关注等，这些都是引起用户流失的原因，具体情况需要运营人员根据相应的数据进行分析。
- **用户原因**。用户只是因为某些优惠而关注企业，在没有优惠后自然就取消了关注；用户本身的兴趣发生了变化，不再需要原来的内容；其他一些原因。

二、如何保证内容的质量

打折促销、搞笑视频、头条推荐、经验分享等不同的内容运营方式要想获得较好的运营效果，均需在内容上做文章。如何留住用户，让用户对内容产生进一步的兴趣，这些都直接受内容质量的影响。为了保证内容质量，运营人员在进行内容运营时需要遵循以下4个原则。

- **增强内容与用户的联系**。内容与用户之间的联系是运营信息得以推广的前提，富有乐趣且与用户联系更紧密的内容信息往往更容易感染用户，引发用户共鸣，促使用户与他人分享，甚至改变用户的价值观，让用户主动参与到内容创造的过程中。
- **为内容寻找人性化的素材**。人性化是贴近用户非常有效的一种手段。一般来说，人性化的素材主要包括4个方面的内容，分别是社交人格化、叙事社会化、内容即食性、科普娱乐性。社交人格化是指为品牌或产品赋予人的形象，通过互动的方式创造内容；叙事社会化是指用故事来阐释内容，用好的故事引发用户的感情投入，优质的故事甚至可以刺激用户主动补充和创建新的故事内容；内容即食性是指内容可以引起用户兴趣，同时方便其阅读，如简单、精练、搞笑、娱乐、竞争等性质的内容可以快速吸引用户目光，提高内容阅读量、加大传播深度和提高知名度；科普娱乐性是指内容应该通过大众熟悉和喜欢的方式进行推广，将复杂议题简单化，用娱乐的手法普及给用户，有效地进行产品和品牌价值的传递。
- **实现更多的用户共同参与**。互动是内容运营的一个重要因素，要实现更多用户的一起参与，就需要注重内容的发布、平台选择和活动策划。
- **重视内容的创意**。内容有鼓舞用户、娱乐用户、教育用户或说服用户的作用，运营人员应在新媒体运营前明确运营目的和想要达到的运营效果，然后根据目标有的放矢，用最合适的方式与创意创造内容。

实战与提升

通过本项目知识的学习，对下列问题展开讨论与练习，在巩固所学知识的同时，拓宽视野，进一步提高自己的能力。

（1）根据你的理解，谈谈你对用户属性与行为的看法。

（2）假如你是某汽车企业的新媒体运营人员，现在正值企业10周年庆典，若要以企业周年庆为主题进行运营，应如何进行平台定位？

（3）根据你的理解，画出新媒体运营的内容定位的步骤与核心环节。

项目三

微信运营

学习目标

微信作为新媒体时代的典型代表，具有移动化、用户数量巨大、用户黏性大、使用频率高等特点，这为个人和企业的新媒体运营市场开辟了广阔的空间。个人和企业要想在新媒体环境下获得更多的关注，实现更好的运营效果，必须掌握微信运营。

学习导图

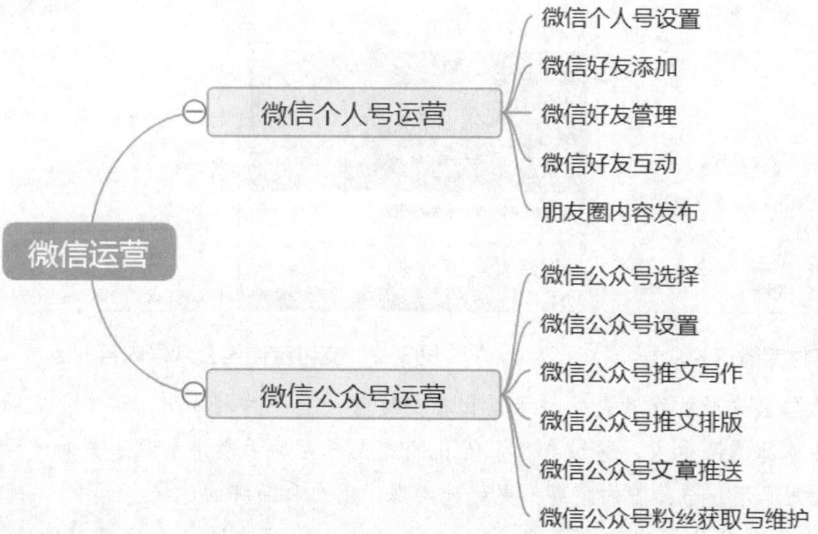

案例导入

支付宝微信公众号的运营具有非常典型的微信运营的特征。支付宝微信公众号的账号名称直接以其品牌名称“支付宝”命名，其公众号的账号头像则使用品牌Logo，塑造了统一的、便于用户识别的支付宝公众号品牌形象。

当用户关注支付宝微信公众号后，它会自动回复用户“山无棱，天地合，都不许取关!”，且其菜单栏以“故事会”“新服务”“天下无贼”来表现其个性化，如图3-1所示。这充分体现了支付宝微信公众号个性化、人格化、幽默风趣的风格定位，与其他严肃的、中规中矩的微信公众号产生了差异，更加符合当前新媒体环境下用户对个性化的追求。

在进行推送内容的运营时，支付宝微信公众号在保持其个性化、幽默风趣定位的基础上，也不缺乏与用户的真实情感交流。图3-2所示的两篇推文，第一篇《从残酷到酷的距离，要走几步？》就通过讲述故事的方式来推广其产品“相互宝”，并通过真实的、感人的故事引起用户的共鸣，加深用户与支付宝之间的情感；第二篇《全国哪家泳池的水最好喝？》则以幽默风趣的语言风格来吸引更多用户的关注，并进行其产品“游泳地图”的推广。

图3-1　支付宝微信公众号

图3-2　支付宝微信公众号内容的运营

支付宝微信公众号的运营是一种场景化社交运营，倡导熟人社交，即支付宝将用户当作朋友，而不是冷冰冰的陌生人，通过自身个性化的定位与互动手段来加深用户对支付宝品牌人格化的印象，缩短了用户与品牌的距离，更好地实现了用户和品牌的连接。

除了微信公众号外，微信个人号也是微信运营的主要阵地。与微信公众号广泛的用户群体相比，微信个人号主要针对朋友圈，但二者要实现良好的运营，都需要通过微信的及时性、个性化和互动性等优势来维系已有用户，巩固用户对品牌的忠诚度，以不断扩大影响力，让老用户带来新用户。

【思考】

（1）支付宝微信公众号是怎么进行账号设置的？

（2）支付宝微信公众号的内容运营有什么特点？

（3）微信个人号运营与微信公众号运营有什么区别？

任务一 微信个人号运营

微信运营因其运营账号属性的不同，可分为微信个人号运营和微信公众号运营。其中，微信个人号主要用于个人用户的产品、品牌运营，是微信运营的重要组成部分。对于个人来说，微信个人号就是他们的名片，掌握其运营方法可以为个人带来更多收益。

课堂讨论

针对下列问题展开讨论。

（1）你是怎样添加微信好友的？

（2）你的微信朋友圈中常出现哪些内容？有广告信息吗？如果有，你对其有什么看法？

一、任务目标

微信个人号是微信运营非常重要的组成部分，个人通过微信个人号的运营可以建立个人品牌；企业运营人员可以通过微信个人号的运营，宣传企业信息并为企业带来更多潜在用户。本任务将详细介绍微信个人号运营的方法，包括微信个人号设置、微信好友添加、微信好友管理、微信好友互动、朋友圈内容发布等，帮助运营人员更好地运营其微信个人号，树立品牌并增强运营效果。

二、相关知识

（一）微信个人号设置

微信个人号设置是微信个人号运营的第一步，主要包括昵称设置、头像设置、个性签名设置和微信号设置。掌握微信个人号设置的方法，可以帮助运营人员快速建立起在用户心中的印象，加强品牌形象的建设。

1．昵称设置

从运营的角度来说，微信昵称是运营人员与他人沟通的“门面”。在使用微信聊天时，人们往往最先注意昵称和头像，一个好的昵称，可以快速使他人建立起良好的第一印象，节约沟通成本。运营人员在设置微信个人号昵称时应遵循以下3个基本原则。

- **简单明确**。简单明确是昵称的基本要求。一般要求昵称字数不能太多，避免昵称显示不完整；拼写简单，不使用繁体字、生僻字、外国文字等不容易让用户记住的文字。

- **品牌一致**。如果运营人员在多个新媒体平台中都开展了运营，其微信个人号昵称应与其他新媒体平台中的昵称保持一致。这是为了统一运营账号所塑造的品牌形象，更好地积累品牌影响力，提升用户对品牌的好感度和忠诚度。
- **标签识别**。在昵称后添加标签可以方便用户对号入座，使用户在看到该昵称时可以快速产生记忆或联想，增加昵称的曝光率。标签可以是代表个人某个特征的重点信息，如个人定位、个人职业等，通常都比较精简，不宜过长，常以“实名+个人特征”的形式体现，如“张桥-理财顾问”。

设置好微信个人号的昵称后，注意不要频繁更改昵称，以免用户记错或忘记。

课堂讨论

图 3-3 所示为几个微信个人号的昵称，分析它们作为微信个人号来运营是否合格。

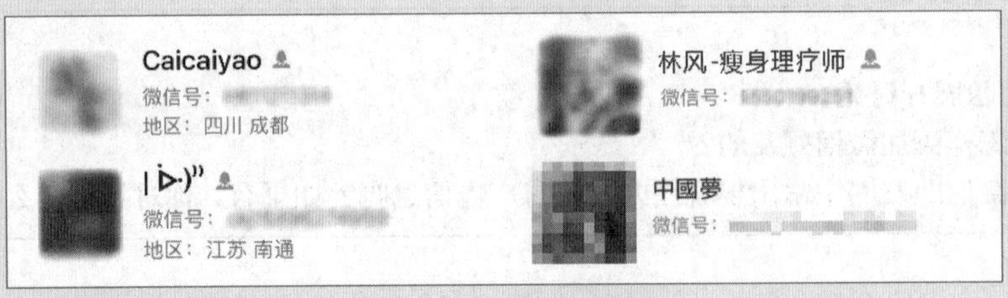

图3-3　微信个人号昵称

2．头像设置

微信头像代表用户的形象，与昵称一样起着快速树立品牌形象、节约沟通成本的作用。运营人员在进行微信个人号头像设置时，需要遵循以下原则。

- **清晰自然**。用于运营的微信个人号，一般以个人照片、特色标志、公司Logo等作为头像，但不管使用哪种头像，基本的要求都是清晰自然。如果使用个人照片做头像，应保证背景干净，人物突出，有明显的色彩对比。真实清晰的图片有助于凸显专业性，给用户带来安全感和信任感，如图3-4所示。如果使用具有代表性的图片或公司标志作为头像，则应保证图片裁剪合理、比例适宜。
- **专业匹配**。用于运营的微信个人号头像不仅直接影响用户的第一印象，还与个人的专业度、品牌形象挂钩，因此建议选择与自己的专业或职业贴近的风格。如果某微信个人号的标签是情感咨询、心理健康等，那么其头像风格最好是温和轻松的，以传达出自己对生活和情感的态度，让用户看到头像时感到放松；如果某微信个人号的标签是理财、职场等，那么其头像风格可以是职业的、严谨的，以增强用户的信任感。

3．个性签名设置

微信个性签名主要用于展示个人的个性特点、情感态度等，风格上并没有严格的要求，可以专业严谨，也可以轻松幽默，原则上不宜直接粘贴僵硬直白的广告，否则不仅容易影响好友申请通过率，还会给人留下不好的第一印象，如图3-5所示。

图3-4　头像

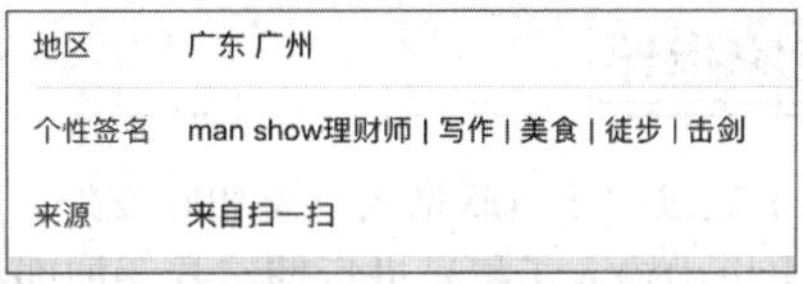

图3-5　个性签名

专家指导

在个性签名上方的“地区”栏中可以设置微信个人号的所在地，应保证“地区”设置真实，以给用户踏实的心理感受。

4．微信号设置

微信号是指微信ID（Identity Document，身份标识号码），通常是一组字母、数字和符号的组合。微信号与微信昵称一样，应该坚持方便记忆、方便识别和方便输入的原则。一般来说，微信号可以设置为有关联性的拼音、字母组合，如与自己的名字、公司、职业相关的拼音+简单数字的组合。

（二）微信好友添加

微信是用户生活中不可缺少的应用，大部分用户都对微信有较强的依赖性，喜欢习惯性地打开微信查看信息，这些现象为微信运营奠定了基础。除此之外，微信好友的数量也是微信个人号运营的基础，微信好友直接影响微信运营的最终效果和范围，因此，要想更好地运营微信个人号，微信好友的添加必不可少。

1．通过手机通讯录添加好友

微信是建立于智能移动端的通信工具，直接与手机通讯录相连接，我们可以将手机通讯录中的联系人添加成微信好友。一般来说，手机联系人都是运营人员的原始人脉，已经有过基础的接触和交流，将其添加为微信好友将更方便管理和维护。

将手机通讯录中的联系人添加为好友的方法为：进入微信主界面，在右上角点击⊕按钮，在打开的下拉列表中选择“添加朋友”选项。打开“添加朋友”页面，在该页面中选择“手机联系人”选项，在打开的页面中上传通讯录并寻找朋友添加即可，如图3-6所示。

图3-6　添加手机联系人

专家指导

除了通过"手机联系人"添加好友外，还可以通过搜索手机号进行添加，在"添加朋友"页面的文本框中输入手机号进行搜索并添加即可。需要注意的是，通过搜索手机号添加微信好友，需要确保对方开启了手机号添加功能。该功能在"我→设置→隐私→添加我的方式"中开启。

2．通过扫描二维码添加好友

每一位微信用户都有一个专属于自己的二维码，通过扫描该二维码即可添加好友，个人二维码可以通过个人信息中的"我的二维码"查看，如图3-7所示。二维码并非必须在微信中进行扫描，为了便于好友的添加，名片、图片、网页等任何有条件的地方都可以放置自己的个人二维码，方便其他用户扫描。

图3-7　查看二维码

3．通过微信发现添加好友

微信作为一款社交通信工具，为用户提供了多种添加好友的方式，如"发现"中的"摇一摇""附近的人"等。通过该功能可以随机添加陌生人为微信好友，点击"附近的人"页面右上角上的"…"按钮，还可以对陌生人进行筛选，如图3-8所示。

图3-8　添加陌生好友

4．通过社群添加好友

社群是非常流行且活跃度非常高的一种社交和沟通方式。每个社群都有自己的表现形式和内在的社交关系链，群成员基于共同的需求或爱好聚集在一起，有着比较类似的兴趣或特征，因此通过社群可以快速挖掘大量目标用户。也就是说，如果找到一个与自己产品定位相符的社群，那么该社群中的用户将更加精准。微信群一般通过好友邀请或扫描群名片加入。需要注意的是，加入群之后，不要立即添加群成员为微信好友，最好在群成员认识、了解自己，且有了一定信任基础的时候再进行好友的添加，此时添加好友通过率更高，好友质量也更高，甚至能吸引群成员主动添加。微信对于社群的管理相对严格，但运营人员可以通过QQ等相关平台间接进入社群，在其中寻找对应的微信群入口。如一个销售护肤产品的人加入护肤爱好者社群，该社群中的成员将更容易成为他的潜在用户，图3-9所示为与护肤相关的QQ群。

图3-9 与护肤相关的QQ群

专家指导

通过社群添加好友的前提是寻找相关社群，可以直接在QQ中搜索相关关键词查找目标群，也可以通过QQ的“附近的群”“兴趣部落”等功能进行检索，此外，还可以利用搜索引擎搜索目标群，甚至在微博、论坛、贴吧等媒体平台中也可以找到相关社群。

5．通过其他社交平台引流

多元化运营时代，只凭借某一个运营平台进行运营，有时候很难达到预期的效果，多个运营平台的结合和一系列运营策略的组合，可以使各个运营相互促进和补充，形成一个完整的运营闭环。运营人员在不同的社交平台中进行运营时，可以将其他平台的用户引流到微信上，如在微博、QQ、知乎、美拍等平台留下自己的微信号。这些平台上的用户如果被所发布的内容吸引，就会产生进一步了解的想法，进而自主搜索并添加运营人员为微信好友。

专家指导

以上介绍的都是比较常用的添加微信好友的方式，除此之外，通过线下活动也可以添加微信好友，如线下店铺活动、线下聚会等。注意：在添加好友时，最好写清楚申请备注，如注明自己是谁、由谁推荐，或申请添加好友的目的等。

（三）微信好友管理

添加微信好友后，运营人员还应该及时对好友进行管理，做好好友资源的整理与分类，提高交流沟通的效率，减少运营成本。但在管理好友前，运营人员还应该及时向好友进行自我介绍，在表明自我身份的同时，加深好友对自己的印象。

1. 好友介绍

课堂讨论

针对下列问题展开讨论。

（1）如果让你向周围的朋友做自我介绍，你将如何介绍自己？

（2）如果你加入了一个与自己兴趣爱好相关的微信群，你会如何向群成员介绍自己？

添加微信好友后要及时进行自我介绍，避免耽误最佳“问好”时间。自我介绍的风格和语言可以好友朋友圈的内容为基础进行设计，如根据对方朋友圈的语言风格设计自我介绍的风格，根据对方朋友圈中体现的喜好来设计自我介绍的内容等，当然，也可以使用相对固定的自我介绍模板。第一次自我介绍最好在包含一定内容的基础上，尽量简明扼要。

自我介绍可以使用“问好+我是谁+我的专业或能提供的价值+结束时的寒暄问候”的格式，如：

“××您好，我是××，从××老师那得知您是××领域的行家，冒昧向××老师要了您的微信号，加了您为好友。我对××领域很感兴趣，对××也有一定的涉猎，希望以后能够就此与您进行交流、讨论。祝您生活愉快！”

“××您好，我是××的××，平时喜欢做一些手工饰品，也接受个人定制，如果您有兴趣，可以看一下我的朋友圈。期待能和您有更多交流，祝好！”

2. 好友备注

课堂讨论

针对以下问题展开讨论。

（1）微信中的好友太多，有些好友的昵称和头像类似，不容易分区，该怎么办？

（2）微信好友频繁更换昵称和头像，不容易找到，该怎么办？

微信个人号运营人员的好友数量少则几百，多则上千，若同时拥有多个微信好友群，好友数量则更多。庞大的好友资源管理起来是非常耗时耗力的。为了提高运营效率，运营人员有必要进行微信好友备注，特别是对一些容易混淆的微信昵称，更需要特别注意。

给微信好友添加备注的方法很简单，在通讯录中点击微信好友，打开微信好友主页，点击“设置备注和标签”选项，打开“设置备注和标签”页面，在“备注名”栏中输入好友的备注名称即可。在下方的“描述”栏中还可以输入更加详细的备注内容，以便对具有相同特征的好友进行区分，帮助运营人员辨别不同需求的好友。

3．好友分组

课堂讨论

针对以下情况思考解决办法。

（1）同一条信息不适合发送给所有朋友圈的好友查看。

（2）在发送某个信息时总是遗漏一些重要的用户。

通过对微信好友进行分组可以将具有相同特征和需求的用户放在同一个标签下，以便在朋友圈中快速筛选并精准定位目标用户。为微信好友设置分组的方法很简单，在微信通讯录页面中点击“标签”选项，打开“标签”页面；点击 新建标签 按钮，打开“新建标签”页面；在“标签名字”文本框中输入标签名字，点击“添加成员”按钮⊕；打开“选择联系人”页面，在其中选择需要添加到分组中的好友；点击右上角的 完成 按钮，返回“新建标签”页面；再次点击“完成”按钮即可完成好友标签分组的设置，如图3-10所示。

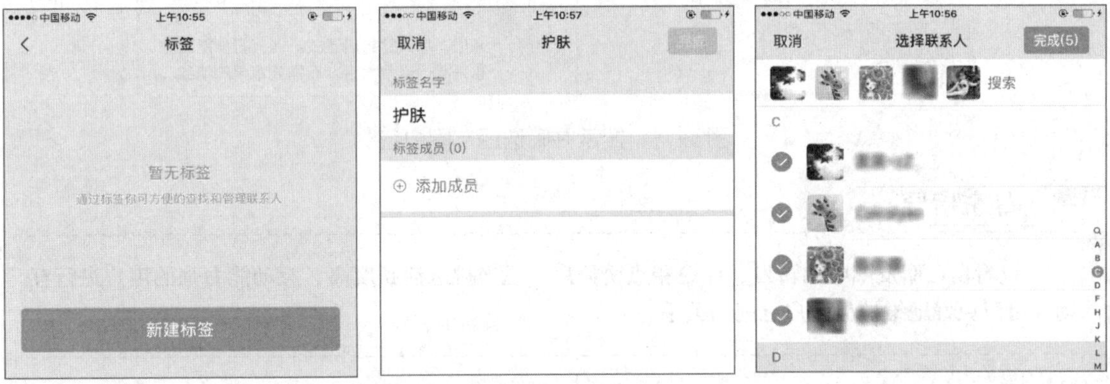

图3-10　好友标签分组

若好友大多来自群中，可在“选择联系人”页面中点击“从群里导入”选项，此时会自动弹出这个群中的好友页面，再为其添加标签。

专家指导

在设置备注信息时，也可以在备注的前方或后方添加分类前缀或后缀，进行简单的分组。这种方法适合初期用户数较少时，如“M-美白”“B-补水”“S-瘦身”等。

（四）微信好友互动

转发、评论、点赞、活动等都是与微信好友展开互动的好方法，合理掌握与微信好友之间的互动方法能够提升运营的效果。

1. 转发、评论和点赞

转发、评论和点赞是消息本身所赋予的自然交流方式，好友能对运营人员发布的信息进行转发、评论和点赞，运营人员也可以对好友的日常信息进行转发、评论和点赞。这是一种双向的信息交流方式，可以加深运营人员与好友之间的关系，但要注意互动的内容，特别是评论（转发和点赞相对简单，只需轻轻一点即可）要真实、有趣。对于运营人员来说，好友的数量是相当多的，怎样从庞大的朋友圈信息中找到值得自己与之进行互动的好友的信息呢？可以在微信搜索页面中进行搜索，在“发现”页上方点击“搜索”按钮进入搜索页面，然后点击“朋友圈”选项，再在文本框中输入关键词进行搜索，最后在搜索结果中筛选出需要进行互动的信息，如图3-11所示。

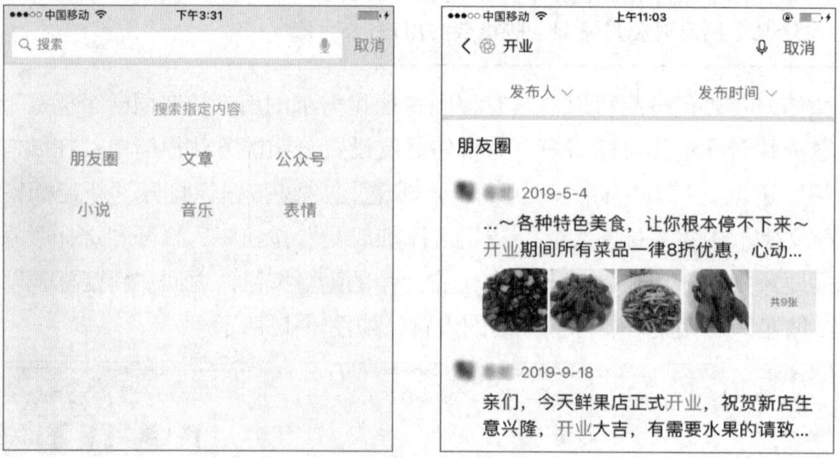

图3-11　搜索并筛选朋友圈内容

专家指导

查看自己朋友圈中的转发、评论和点赞信息，适当挑选活跃度高、互动能力强的用户进行互动，可以更好地维护与用户之间的关系。

2. 活动

策划朋友圈活动的目的是让微信好友参与互动，并将活动信息传播到自己的朋友圈，扩大活动影响力。活动一般通过转发、点赞、试用、互动等进行，多表现为对微信朋友圈的内容进行转发和集赞，从而获得奖品、优惠券、现金福利等，如“转发并@3个好友参与活动，即有机会免费抽取价值××元的丰厚礼品”“截图参与××字评价晒图，即可获得××现金红包”“转发并集齐××个赞，即可免单！”等。图3-12所示为朋友圈转发、集赞活动。

试用是指免费试用产品，提交试用报告后即可返还邮费和产品费用等。互动也是一种比较常用的推广形式，一般表现为游戏互动，如“第××个点赞的人可以获得××”“这条微信如果点赞数达到××，就抽取两名朋友免费赠送××，时间截至××，截图为证”等。如果技术允许，还可以在朋友圈发布一些有意思的小游戏，吸引用户参与和转发。在设计朋友圈活动时，可以通过配图的形式说明活动的相关信息，如活动时间、参与条件、参加流程等。

需要注意的是，在活动开始之前，可以提前在微信朋友圈进行预告和预热，提醒微信好友准时参加，也可以适当保持一定的神秘感，引起用户的兴趣。

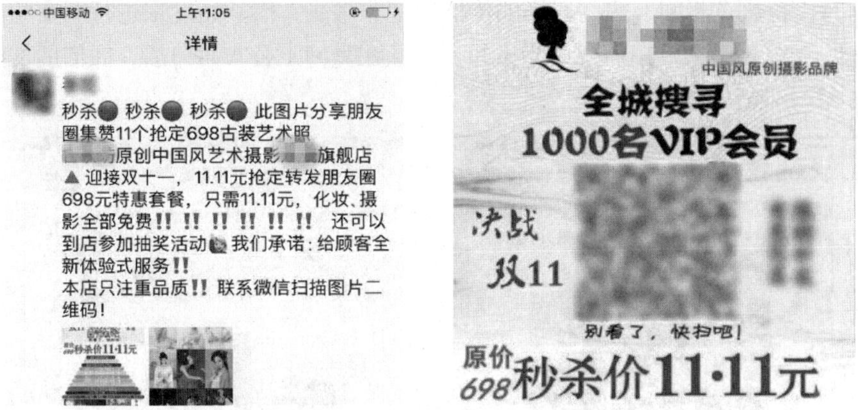

图3-12　朋友圈转发集赞活动

（五）朋友圈内容发布

有了一定数量的好友后，就可以通过在朋友圈发布内容来进行运营，树立个人形象或品牌形象并进行引流。朋友圈具有私密化的特点，运营人员发布内容时要注意运营策略，不能天天刷屏或发广告，这样很容易导致好友流失，无法带来良好的运营效果。在微信朋友圈发布运营内容需要注意以下3点。

1. 在生活分享中植入广告

朋友圈是一个分享个人信息的平台，硬推广这种方式虽然可以直接宣传自己的产品，但很可能引起好友的反感。特别是对于运营人员来说，微信好友的数量非常多，有些可能根本就不认识，此时若采用生活分享的方式（软推广）来进行运营，会给好友一种亲切、自然的感受，让他们在不知不觉中认可你所分享的信息，达到软推广的目的，同时也有利于树立所运营账号的形象，让用户觉得运营人员是个有生活情调的人。发布生活分享类内容到朋友圈并不复杂，只要写出自己生活中的趣事，然后将需要推广的信息自然而然地融入其中，让好友在真实的生活场景中感受和了解推广信息即可。图3-13所示即为一条在生活分享中植入广告的朋友圈状态，说是朋友聚会，并晒美景和自拍，实则分享的是自家的手机产品。这种表达方式属于软推广，往往可以起到意想不到的效果。

2. 分组发布

高成交率来源于更精准的定位，对于朋友圈广告而言，分组发布非常重要，可以将广告推送给合适的人群。这里的分组发布主要表现在两个方面：一是根据用户的风格类型进行分组发布；二是根据与用户的关系进行分组发布。前者主要表现为根据用户的类型进行推广，如某一条广告比较幽默诙谐，包含很多网络段子和词汇，就可以推送给年轻人分组。后者主要表现为根据与用户的关系深浅程度进行推荐，如对结识不久的用户，可以推荐一些客单价不高的产品；对有了信任基础或交易记录的用户，可以进一步推荐客单价更高的产品等。此外，为了保证推广效果，还可以分析目标用户在朋友圈的活跃时间，在其查看朋友圈的高峰期进行推广。

3. 巧用热度

互联网时代，热点新闻、热门段子的传播速度非常快，借其热度来进行朋友圈内容的写作可以有效地吸引流量。图3-14所示即为某知名女星在微博上公布婚讯后，微信朋友圈借该热点发布的内容。

图3-13　生活分享中植入手机广告

图3-14　借热点发布朋友圈内容

三、任务实训

实训一：添加并管理微信好友

结合本任务所学知识，通过手机通讯录、微信中的发现、QQ社群等方式添加好友，并对好友进行管理。

1. 实训目标

（1）掌握添加微信个人号好友的方法。

（2）掌握管理微信个人号好友的方法。

2. 实训要求

（1）通过微信中的“通讯录”“附近的人”添加好友，并通过QQ查找与“户外”有关的社群，加入社群并与其他群成员进行交流、互动，在此基础上添加好友。

（2）对微信个人号好友进行备注和分组。

3. 实训思路

步骤 01 在微信主界面右上角点击⊕按钮，在打开的下拉列表中选择“添加朋友”选项。打开“添加朋友”页面，在该页面中选择“手机联系人”选项，如图3-15所示，在打开的页面中上传通讯录并寻找朋友进行添加。

步骤 02 在微信主界面底部点击“发现”选项，打开“发现”页面，在该页面中选择“附近的人”选项，在打开的页面中选择需要添加的附近的人，可在打开的页面中查看其信息，并单击“打招呼”选项与其交流，如图3-16所示。

步骤 03 在QQ主界面中点击+按钮，打开“查找”页面，点击“找群”选项卡，在搜索文本框中输入“户外”，点击“查找”按钮即可得到查找结果，点击群信息右下角的 +加群 按钮加入QQ群，如图3-17所示。与QQ群中的群成员进行交流、互动，然后添加好友。

图3-15 添加手机通讯录好友

图3-16 添加附近的人好友

图3-17 添加QQ群好友

步骤 04 在微信“通讯录”页面中点击微信好友，打开微信好友主页，点击“设置备注和标签”选项，打开“设置备注和标签”页面，在“备注名”栏中输入好友的备注名称。

步骤 05 在微信“通讯录”页面中点击“标签”选项，打开“标签”页面，点击 新建标签 按钮，打开“新建标签”页面，在“标签名字”文本框中输入标签名字“户外”，然后点击“添加成员”选项，如图3-18所示。

步骤 06 打开“选择联系人”页面，在其中选择需要添加到标签中的好友，完成后点击页面右上角的 完成 按钮，如图3-19所示。

步骤 07 返回标签页面，点击页面右上角的 完成 按钮进行确认。返回“标签”页面即可看到已新建的标签分组，如图3-20所示。

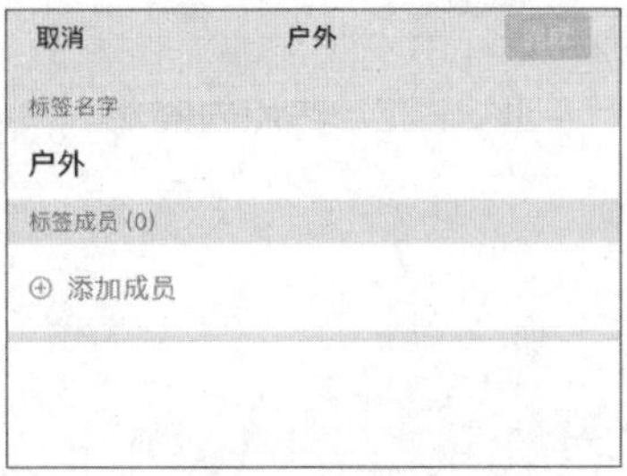

图3-18 添加标签名称

图3-19 选择联系人

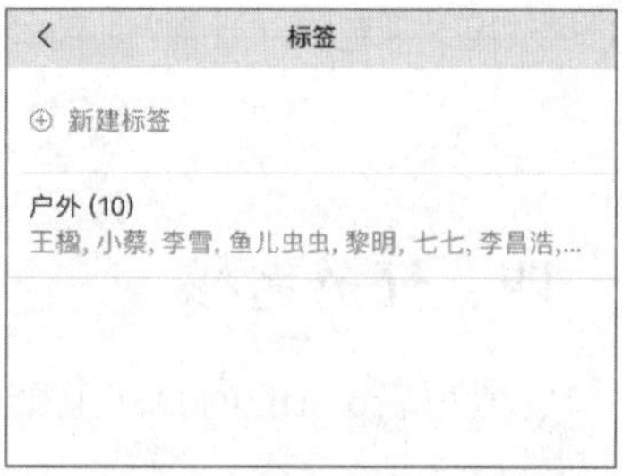

图3-20 查看标签分组效果

实训二：发布朋友圈内容

结合本任务所学知识，在朋友圈中进行某手机产品运营。

1. 实训目标

（1）掌握在朋友圈内容中植入广告的方法。

（2）掌握在朋友圈中发布热点信息的方法。

2. 实训要求

（1）以生活分享的方式发布朋友圈内容，并植入广告信息，体现该手机产品的质量好、像素清晰的特点。

（2）结合当前的热点，利用热点信息来推广该手机产品。

3. 实训思路

步骤 01 生活分享式朋友圈的内容一定要贴近生活，富有生活气息，可以趣事分享、生活常态等内容为主。本实训为了推广手机产品，可以手机产品的实际使用效果+生活常态来进行分享。在微信主界面中点击“发现”选项，打开“发现”页面；点击“朋友圈”选项，打开“朋友圈”页面，在该页面中编辑内容并进行发布即可。图3-21所示即为典型示例，可参考其内容进行编辑。

步骤 02 在微博热搜榜、百度、360搜索等中查看目前的实时热点，选择热度较高、方便进行手机产品特点关联的热点进行朋友圈内容的编辑。图3-22所示为典型示例，可参考其内容进行编辑。

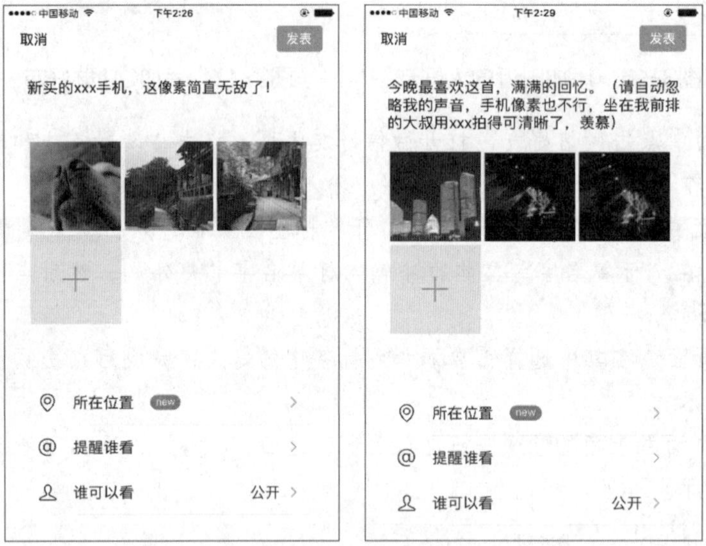

图3-21 生活分享式内容

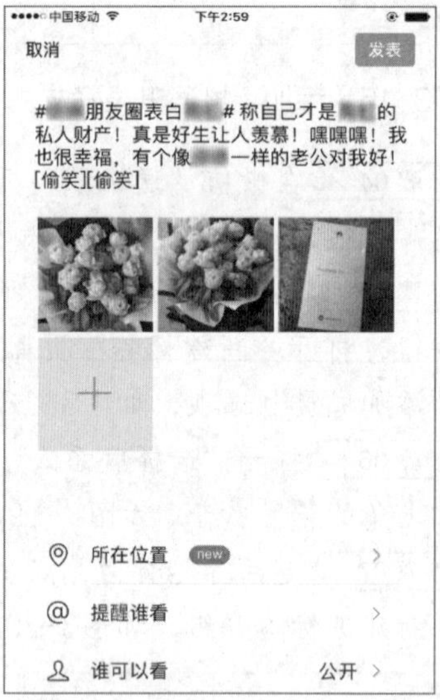

图3-22 热点内容

四、任务考核

填写表3-1的内容并上交，考查对本任务知识的掌握程度。

表3-1 任务考核

序号	考核内容	分值（100分）	说明
1	列举添加微信好友的方式	20分	
2	简单介绍朋友圈内容发布的要点	30分	
3	列举朋友圈内容推广的常见形式	20分	
4	设计一个朋友圈推广活动	30分	

任务二 微信公众号运营

微信公众号是基于微信通信软件而开发的功能模块，它充分利用了微信的特点，吸引了大量个人和企业通过其开展新媒体运营。与微信朋友圈相比，微信公众号主要通过文字、图片、语音、视频等形式发布原创内容或与粉丝互动来打造自己的特色，以建立品牌形象并为用户服务。

课堂讨论

针对下列问题展开讨论。

（1）你喜欢关注哪一类型的微信公众号？

（2）根据你的观察，说说你对微信公众号推文的看法。

（3）你会取关微信公众号吗？为什么？

一、任务目标

微信公众号运营是目前新媒体运营的主流方式，运营人员要充分掌握微信公众号的运营方法才能打造出有热度、有影响力的公众号，提升公众号的运营价值。本任务将对微信公众号运营的相关知识进行介绍，包括微信公众号选择、微信公众号设置、微信公众号推文写作与排版、微信公众号文章推送和微信公众号粉丝获取与维护等。

二、相关知识

（一）微信公众号选择

微信公众号有服务号、订阅号、小程序和企业微信4种类型，如图3-23所示。每一种类型的使用方式、功能、特点均不相同，运营人员要选择适合自己或企业的类型，才能达到预期的运营推广效果。

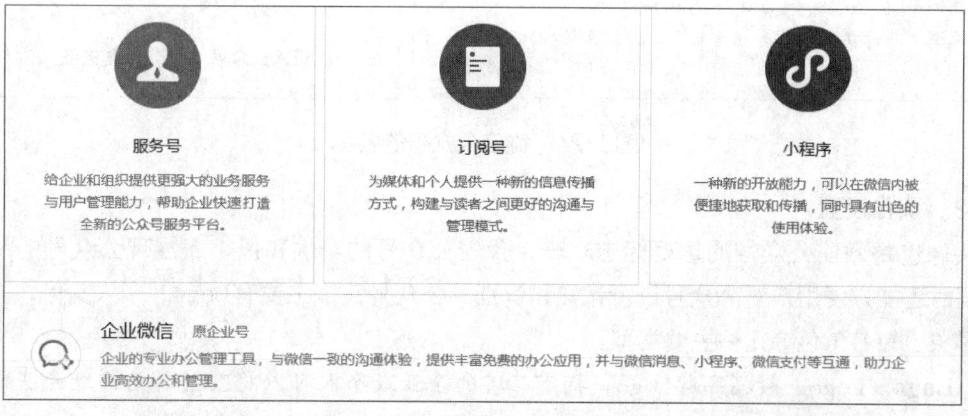

图3-23 微信公众号的类型

- **服务号：**具有用户管理和提供业务服务的能力，服务效率比较高，主要侧重于服务交互，例如银行、114等提供服务查询的类型适合选择服务号，用户服务需求高的企业也可以开通服务号。服务号认证后每个月可群发4条消息，还可开通微信支付功能。
- **订阅号：**具有信息发布和传播的能力，企业可以通过它展示自己的个性、特色和理念，树立自己的品牌文化。订阅号主要侧重于为用户传达资讯（类似报纸、杂志），认证后每天可以群发一条消息，具有较大的传播空间。如果企业想简单地发送消息，达到宣传效果，建议选择订阅号。

订阅号与服务号的选择

- **小程序：**具有出色的体验，是一种开放功能，可以被便捷地获取与传播，适合有服务内容的企业和组织注册。
- **企业微信：**主要用于企业内部通信，具有实现企业内部沟通与内部协同管理的功能，需要先验证身份才可以关注企业号。

对于用于运营的公众号来说，目前服务号和订阅号的使用率更高。通过微信认证资质审核后订阅号有一次升级为服务号的机会，升级成功后类型不可以再变更；服务号则不可以变更为订阅号。

公众号设置要点

（二）微信公众号设置

进行微信公众号运营之前，运营人员需要对微信公众号的名称、头像、二维码、功能介绍等进行设置，下面分别进行介绍。

1. 名称设置

微信公众号的名称是用户识别公众号的重要标志之一，也是直接与公众号搜索相关联的关键部分。从某种角度来说，微信公众号的名称就是品牌标签，因此名称的设置与运营效果息息相关。其设置方法与微信个人号类似，要求统一、简洁、便于搜索、注明功能等，如图3-24所示。从图中可看出，该微信公众号的名称与其微博中的名称一致，且名称简洁、易识别，与故宫文化服务的定位相符合。

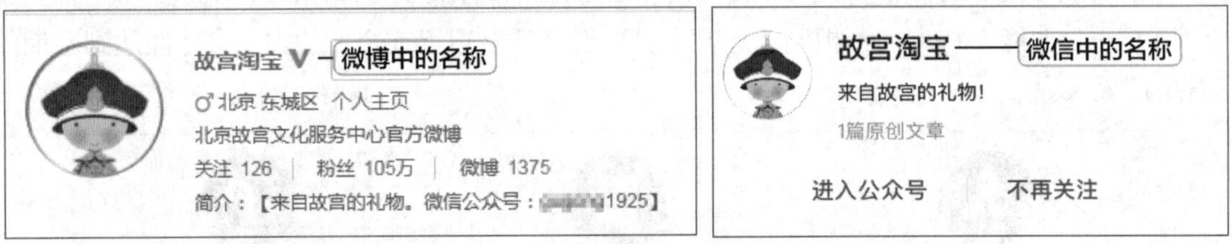

图3-24 微信公众号的名称

2. 头像设置

头像也是微信公众号的重要标志之一，代表公众号的个性和风格，展现公众号的品牌形象，同时还能方便用户对公众号进行认知和识别。公众号头像主要有Logo、个人头像、文字、卡通形象、知名角色等几种主要类型。

- **Logo**。Logo一般指品牌Logo，拥有品牌的企业或个人可以将Logo作为公众号头像，图3-25所示的小米手机、大众点评、肯德基的公众号头像使用的都是品牌Logo。

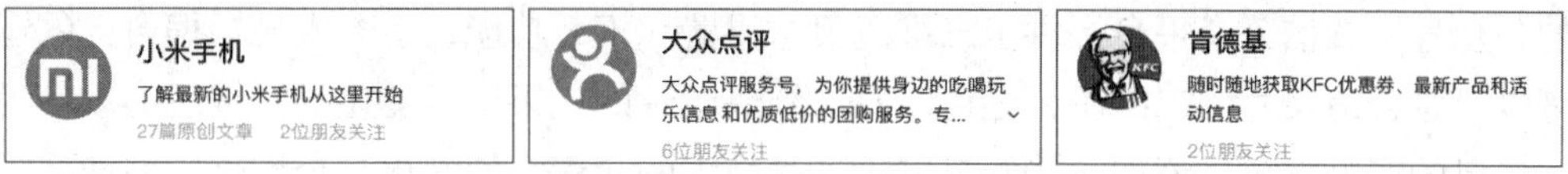

图3-25 用Logo作为头像

- **个人头像**。很多自媒体、明星、名人等都会将自己的照片作为公众号头像，图3-26所示为一些自媒体和名人的公众号头像。

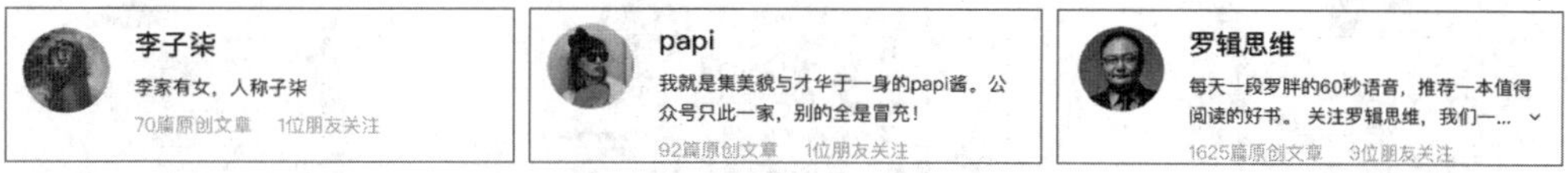

图3-26 用个人照片作为头像

- **文字**。设计精美的中文、中英文组合或文字与Logo组合都是比较常见的头像样式，图3-27所示为使用文字的公众号头像。

图3-27 用文字作为头像

- **卡通形象**。很多自媒体、创意公司、行业名人，甚至政府、学校等官方组织，都会为自己设计一个专属的卡通形象。这类形象通常具有极高的辨识度，图3-28所示为使用个性卡通形象的公众号头像。

图3-28 用卡通形象作为头像

- **知名角色**。知名角色是指著名的电影、电视剧、动画、历史中的形象，这种角色具有知名度和辨识度，容易引起用户注意，也能更好地表达公众号的定位，图3-29所示为使用知名角色的公众号头像。

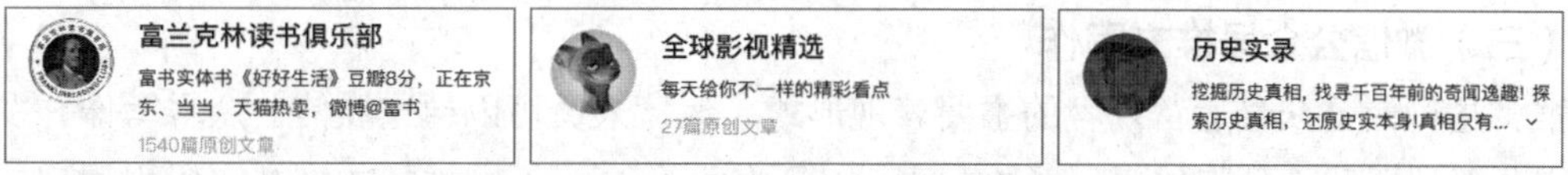

图3-29 用知名角色作为头像

专家指导

微信公众号头像有圆形和方形两种显示方式，在设计公众号头像时，要保证两种方式都能使头像完全显示，不会被遮掩。

3．二维码设置

每一个公众号都有一个专属的二维码，通过对二维码进行分享和推广，可以让更多人关注自己的公众号。微信公众平台提供了二维码尺寸设置和下载功能，运营人员根据自己的运营需要，可以设置合适尺寸的二维码，还可以对二维码图片的效果进行美化。二维码的重新设计可以结合自己的产品特色，添加一些能够展示产品特性的元素，使其更具个性化。如地产类型公众号的二维码可以设计一些建筑，娱乐类型公众号的二维码可以设计一些卡通形象等。图3-30所示为一些个性化的二维码设计。

图3-30　个性化二维码

4．功能介绍设置

微信公众号的功能介绍主要用于描述公众号的作用，它会在用户搜索公众号时显示，因此需要重点设置。一般来说，功能介绍必须突出重点、便于理解，让用户可以通过该介绍快速了解公众号提供的服务和公众号的价值等，如直白地展示卖点，快速打动目标消费人群。图3-31所示为某装修公众号的功能介绍。除了说明功能和作用外，功能介绍也可以用来表达情感、展现特色，通过个性化吸引用户。图3-32所示为表达态度和情感的功能介绍。大部分品牌的公众号通常会在功能介绍中进行品牌介绍，或者放置一些文案标语，以便进一步进行品牌推广。图3-33所示为描述品牌的功能介绍。

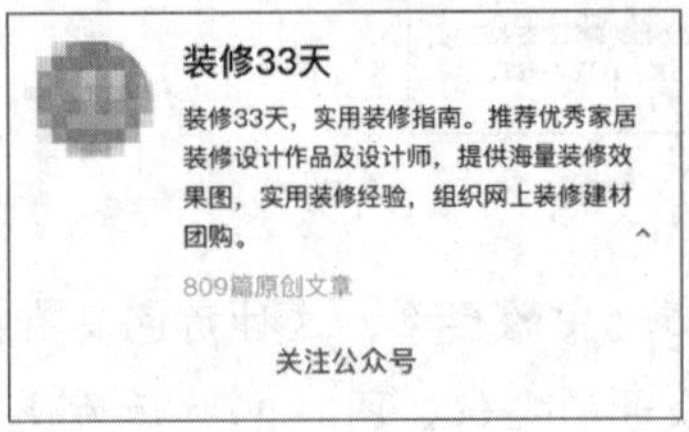

图3-31　介绍功能

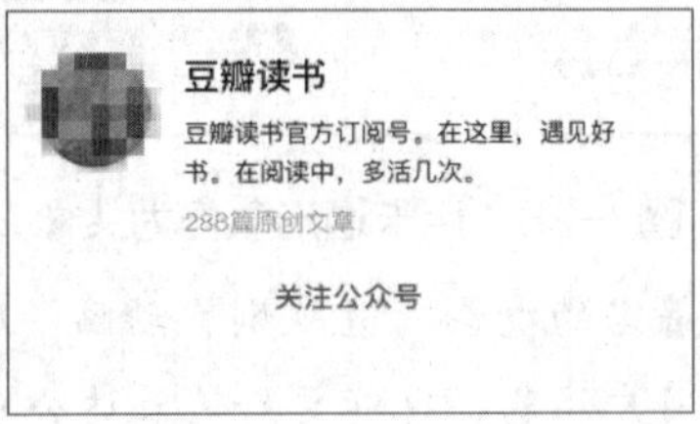

图3-32　表达情感

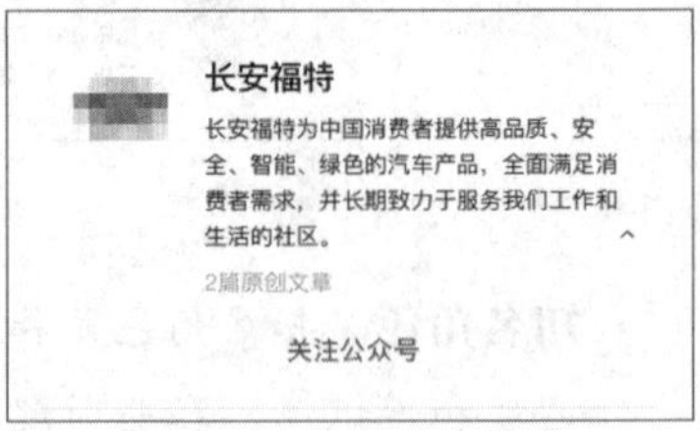

图3-33　品牌推广

（三）微信公众号推文写作

推文是微信公众号运营内容的主要表现形式，运营人员可以通过微信公众号写作并发布新品推广、福利活动、品牌故事、经验分享、“干货”分享等不同类型的推文，吸引用户关注并通过持续不断的推文创作来留住用户，增强用户的信任度与忠诚度。微信公众号推文写作主要包括推文标题写作和推文正文写作两个部分，下面分别进行介绍，以帮助运营人员提高推文的写作质量，增加推文的阅读量和转发量。

1．推文标题写作

标题是用户对推文的第一印象，标题是否具有吸引力是决定用户是否点击查看推文的关键。运营人员必须掌握推文标题的写作类型和写作技巧，才能增加标题对用户的吸引力，吸引用户点击查看推文，增加推文的点击量和阅读量。

课堂讨论

你是否遇到过标题不同，但点击打开后内容却大同小异的微信公众号推文？这些推文标题有什么特点？吸引你点击的原因是什么？

（1）推文标题的写作类型

标题是推文内容的简要呈现，需要在符合目标用户定位的基础上完整地传达出推文的主要思想。如“小个子女生穿出大长腿的10种方法”就精准地将目标用户定位为个子娇小的女生，且告诉这部分目标用户有10种方法可以让她们通过穿衣“改变”腿短的问题，“变身”大长腿。

同时，纵观大多数优秀的推文标题，我们不难看出其中的共同特性，将这些特性综合归纳起来形成公众号推文标题的固定类型，运营人员可以直接套用这些不同类型的标题写作方法，以快速打造出具有吸引力的标题，提高标题的点击率。下面介绍微信公众号推文标题的常见写作类型。

- **直言式标题**。直言式标题就是直接点明推文宣传意图的标题，这种标题常开门见山，直接告诉用户会获得哪些利益或服务，让用户一看标题就知道推文的主题。折扣促销活动文案、产品上新文案等就常用这种标题。如“‘6·18’惊爆价 满500送200”“新媒体运营必备的10种工具”“2019年十大经典运营事件盘点”等标题就是比较典型的直言式标题。
- **提问式标题**。提问式标题即用提问的方式来引起用户注意的标题，这种标题可以引导用户思考问题并产生阅读全文一探究竟的想法。提问式标题要从用户关心的利益点出发，否则不能引起用户的兴趣和注意。提问式标题的“提问”有多种方法，如反问、设问和疑问等。“你怎么能把我们的秘密告诉别人！”“2年‘喝’掉一套房，为什么你还在买？原来竟是……”“××与××对决，谁才是赢家？”都是典型的提问式标题。
- **警告式标题**。警告式标题通过严肃、警示、震慑的语气来说明内容，以起到提醒、警告的作用，常用于进行事物的特征、功能、作用等属性的内容写作。警告式标题可以给予有相同症状或某种担忧的用户强烈的心理暗示，引起他们内心的共鸣。需要注意的是，警告式标题可以有一定程度的夸张，但不能扭曲事实，要在陈述某一事实的基础上，以发人深省的内容、严肃深沉的语言给用户以暗示。用户会产生一种危机感，进而忍不住点击标题。警告式标题有几种常用的表达形式，包括“惊叹词+主语+意外词+结论”“千万不要+事情”“你不可能+事情”等，如“重磅！人气大牌3折起！优惠专享，先到先得”“千万不要再做这10件事”“你不可能1小时做完PPT”等。

专家指导

写好警告式标题的关键是话题要与用户密切相连，如用户经常做的事、用户忧虑的事、用户想做但没有做的事等。此类标题通过警告的形式给用户一种紧迫感和危机感，从而提高点击率和转化率。

- **指导式标题**。指导式标题用于针对某一具体问题提供解决的建议和方法。这种标题常使用“怎样”“更”“解决”等词语凸显问题，以吸引有疑惑的用户的注意力或对未知领域有好奇心的用户的目光，如“成功打造标题的10种策略”“怎样提高推文写作的质量”“如何梳理推文写作思路”等。
- **命令式标题**。命令式标题的第一个词都是明确的动词，具有祈使的意味，可以让用户感觉到重要性和必要性，从而产生点击行为，如“解决××问题，××来帮你”“收藏并转发到朋友圈，可获得×××”等。
- **证明式标题**。证明式标题就是以见证人的身份阐释商品或品牌的好处，增强用户的信任感，既可是自证，也可是他证。这类标题常使用口述的形式来传递信息，语言自然通俗，如“亲测！这是我用过的最好用的×××”“这才叫经典百搭××”“××说：××才是最适合的”等都是典型的证明式标题。
- **导向式标题**。一些推文的正文常用明确、清晰的结构直列特点，这种写作方法既简单又有效，可以展示明确的目标，可以使用“为什么”“6大技巧”“7大理由”等字眼来突出产品的重要性，如“为什么×××能火”“看了这篇推文才知道×××”“你应该加入×××的5大理由”等。
- **推新式标题**。推新指重在体现新消息，较为直白地给用户传递新的产品信息。这种标题可以用在新商品的问世、旧商品的改良和旧商品的新应用等方面，如“倒计时，距离××发布还有2天”“××推出全新品牌××”“2019秋季新品预测”“××即将推新，马上登记抢先看”等。

课堂讨论

总结一下你平时的阅读习惯，说说哪种表达形式的标题更加吸引你。

（2）标题写作的技巧

推文标题是吸引用户点击和阅读的首要因素，运营人员只有掌握了标题的写作技巧才能提升标题的吸引力。下面介绍一些标题写作的技巧，如用符号、用数字、用亮点词汇、用对比、借力借势、设置悬念等。

① 用符号

标题中的符号有两种表现形式，一种是真正意义上的符号，如感叹号（！）、疑问号（？）、引号（“ ”）和方括号（【 】）等，另一种是“可怕”“震惊”等能够给人强烈感官刺激的词语。不管是哪一种类型的符号，都能快速吸引用户的视线，激发用户的点击欲望。当然，在使用符号时一定要避免夸大其词，不然很可能被认为是“标题党”，从而影响用户对微信公众号的印象，如“可怕！这就是导致××的原因！”“震惊！中秋前夕，××竟然……”“喂！醒一醒！这些错误不要再犯了”“口碑炸裂！××给这部电影打了高分！”“嘘！99%的人都不知道××的真相”等。

② 用数字

在标题中使用数字可以增加事情的可信度，能激起用户强烈的阅读欲望，如“这个魔性广告，我也就看了100遍！”“泡面如何吃回400亿？”“从月薪2000到月薪80000的秘籍”等。

专家指导

灵活使用符号可以使推文标题妙笔生花，但切记不要乱用标点符号，以免适得其反。常用标题符号中，省略号表示意犹未尽，可以引起用户的兴趣；感叹号主要用于抒发赞颂、喜悦、愤怒、叹息或惊讶等感情；问号主要表达疑问、设问或反问，给人留下悬念；破折号表示语气的转变或延续，常用于解释说明。

除此之外，数字的辨别力很强，用户如果要在繁杂的信息中找到自己需要的内容，往往会通过一些亮眼的数字快速进行判断，如“月薪3000元与月薪30000元运营的区别”与“差运营与好运营的区别”两则标题，前者就能快速吸引用户的视线并更容易被点击。特别是对于总结性的数量和销量、折扣、时间、排名等数据，使用数字比文字更容易表达出震撼的效果，也更容易让人记住，如“手握15亿流量的美图，怎么突破美妆电商市场？”“9260亿元！细说中国人过年都把钱花在哪儿了？”“10个iPhone隐藏技能，不信你全知道”等。

③ 用亮点词汇

亮点词汇与数字有异曲同工之处，可以在第一时间让用户了解该推文传递的价值，快速吸引用户的关注。较常用的亮点词汇有“推荐”“震惊”“妙”“当心”“警惕”“神奇”“天啊”等，这类词语可以使用户产生心灵共鸣或震撼，是一种较常用的标题设计技巧，如“警示：过夜的鸡蛋千万不能吃”等。

④ 用对比

世界上并没有独立存在的单一事物，对比式标题就是将当前事物与性质截然不同的事物进行对比，给用户提供当前事物与对立事物的信息，通过强烈的对比引起用户的注意。写好对比式标题的关键是将同类型的产品或服务进行对比，突出自身需要运营的内容的独到之处，加深用户对自己产品的印象和好感，如“月薪1万和月薪10万的人，差的不只是钱”“只要××一半的钱就可以解决你的问题”等。

⑤ 借力借势

借力是指利用别人的资源或平台（如政府、专家、社会潮流或新闻媒体），对自身产品或服务进行推广运营，达到快速销售的目的。该方法对于那些没有太多精力投入微信运营的初创企业或中小企业比较实用，能够快速提高它们的知名度。

借势主要是指借助最新的热门事件、新闻，以此作为文案标题的创作源头，通过大众对社会热点的关注，引导用户对推文的关注，从而提高推文的点击率和转载率，如世界杯、奥运会和时事热点等。如“《小欢喜》里家长们关注的这件事，‘惊动’了×××”“这样做，你也可以成为‘支付宝锦鲤’”等。借势的最典型应用是微博话题，该内容在项目四中将会详细讲解。

专家指导

借热点写标题时，一定要注意将热点与标题联系起来，但注意避免过度蹭热点，成为“标题党”。

⑥ 设置悬念

在标题中设置悬念可以诱发用户追根究底的心理，从而使其跟着你的思路走下去。这是利用用户的好奇心引发用户的兴趣。文案人员在写作这类标题时要注意以下3点。

- **悬念的设置**。要将事实与悬念的线索融会贯通，即标题要明确，并能展现事件的主题。
- **标题内容要新**。悬念式标题的内容一定要是新近发生的、能让人感到新鲜的事件。
- **标题要简明**。悬念标题的设置要含蓄、简明而单一，不要使用太暴露的语言来提示用户，也不能隐藏得太深，给用户以故弄玄虚的感觉。

悬念可以引发用户进行思考，让用户带着疑问去阅读推文，使用户在阅读的过程中逐渐得到问题的答案，吸引用户一步步阅读下去，这是一种很好的引导用户继续阅读推文正文的写作技巧。如“××年轻20岁的秘密”“养成这5个习惯，成为高级运营人员非常简单”“《中国青年报》这篇文章，凭什么进高中语文课本？”等。

⑦ 勤加练习

无论哪一种标题的写作都需要勤加练习，特别是对新手来说，由于缺乏经验的积累，就更应该专心研究。标题写作是有技巧的，这些技巧就是基于创意，按上文所讲的方法，从不同写作角度出发，或是进行多角度整合，如“数字+对比”“名人/热点+符号”两种组合，也可以是“归纳+数字+符号”等，尽量多写一些标题，然后从中挑出好的、符合要求的标题。大部分人只要经常练习，就能掌握这些技巧，写出引人注目的好标题。

2．推文正文写作

用户点击推文标题后即可打开推文查看具体的内容，若推文内容对用户没有吸引力，则新媒体运营人员就不能将运营信息推广给用户，也不能让用户成为自己的忠实读者，从而失去了花费大量精力吸引过来的流量，造成资源的浪费。在写作新媒体内容的正文时，要注意以下几点。

（1）正文写作前的准备

要想在竞争激烈的新媒体时代获得更多的阅读量和忠实读者，运营人员进行新媒体内容正文写作前需要做好以下准备工作。

- **选择合适的语言风格**。写作正文前要根据运营者所处的行业、运营的内容、订阅平台的定位等选择合适的语言风格，以进行自身风格的定位，给用户留下良好的阅读体验，从而带来持续不断的粉丝。图3-34所示为微信公众号“十点读书”的一篇推文节选，从其内容可以看出，该推文整体风格轻柔、优美，与该公众号陪用户读书，与用户分享生活中的好书、故事等定位相符，且其吸引而来的粉丝大多是喜欢读书、热爱分享的用户群体。

图3-34 “十点读书”的语言风格

- **要点与用户需求相关**。正文的内容一般较多，为了方便用户阅读内容信息并将其中的运营信息传递给用户，就需要具备有吸引力的内容要点，这个要点一定是与用户切身利益相关的运营信息，这样才能既抓住用户的需求，又达到运营的目的。如某PPT培训微信公众号的一篇推文“你的PPT这么丑，估计是没有突出主体”，就从合理使用色块、运用对比手法、合理使用肌理、使用留白4个角度解决用户PPT主体不突出的问题。
- **合理植入广告**。写作推文的目的是给企业的产品或服务做广告，扩大企业的知名度。但如果在推文中植入太多的企业产品或服务信息，会让用户产生反感，这样不利于运营推广。怎么保证广告信息的合理植入呢？运营人员可先确定正文的写作方向，然后按照正常的推文来写，写完后再回过头来读一读推文，看看如何才能不留痕迹地将广告信息植入进去，怎样才能让用户潜移默化地接受所推广的产品或服务。故事引导、舆论热点、段子等都是常用的植入广告的方法。这些方法可以提高用户对广告的接受度，从而起到很好的宣传推广作用。图3-35所示为微信公众号“故宫淘宝”的一篇推文《这些古人都在看什么？》。该推文以疑问式标题吸引用户的注意力，然后在正文开头直接叙述事件，以“天啊！你们快看！”快速引起用户一探究竟的好奇心，然后通过一张古画指出文字所揭示的内容，步步为营，最后再提出问题并给出答案“那么，他们到底在看什么？”答案是：“快看！是凤凰！”紧接着引入要推广的产品“故宫有凤来仪·气垫霜”，并配以精美的产品外观图来吸引用户。本篇推文以一幅古画中的人物动作展开，在推文末尾自然而然地植入与古画中的“凤凰”相关联的气垫霜产品，潜移默化地让用户接受了广告信息。

图3-35 在推文中植入广告

- **原创声明**。原创是内容创作非常重要的一项要求，原创度高的推文不仅能体现运营人员高超的写作能力，还能使推文与其他同类型的推文产生差异，提高自身的竞争力。原创度高的推文还可以防止其他人盗用或模仿自己的推文内容，在保护自己权益的同时，也能够带来更多的忠实读者。

（2）正文的写作方法

做好推文写作的准备工作后，运营人员还需要掌握推文写作的方法才能写出优秀的推文，通过图文并茂的描述吸引用户阅读，让用户信赖与接纳推文的目标诉求，甚至引起用户的转发、分享、点赞、评论等行为，为公众号带来更多的流量与实际转化。下面介绍几种常见的正文写作方法，以帮助运营人员更好地进行推文正文内容的写作。

- **核心扩展法**。核心扩展法即先将核心观点单独列出来，再从能够体现观点的方方面面进行扩展论述，这样可以使推文始终围绕一个中心进行论述，不会出现偏题或杂乱无章的问题，可加强推文对用户的引导。
- **各个击破法**。各个击破法是根据要推广的内容，将产品或服务的特点单独进行介绍。写作过程中要注意文字与图片的配合，对产品或服务的卖点进行充分介绍，通过详细的说明和亮眼的词汇吸引用户的注意。
- **倒三角写法**。在节奏越来越快的现代社会，用户很难有耐心阅读完一篇篇幅较长的推文，因此，可以先将推文的精华部分进行浓缩，放在第一段以引起用户的阅读兴趣，然后再继续解释为什么要看这篇推文，最后再强调产品的优势，以加深用户的印象。
- **故事引导法**。不仅开头能采用故事引导，正文也可以继续使用故事进行内容的运营与推广。但这种方法适合讲述一个完整的故事，让用户充分融入故事情节中，继续跟着故事的发展阅读下去；在推文结尾处，再提及需要运营推广的对象（即广告植入）。采用这种写作方法一定要保证故事的有趣和情节的合理，这样才能使故事有看点，也方便推广对象的植入。《梵高为何自杀》就是一篇具有代表性的故事引导写法的微信推文。

（四）微信公众号推文排版

微信公众号推文排版工具

在写作推文的过程中，运营人员应该根据实际需要对推文进行排版，提升推文的版面视觉效果，提升用户的阅读体验，加强推文在用户心中的印象。从用户阅读的角度考虑，微信公众号推文排版主要包括版面风格、文字排版和图文搭配等，下面分别进行介绍。

1．版面风格

每个新媒体运营人员都有自己的写作风格，不同的风格所传递的信息不同，这个不同还体现在内容的版面风格上。一般来说，运营人员在同一个新媒体平台中发布的内容版面风格应该具有统一性。首先，使用相同的版面风格可以使运营内容更加规范，同时可以提高推文排版的速度，进而提高新媒体人员的工作效率。其次，当形成自己独特的版面风格后，还能与其他媒体产生差异，突出自身的竞争力。

在进行内容排版时要注意，同一篇推文中要保持排版方式的统一性，即统一使用左对齐、居中对齐或右对齐，不要夹杂使用，以避免内容显得杂乱，让无法用户阅读。同时，内容版面还应遵循简洁、清晰、对齐、对比、统一，但又有自身特色的原则，图3-36所示为微信公众号“飞利浦健康生活”不同推文的版面，从中可以看出其版面风格统一、界面简洁、图文搭配，有自己的风格且每篇推文又因内容的不同而有差异。

图3-36　微信公众号“飞利浦健康生活”不同推文的版面

2．文字排版

文字排版主要包括对文字颜色、文字字号、文字间距等的设置，下面分别进行介绍。

（1）文字颜色

文字是推文的重要组成部分，是用户接收推文信息的主要渠道，适宜的文字颜色能带给用户良好的阅读体验，提升用户持续阅读的时间。文字颜色可以根据需要设置，但一般同一篇推文中不宜出现多种颜色，应尽量保持简单、清爽的文字风格。对于推文中的主要文字内容，一般建议设置为灰黑色，如#7f7f7f、#595959、#3f3f3f（分别表示颜色的符号）3种常用颜色，如图3-37所示。需要注意的是，文字颜色一般不会采用纯黑色（#000000），如图3-38所示。因为与白色屏幕相比，黑色具有较为强烈的对比，容易因为过大的反差对用户眼睛造成刺激，加速眼部疲劳，这会降低用户的阅读兴趣。

图3-37　3种常用的灰黑色文字颜色

图3-38　纯黑色

对于一些比较重要或关键性的文字，则可以使用其他暖色系的颜色（如橙色、红色等）进行突出显示，但切记不要设置为亮黄色、荧光绿等刺激性太强的颜色。

（2）文字字号

新媒体时代，移动设备因其携带方便、可以随时上网等特点备受用户青睐，因此，大部分微信用户都是通过手机接收推文信息的。手机的屏幕较小，运营人员要在保证用户清楚识别推文内容的前提下在较短的篇幅中描述清楚内容，因此，文字字号不能太小，也不能太大。若文字太小，容易让用户在习惯的阅读距离内看不清文字；若文字太大，有限的空间中无法表现更多的内容，会造成资源的浪费。图3-39所示为微信公众号后台编辑器中的文字字号设置功能，其字号范围在12px~24px，一般建议正文的字号为14px~16px，正文标题的字号可以比正文内容的字号稍大一些，图3-40所示即为正文字号设置为16px与14px的对比。

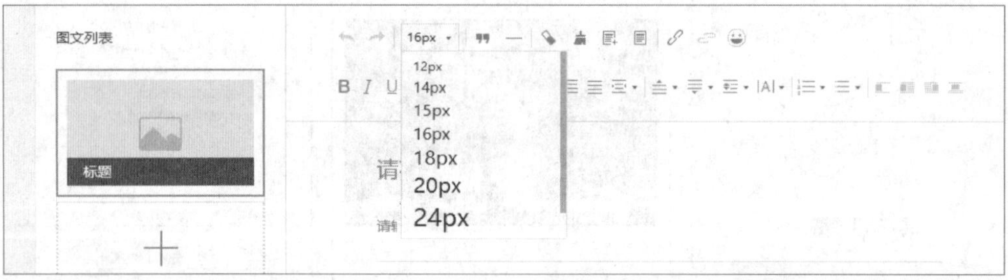

图3-39　微信公众号后台编辑器中的文字字号设置

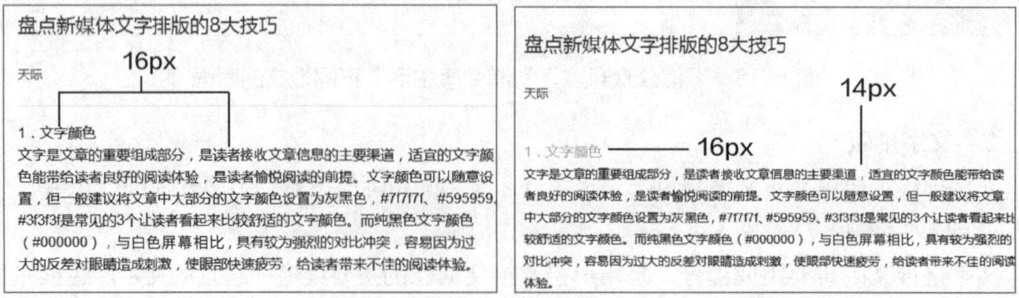

图3-40　正文内容对比

（3）文字间距

课堂讨论

有经验的读者试着谈一谈在Word中设置文字间距时，包括哪些方面内容的设置？你觉得新媒体文字间距是否也需要进行这些设置？为什么？

新媒体的文字间距设置与Office办公软件中的文字间距设置有异曲同工之处，既包括文字与文字之间的字间距，也包括行与行之间的行间距、段落与段落之间的段间距，下面分别进行详细介绍。

- **字间距**。字间距即字与字之间的距离，一般设置为1px或2px。在微信公众号后台编辑器中单击“字间距”按钮|A|▾，在打开的下拉列表中可选择需要的字间距，包括“默认”“0.5”“1”和“2”4个选项，如图3-41所示。

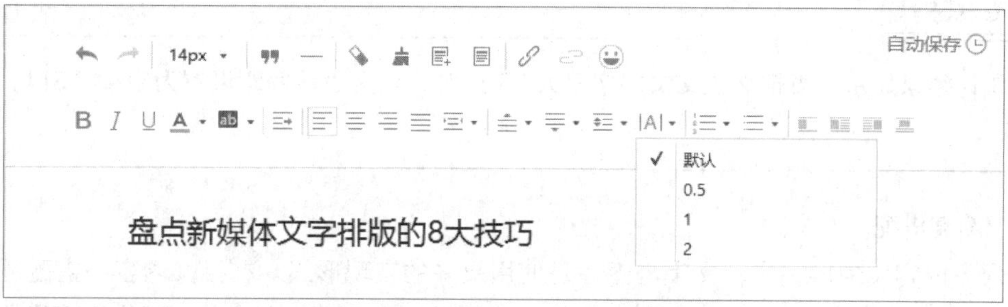

图3-41　微信公众号后台编辑器字间距设置

- **行间距**。文本上一行与下一行之间的距离叫作行间距，它是每行文字之间的纵向间距。设置行间距可以直接影响推文的篇幅长短，默认的行间距在手机上显示都较为拥挤，因此为了提升用户的阅读体验，需要手动进行行间距的设置。在微信公众号后台编辑器中设置行间距时，可先选择所有文本后再单击“行间距”按钮☰▾，在打开的下拉列表中选择需要的行间距选项即可，如图3-42所示。建议设置为1.5~2倍行距。

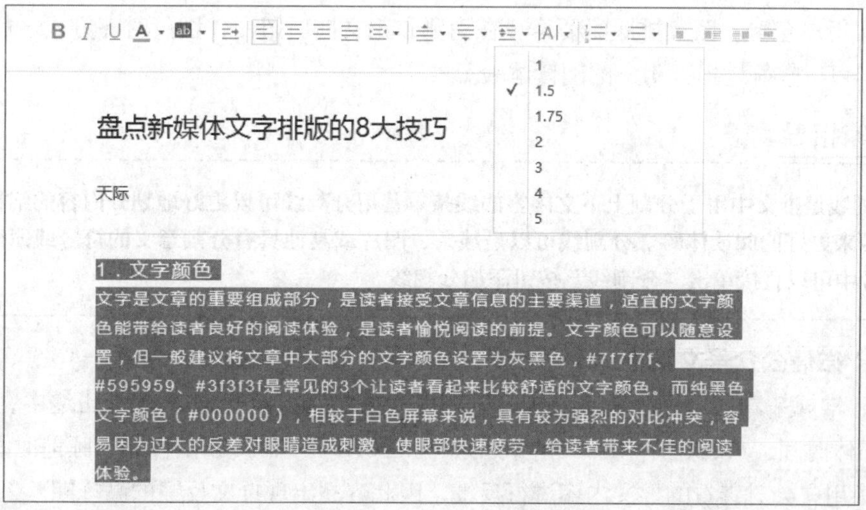

图3-42　行间距设置

- **段间距**。段间距是指段落与段落之间的距离，可以根据段落方向分为段前距和段后距。在微信公众号后台编辑器中单击“段前距”按钮可设置段前距；单击“段后距”按钮可设置段后距，如图3-43所示。

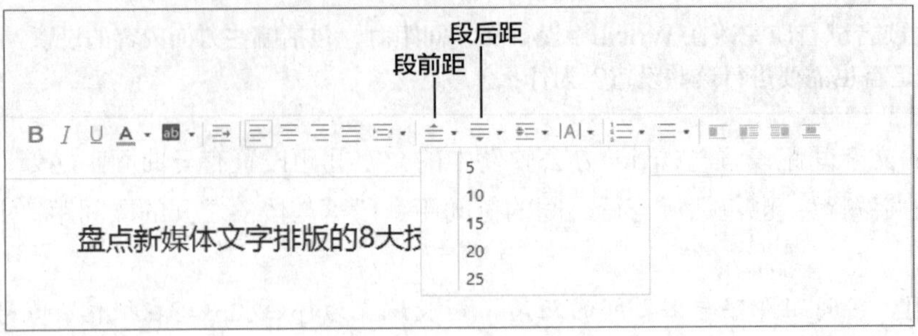

图3-43 设置段间距

专家指导

统计结果显示，当推文正文文字字号为15px时、正文段落间距设置为10或15时，效果最佳。

3. 图文搭配

在众多内容表现形式中，文字与图片是使用最多的表现形式。在推文内容中搭配适量的图片可以缓解用户阅读文字时的疲劳，但需注意图片要清晰，要符合推文主题。将图片放在正文中时还要遵循两个原则。

- **图片要统一**。这是指推文中的所有图片样式要统一，若有一张为圆角矩形，则都统一为圆角矩形；若设计了其他风格，也要统一为相同风格的样式。
- **图文间距要适当**。文字与图片之间的间距要适宜，以方便用户观看，且保证多图片连续展示时，图片与图片之间的距离合适，不能使用户产生多张变一张的错觉。

同时，还要注意图片的大小与排版。建议将图片的格式设置为JPG，JPG格式文件较小，方便移动端用户查看。图片排版时要尽量在两侧和正文前后留白，图片对齐方式一般保持居中对齐，这样可以较好地提升用户的阅读体验。

专家指导

分割线是推文中用于分割上下文内容的线条。善用分割线可以更好地划分内容的结构层次，给用户带来更好的阅读体验。分割线可以是线条、图片或其他具有分割意义的符号或图形。在微信公众号中可以直接单击“分割线”按钮添加分割线。

（五）微信公众号文章推送

首先，常规来看，用户查看推文内容的时间一般在7:00 — 9:00的上班途中，11:00 — 13:00的午休时间，17:00 — 19:00的下班途中，21:00 — 23:00的休息、睡前时间。在这些时间段中，用户会对查看的推文内容进行反馈，因此容易出现推文反馈的高峰期。

其次，由于微信公众号推文内容的定位不同，用户查看内容的时间也会不同。一般来说，励志类微信公众号推文建议在8:00前推送，这样可以充分利用用户上班途中的时间激发用户的工作热情；趣味类微信公众号推文建议在19:00后推送，通过内容的有趣性减少用户的疲惫，博用户一笑，从而增加流量与转发量；消费类微信公众号推文建议在晚上推送，因为用户挑选购买产品需要花费较多的时间，在较为充足的晚间休息时间用户可以尽情挑选；情感类微信公众号推文建议在22:00后发布，夜晚人的感情会更加丰富，此时发布此类文章更容易触动用户并获得用户的认同与共鸣。总的来说，要以用户需求为出发点，选择合适的推送时间方便用户查看才能达到最佳的运营效果。

当然，这并不意味着必须在推送时间前才写作微信推文内容，运营人员要提前写好微信推文，然后根据实际需要进行定时推送，以避免在深夜写文或在节假日期间没有推文推送的情况。同时，充足的推文内容创作时间也可以保证推文的质量，使推文内容更加吸引用户，从而提高用户的阅读量和转发量。设置微信推文定时推送的方法很简单，编辑好需要推送的文章后先将其保存但不发送，然后返回微信首页选择“素材管理”选项，在其中选择需要推送的文章，单击页面下方的群发按钮右侧的下拉按钮，在打开的下拉列表中选择“定时群发”选项，在打开的页面中设置发布的时间即可，如图3-44所示。

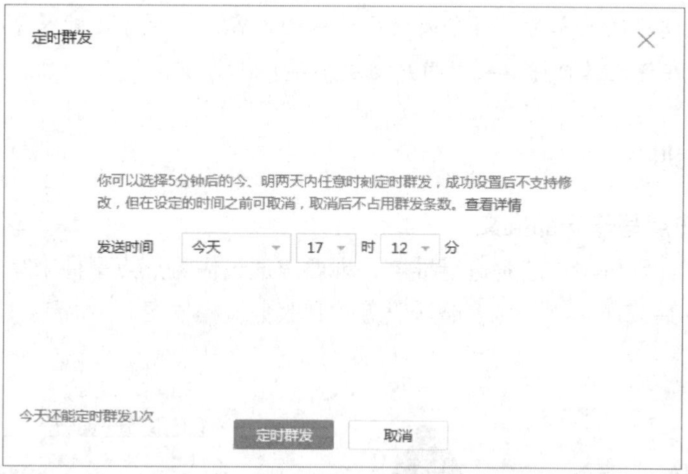

图3-44 定时群发

（六）微信公众号粉丝获取与维护

微信运营的所有内容都是围绕用户来展开的，通过引导用户将其转化为自己的粉丝并达到最终的运营效果。这需要微信运营人员采取一定的技巧来获得粉丝，然后再通过对粉丝的维护带来流量与口碑，下面分别介绍粉丝获取与维护的方法。

1．粉丝获取

微信公众号粉丝的获取方法很多，不同类型的运营人员可使用不同的手段，下面介绍3种比较常用的获取粉丝的方法。

- **邀请已有用户关注**。邀请已有的用户关注公众号，如对于有过交易的、有过互动的用户，可以通过微信、短信等方式进行邀请。
- **线下用户**。不管是线下的店铺、展会，还是其他线下活动，都可以制作一个二维码邀请潜在用户进行关注。为了增加关注率，还可以附赠一些小礼品。

- **其他媒体平台引流**。通过在各种网络平台上分享有价值的内容，吸引用户关注。可以引流的平台有很多，如微博、QQ等社交平台，新闻、博客等门户网站类平台，论坛、贴吧等BBS类平台，知乎、百度知道等问答平台，美拍、秒拍等短视频分享平台，以及文库、网盘等资源分享平台等。

2．粉丝维护

获得粉丝后，如果想要持续扩大影响力，还需要对粉丝进行维护。而维护离不开互动，对于公众号粉丝而言，关键词回复、问题搜集与反馈、评论互动都是比较有效的粉丝维护方式。

- **关键词回复**。关键词回复是维护粉丝的有效手段，在推文中引导用户通过回复关键词主动了解内容，可以增加用户对公众号的使用率，同时还可以在自动回复中加入一些惊喜，增强用户黏性。

关键词回复设置

- **问题搜集与反馈**。可以在公众号中设计一些目标用户感兴趣的问题搜集活动，提高用户的参与度。或者解答用户问题，并反馈产品的使用情况，让用户与用户、用户与公众号之间产生互动。
- **评论互动**。对于开通了留言功能的公众号而言，评论区就是与用户互动的有效途径。很多用户在阅读推送内容时，还会阅读评论区的内容，公众号运营人员可以在评论区进行互动，或者在评论区自评，鼓励用户转发分享。

三、任务实训

实训一：蹭热点写作产品推文

某企业要对其计算机清洁套餐进行推广，现要求通过借势热点事件来写作产品推文。该套餐的实物内容如图3-45所示，且包含赠送服务，其服务流程如图3-46所示。

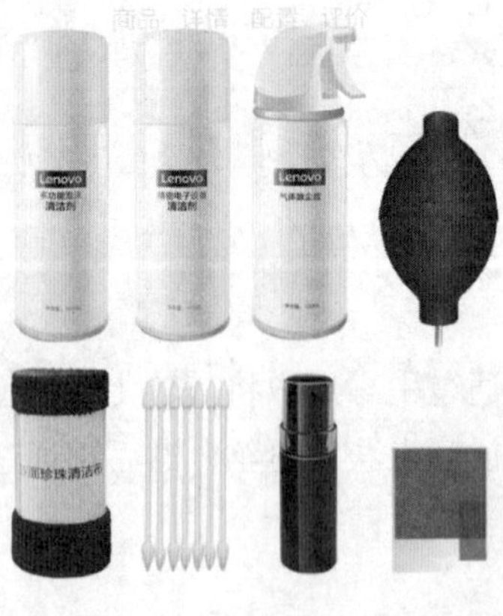

图3-45　套餐实物内容

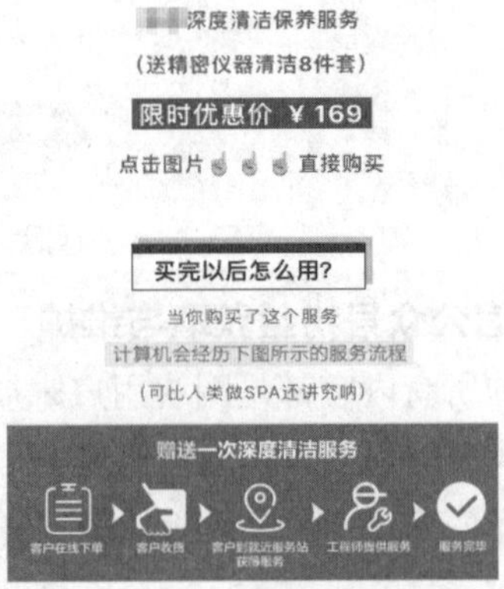

图3-46　赠送服务流程

1. 实训目标

（1）掌握推文标题的写作方法。

（2）掌握推文正文的写作方法。

2. 实训要求

（1）结合标题的多种写作模式和技巧并加入热点进行写作。

（2）正文开头以热点进行引入，然后推广产品。

3. 实训思路

步骤 01 选择最近2~3天的热点事件，结合标题写作的多种手法来进行产品推文的标题写作。如“169元带你享受×××（热点）中的套餐服务”“×××（热点人物）最爱的SPA，计算机也可以做……”等。

步骤 02 在正文开头直接以热点引入，将热点与所需要推广的产品结合起来。然后，针对该套餐服务进行详细说明，图3-47所示为参考示例。

《小欢喜》主演最爱的SPA，原来计算机也可以做……

联小想 联想 3天前

最近追剧没有？小欢喜看了吗？

除了一些中国式亲子关系引人深思之外

小编还观察到了一些细节

孩子爸爸在心情不好时

总喜欢聚在一起喝喝酒聊聊天

但是孩子妈妈需要发泄时

往往会约个瑜伽、做个SPA……

看来SPA对人身体的好处已经深入人心

可是你知道吗？

计算机也可以做一次SPA

××能由内而外地为计算机

排毒、养颜、调理（一站式清洁）

价格当然更便宜啦

只要一百多块

可以给计算机做好多次SPA呢

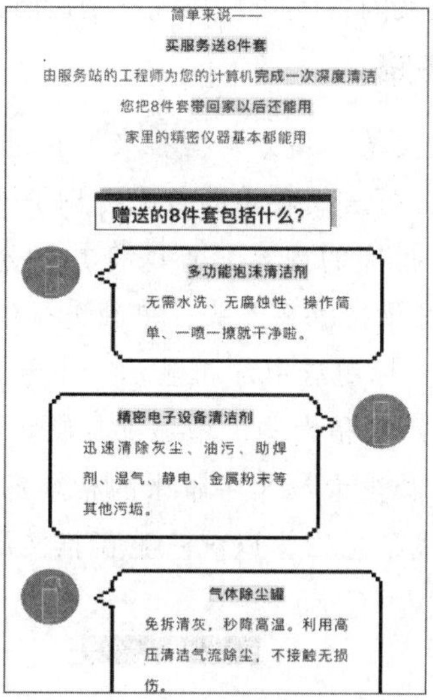
简单来说——

买服务送8件套

由服务站的工程师为您的计算机完成一次深度清洁

您把8件套带回家以后还能用

家里的精密仪器基本都能用

赠送的8件套包括什么？

多功能泡沫清洁剂

无需水洗、无腐蚀性、操作简单、一喷一擦就干净啦。

精密电子设备清洁剂

迅速清除灰尘、油污、助焊剂、湿气、静电、金属粉末等其他污垢。

气体除尘罐

免拆清灰，秒降高温。利用高压清洁气流除尘，不接触无损伤。

图3-47 正文参考示例

实训二：排版并美化推文

图3-48所示为分享型推文“情绪管理的7种建议”的内容，现要求对该推文进行排版。

学会情绪管理是每一个成年人必备的素养，这7点建议，希望对你有帮助。

1. 反复深呼吸，倒数10秒

情绪特别激动，但还需要处理当下的事情时，反复深呼吸，并倒数10秒。

例如面试、比赛时紧张的情绪，和亲人、伴侣吵架时焦躁不耐烦的情绪，和他人交流时愤怒或羞愧的情绪，都可以用这种方式逼着自己冷静下来，因为这至少不会影响当下的境况，也不会因为脱口而出的一句话毁了一段关系。

当你的负面情绪停留10秒后，你想要爆发的欲望就小了很多。通常这个时候，你就可以开始理性思考了，而不是完全被情绪给左右。

10秒之后，你也许会感觉到庆幸，因为及时的自我控制，避免了一场无法估量的损失。

2. 运动半小时

与其沉浸在糟糕的情绪里无法自拔，不如运动去。

运动时，大脑中会分泌一种可以支配心理和行为的肽类。其中一种叫做“内啡肽”的物质，科学家称之为“快乐素”，它作用于人体能使人产生愉悦。

愤怒时可以练拳击，压力大时可以练瑜伽，抑郁悲观时可以去跑步，难过悲伤时可以去游泳。

但要注意，情绪不佳时的运动不能太过剧烈，切记不要让自己受伤。

3. 写下来，和自己对话

很多人察觉到自己情绪糟糕时，都喜欢向朋友倾诉，但往往又会顾忌到隐私性等问题。

这个时候，尝试写下来，自己和自己对话也是排解情绪的一种有效方式。

文字能治愈人心，撰写的过程也是梳理自己情绪的过程。

微博、日记本、各种文字类App，都能成为情绪宣泄的渠道，这样既不会传递负能量，又能在写作的过程中，学会自己消化情绪。

4. 马上去卫生间

当你察觉到情绪快要抑制不住时，马上去卫生间，洗洗手，照照镜子。

水流的声音有助于人冷静，镜子里的自己也能让你知道控制不住情绪的样子有多难看。

人的表情是内心的反射，镜子能让人学会审视自己，谁也不会希望自己的表情丑陋得让人无法直视。

冲着镜子做出几个鼓励性的动作，它也会传递进你的内心，让你重新鼓足勇气，恢复理性。

5. 做机械性的工作

很多人烦躁、生气时都喜欢干家务，这的确是一个排解情绪的好方法。

机械性的工作，如做家务、整理报表、抄书、抄佛经、练毛笔字等不需要动脑的工作，都能让大脑满溢的负面情绪慢慢降温。

一定时间后，情绪就能回归到正常值。

6. 不断反问自己

很多时候，情绪的出现是无理由的，经不起推敲和反问，有时间的话，可以学会反问自己。

因为哪件事你才产生了这个情绪？这件事很难解决吗？有什么样的解决方式？为什么会有这样的情绪？你觉得你最在意的点在哪里……

很多人都喜欢隐藏自己内心真实的想法，有时甚至习惯自己欺骗自己，反问自己能让你的内心无从隐藏。

只有清楚地知道自己情绪的起源和因由，才能更快速地解决掉负面情绪。

有时，需要对自己再狠心一点。

7. 学会分析与复盘

工作中，一个项目结束我们都会做分析和复盘，以避免下次发生同类型的错误，其实复盘分析法也是我们情绪管理上的必修课。

每次情绪发泄之后，无论结果是好是坏，都要做一次深入的分析和复盘。

分析得越透彻，对情绪的掌控力就越强，下次遇到同类型的情绪问题，就不会手足无措，出口伤人。

学习、工作要不断进步，情绪管理也需要一次次进步，毕竟，管理好情绪，才能管理好我们的人生。

图3-48 分享型推文

1. 实训目标

（1）掌握推文版面风格的设置方法。

（2）掌握推文文字的排版方法。

（3）掌握推文图文搭配的方法。

2. 实训要求

（1）结合该推文的定位进行版面风格的定位。

（2）确定推文正文的标题、字间距、行间距和段间距的内容。

（3）为正文内容配图，并统一图片风格和样式。

3. 实训思路

步骤 01 该推文是一篇分享型推文，在进行其版面风格的设置时，可以简单的线条和图形来营造一种轻松、简洁或轻柔的效果，图3-49所示即为参考示例。

步骤 02 根据推文的内容，可以将其划分为导语、标题和正文3个部分，每一部分的内容可单独排版。导语放在推文开头，单独进行细微的调整，使其效果优美，吸引用户的阅读兴趣，如图3-50所示。标题居中加粗显示，字号设置为15px。正文设置为14px，左对齐，行间距为1.8倍，段落间距可稍大些，增加段与段之间的距离，提升正文的美感，如图3-51所示。

步骤 03 为了减少大段文字带来的枯燥感，在正文中适当添加与其内容相关的图片，图片居中显示，且以线条包围，以统一整篇推文风格，如图3-52所示。

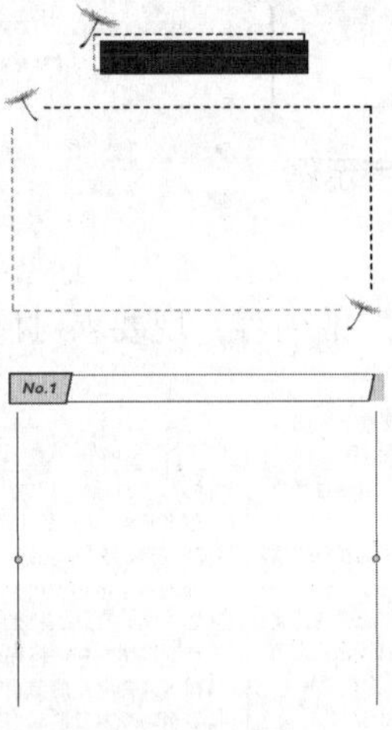

图3-49　版面风格参考示例

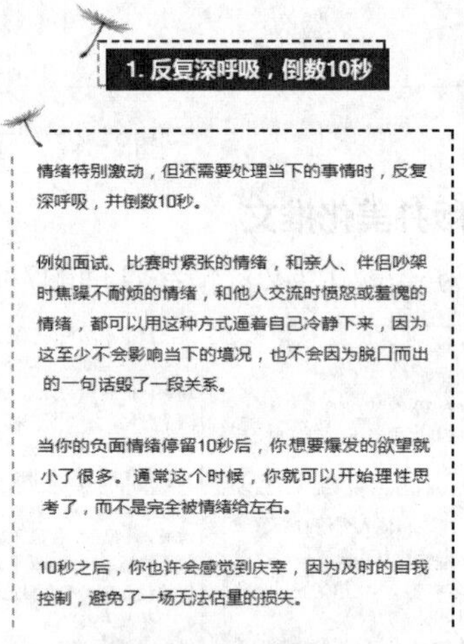

图3-51　文字排版

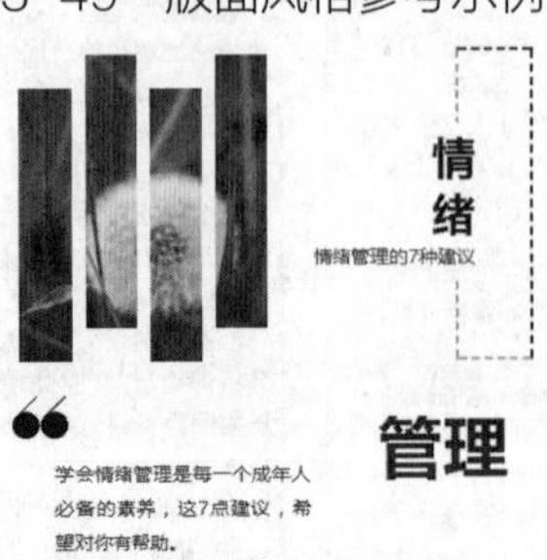

图3-50　导语排版

图3-52　图文搭配

四、任务考核

观察图3-53所示的推文，填写表3-2所示的表格并上交。

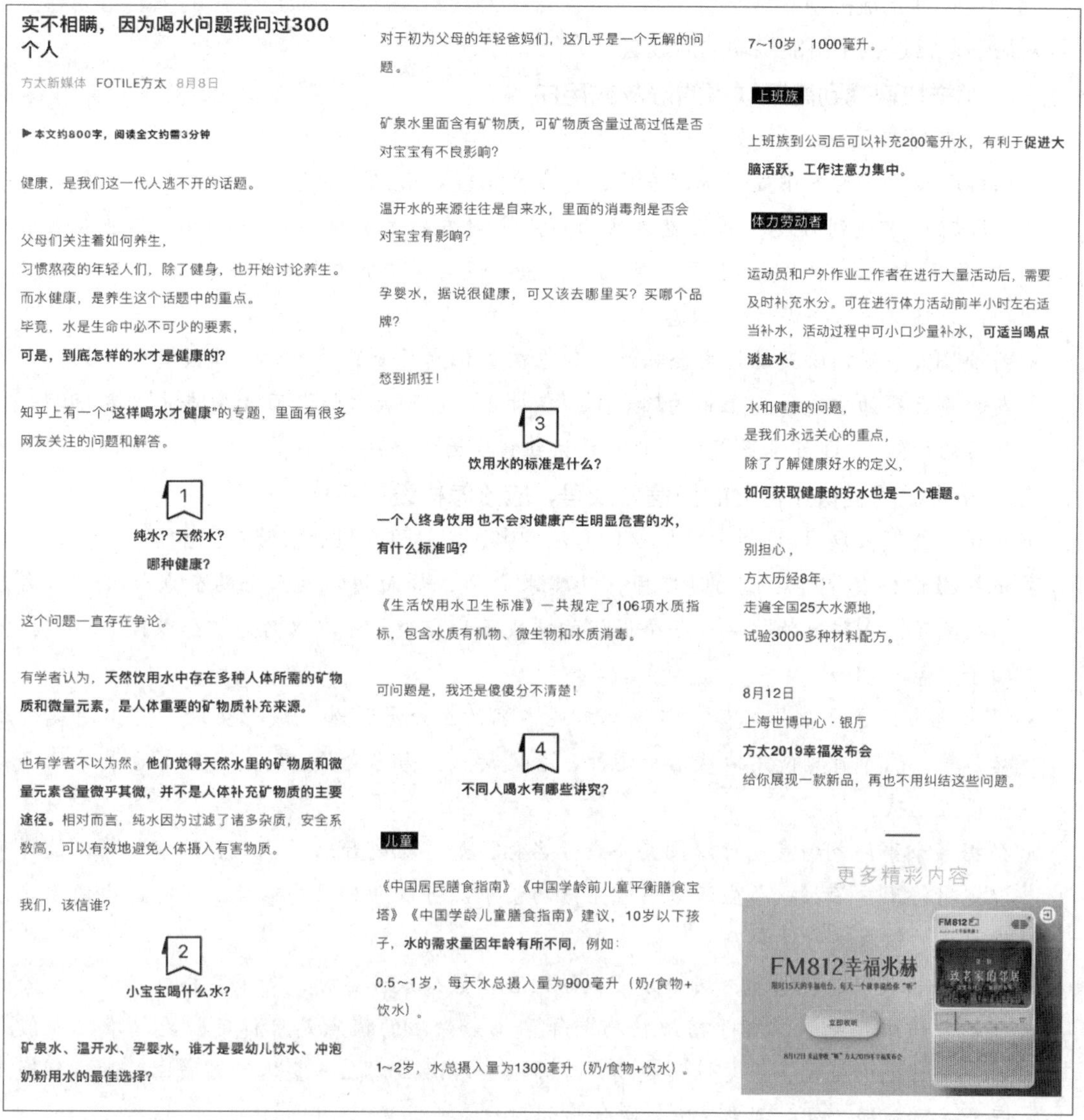
实不相瞒，因为喝水问题我问过300个人

方太新媒体 FOTILE方太 8月8日

▶本文约800字，阅读全文约需3分钟

健康，是我们这一代人逃不开的话题。

父母们关注着如何养生，
习惯熬夜的年轻人们，除了健身，也开始讨论养生。
而水健康，是养生这个话题中的重点。
毕竟，水是生命中必不可少的要素，
可是，到底怎样的水才是健康的?

知乎上有一个“**这样喝水才健康**”的专题，里面有很多网友关注的问题和解答。

1

纯水？天然水？
哪种健康？

这个问题一直存在争论。

有学者认为，**天然饮用水中存在多种人体所需的矿物质和微量元素，是人体重要的矿物质补充来源。**

也有学者不以为然。**他们觉得天然水里的矿物质和微量元素含量微乎其微，并不是人体补充矿物质的主要途径。**相对而言，纯水因为过滤了诸多杂质，安全系数高，可以有效地避免人体摄入有害物质。

我们，该信谁?

2

小宝宝喝什么水?

矿泉水、温开水、孕婴水，谁才是婴幼儿饮水、冲泡奶粉用水的最佳选择?

对于初为父母的年轻爸妈们，这几乎是一个无解的问题。

矿泉水里面含有矿物质，可矿物质含量过高过低是否对宝宝有不良影响?

温开水的来源往往是自来水，里面的消毒剂是否会对宝宝有影响?

孕婴水，据说很健康，可又该去哪里买？买哪个品牌?

愁到抓狂！

3

饮用水的标准是什么?

一个人终身饮用也不会对健康产生明显危害的水，有什么标准吗?

《生活饮用水卫生标准》一共规定了106项水质指标，包含水质有机物、微生物和水质消毒。

可问题是，我还是傻傻分不清楚！

4

不同人喝水有哪些讲究?

儿童

《中国居民膳食指南》《中国学龄前儿童平衡膳食宝塔》《中国学龄儿童膳食指南》建议，10岁以下孩子，**水的需求量因年龄有所不同**，例如:

0.5～1岁，每天水总摄入量为900毫升（奶/食物+饮水）。

1～2岁，水总摄入量为1300毫升（奶/食物+饮水）。

7～10岁，1000毫升。

上班族

上班族到公司后可以补充200毫升水，有利于**促进大脑活跃，工作注意力集中。**

体力劳动者

运动员和户外作业工作者在进行大量活动后，需要及时补充水分。可在进行体力活动前半小时左右适当补水，活动过程中可小口少量补水，**可适当喝点淡盐水。**

水和健康的问题，
是我们永远关心的重点，
除了了解健康好水的定义，
如何获取健康的好水也是一个难题。

别担心，
方太历经8年，
走遍全国25大水源地，
试验3000多种材料配方。

8月12日
上海世博中心·银厅
方太2019幸福发布会
给你展现一款新品，再也不用纠结这些问题。

更多精彩内容

图3-53 推文内容

表3-2 任务考核

序号	考核内容	分值（100分）	说明
1	该推文标题属于哪种类型？采用了哪些技巧	20分	
2	该推文正文内容使用了什么手法	30分	
3	该推文的版面效果如何？是否美观？如果让你重新排版，该怎样做	50分	

拓展延伸

微信是现在主流的新媒体运营平台，个人号和公众号运营都是微信运营的重要组成部分，下面对微信运营过程中可能出现的问题进行介绍。

一、怎样快速找到高频联系的好友或用户

微信朋友圈中高频联系的好友或特别重要的用户可设置重点标记，主要有以下两种方法。

- **星标朋友**。将好友设置星标朋友后，好友会出现在通讯录的最前面，在打开微信通讯录后即可快速找到好友。其设置方法为：点击好友打开其详细资料页面，点击右上角的“...”按钮，打开“资料设置”页面，点击“设为星标朋友”栏后的按钮 即可设置成功，此时该按钮将变为 状态。
- **置顶聊天**。置顶聊天的好友会始终出现在微信信息页面的最上方。其设置方法为：在好友的聊天界面中点击右上角的 按钮，在打开的“聊天详情”页面中点击“置顶聊天”栏后的按钮 即可设置成功，此时该按钮将变为 状态。

二、新申请的没有知名度的微信公众号，应该怎样设置名称

新申请的微信公众号可以结合以下4种方法取名，以达到个性化、易辨识的目的。

- 根据微信公众号所定位的目标用户的需求取名，如面向爱猫人士的公众号可以取名为“猫来了”“猫宠物”等，一个提供趣味段子的公众号可以取名为“幽默段子”“搞笑段子”等。
- 根据地域设置公众号名称，即介绍本地内容的公众号，如“成都生活”“上海美食攻略”等，除了直接使用地域名称之外，著名景点、著名食物、特色方言等也是地域名称的设置选项。
- 根据某个事件或场景也可以设置公众号名称，如“枕边音乐”“十点读书”等，这样可以定时将用户带入一个生活习惯或生活场景中，可以增加用户黏性，同时也方便用户根据自己的需求进行搜索。
- 在某个领域中继续细分，用细分领域的内容设置公众号名称，如服装搭配领域下细分的“裤装搭配指南”“裙子搭配技巧”等，细分领域的优点是目标定位更精准。一般来说，名称范围越大，重复性就越高，竞争也会越激烈，在一些热门领域中，细分领域反而能另辟蹊径，吸引到更精准、更优质的用户。

实战与提升

通过本项目知识的学习，对下列问题展开讨论与练习，在巩固所学知识的同时，拓宽视野，进一步提高自己的能力。

（1）添加微信好友并进行好友的管理与维护，然后通过朋友圈发布运营内容。

（2）开通一个微信公众号并设置其名称、头像、简介，添加粉丝。

（3）根据开通的微信公众号定位，写作并发送推文，在推文中植入广告。

项目四

微博运营

学习目标

微博作为新媒体时代的社交工具之一，具有平民化、碎片化、交互化、病毒化传播的特征，这也使其成为人们生活中重要的社交工具。不论是个人还是企业，都可以利用微博提高影响力，打造品牌。

学习导图

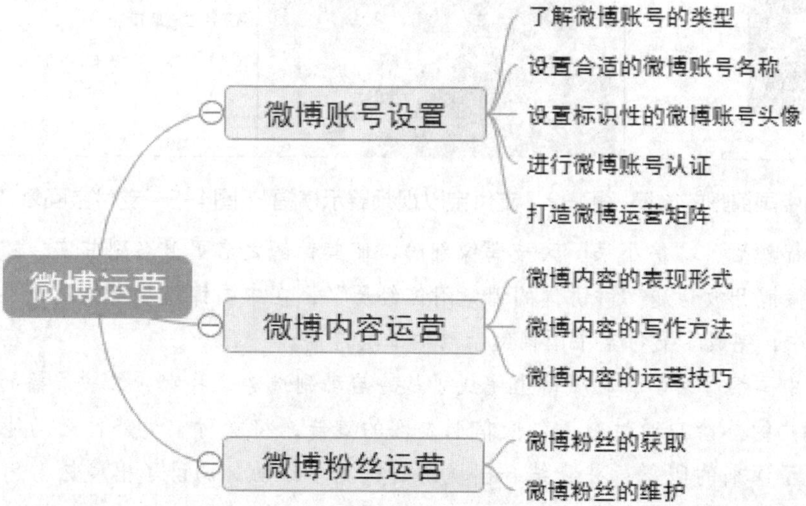

案例导入

2018年9月29日，支付宝在没有任何预热的情况下，在微博上发布了一条“祝你成为中国锦鲤！”的微博，以“十一”国庆节出境游可获得随机免单为切入点，引出《转发抽中国锦鲤》的消息，如图4-1所示。

支付宝采取在评论区留言的形式，通过各品牌方的评论、转发展示部分奖品，并且在一小时后，将奖品清单的海报在评论区展示。这使该微博在6小时后，转发量就达到了100万条。国庆当天，支付宝又将该活动推广到微信朋友圈，说明转发可提高中奖率，使此次活动的范围再一次扩大。随着活动的进行，中奖率慢慢攀升至三百万分之一。开奖前一天，坐拥2700万粉丝的微博“大V”“回忆专用小马甲”发布了“三百万分之一意味着什么”的海报，充分调动了微博用户的好奇心。

10月7日10:14，支付宝在官方微博公布获奖者，紧接着微博上流传出奖品清单的视频，如图4-2所示。10:30获得中国锦鲤活动奖品的“信小呆”在微博上发出“我下半生是不是不用工作了？”的感叹，将支付宝此次的抽奖活动推向高潮，如图4-3所示。

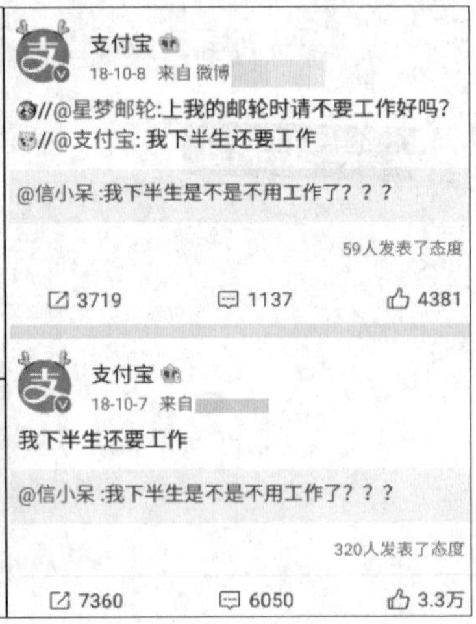

图4-1　转发抽中国锦鲤的微博　图4-2　支付宝以视频展示横幅　图4-3　支付宝回复“信小呆”

在成为中国锦鲤后，“信小呆”又被偶像翻牌，使其锦鲤之名更显名副其实。随后，知名吐槽微博博主在微博开放话题“讲讲你的锦鲤附体经历”，在中国锦鲤热度未消时，吸引微博用户参与到讨论中，完成了支付宝中国锦鲤活动的二次传播。

此次支付宝中国锦鲤活动，在微博上完成了从冷启动到造势、收官、二次传播的全过程，充分调动微博用户的热情，通过微博、微信朋友圈的宣传，将支付宝境外付款功能介绍给用户，给用户留下了深刻的印象；并且结合出境游随机免单活动，调动了出境旅游用户的积极性，证实了在境外可以使用支付宝付款。

【思考】

（1）支付宝微博中国锦鲤活动是怎么运营的？

（2）此次活动使用了什么技巧？

任务一 微博账号设置

微博是一种基于用户关系的信息分享、传播以及获取平台，是通过关注机制分享简短实时信息的广播式社交媒体。在微博上，用户可以使用文字、图片、视频、音频等多种媒体形式，实现信息的及时分享、传播和互动。使用微博进行运营前，运营人员需先对微博账号进行设置，确定微博账号的定位，使用户在看到微博账号时就能初步了解该微博的类型。

课堂讨论

针对下列问题展开讨论。

（1）你是如何设置微博账号名称、头像的？

（2）你进行过微博认证吗？你知道微博认证的条件吗？

一、任务目标

微博具有特色鲜明的传播模式与特征，微博用户只需注册一个账号，就可以在PC（Personal Computer）端或手机端发布和接收微博信息，缩短了信息从发布到接收的路径和时间。在进行微博运营前，运营人员需要做一些准备工作。本任务将从了解微博账号的类型、设置合适的微博账号名称、设置标识性的微博账号头像、进行微博账号认证和打造微博运营矩阵5个方面进行介绍。

二、相关知识

（一）了解微博账号的类型

微博具有便捷性、传播速度快、原创性的特点，能迎合用户碎片化、快节奏接收信息的需求。微博账号可根据使用目的和作用的不同，分为5种类型。

1．个人微博

个人微博是占比最大的微博账号类型，其中有知名演员、作家、专家、媒体精英等多种身份的用户，图4-4所示分别为知名演员微博、作家微博和法律专家微博。用户可通过个人微博分享生活中的趣事、抒发感悟、发布原创作品或转发喜欢的内容，也可通过发布有意义的内容，如介绍某眼霜的优缺点、是否实用等，引起其他用户的注意力，吸引用户关注，扩大个人微博的影响，打造自己的品牌。其中，一些企业高管以及名人的个人微博，还需要配合所属企业或合作企业微博，对企业或产品进行宣传，扩大企业、品牌或产品的影响力。

2．企业微博

企业微博是基于微博出现的、作为商业化网络工具的微博账号类型，企业微博就是企业的官方微博，图4-5所示为知名企业的官方微博。企业微博可以进行客户关系管理，了解客户需求，找到新客户并与之互动，丰富客户数据库；可以进行各种营销活动，制造与企业有关的热点话题，将消息有效地传达出去；还可以建立企业文化，方便管理者以个人身份与企业内部员工建立联系。运营人员应结合微博自身的特点，策划适合企业微博的运营方案，对企业进行宣传，提高品牌的影响力。

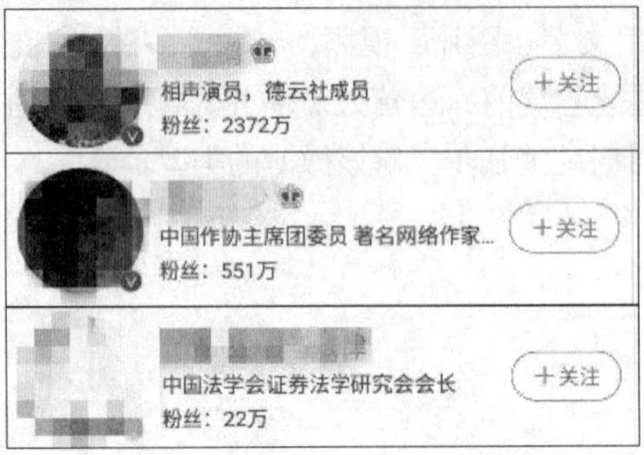

图4-4　个人微博

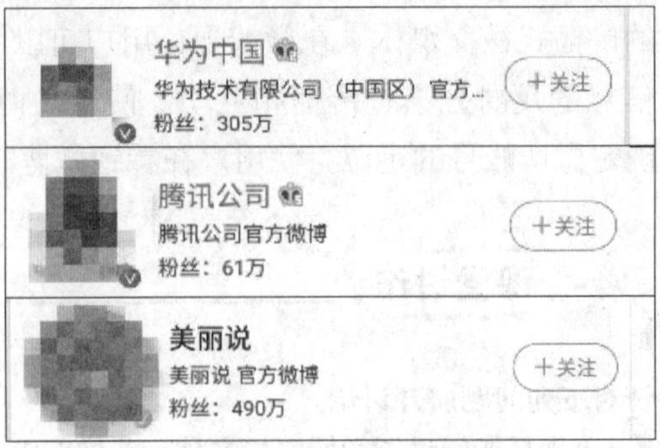

图4-5　企业微博

3．政务微博

政务微博是指代表政府机构和官员，因公事设置的，用于收集意见、倾听民意、发布信息、服务大众的官方微博。政务微博可调和公民与政府之间存在的各种矛盾，也可以起到监督政府工作的作用，图4-6所示为共青团中央的官方微博。政务微博不具有盈利作用，只用于政务机关随时发布信息，与公民进行良性互动，进行社会化网络参政、议政、问政的交流。

4．组织机构微博

组织机构微博是指学校、机构、组织开设的官方微博，可用于发布重要决定、与用户沟通等。组织机构微博在教育教学、危机公关等方面发挥了重要作用，图4-7所示为浙江大学的官方微博。

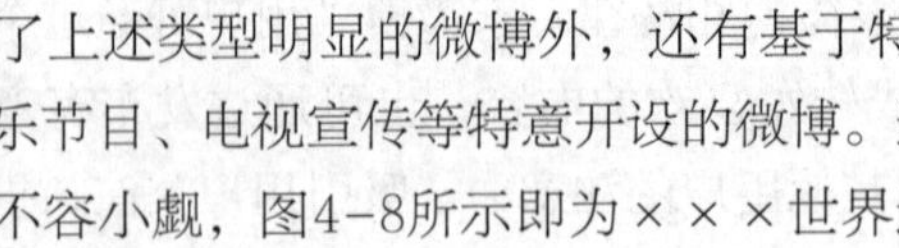

图4-6　政务微博

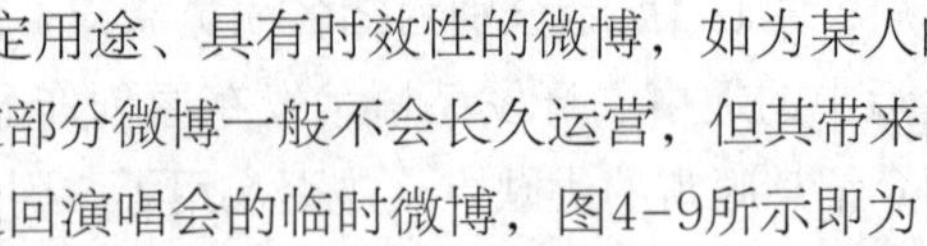

图4-7　浙江大学的官方微博

5．其他微博

除了上述类型明显的微博外，还有基于特定用途、具有时效性的微博，如为某人的演唱会、娱乐节目、电视宣传等特意开设的微博。这部分微博一般不会长久运营，但其带来的宣传效果却不容小觑，图4-8所示即为×××世界巡回演唱会的临时微博，图4-9所示即为电视剧宣传期的临时微博。

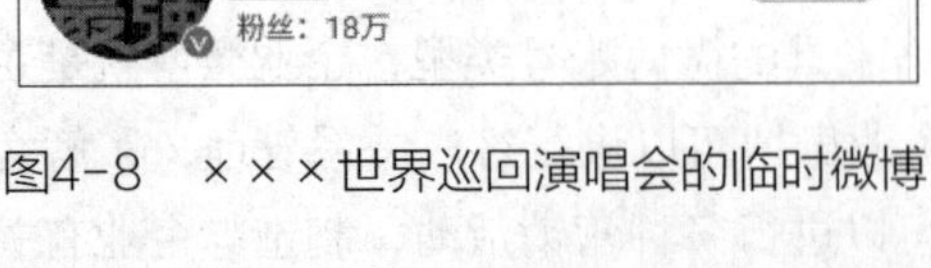

图4-8　×××世界巡回演唱会的临时微博

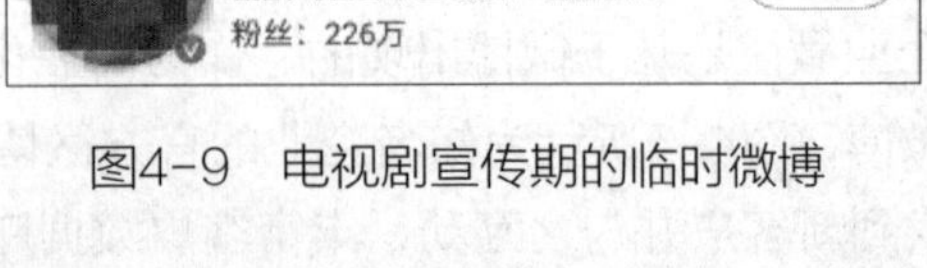

图4-9　电视剧宣传期的临时微博

（二）设置合适的微博账号名称

根据微博类型的不同，微博名称设置也有区别。新媒体运营人员掌握了个人微博与企业微博的取名方法，可将其运用于其他类型的微博名称设置。

1．个人微博名称

个人微博名称就是个人微博的昵称。根据微博的规定，微博昵称应体现个人属性，简洁个性、拼写方便，避开高频昵称，避免选用敏感时政词汇、不雅词汇、类段子账号昵称、代购名称、名人姓名等。简洁个性的昵称能体现微博博主的个性，给其他用户留下深刻的印象；拼写方便的昵称在搜索时较为方便，特别是对于通过其他平台引流而来的粉丝来说；避开高频昵称能保证微博的独特性，将自己的微博与其他微博区别开，在众多容易混淆视线的微博昵称中脱颖而出，尤其是推广产品或品牌的微博，更要避开高频昵称。

个人微博的昵称，非会员用户每年可修改1次，会员用户则依据是否认证和会员等级的不同，每年可修改3~6次。微博会员用户可通过抢昵称活动，抢占其他用户的昵称，但抢占成功后，原昵称会因被其他用户抢占而无法找回，因此修改昵称前微博用户应仔细思考。需要注意的是，长期不使用且活跃度低的微博昵称会被收回。

2．企业微博名称

企业微博的名称通常与企业名称保持一致，也可根据微博性质、特色、功能和服务等添加修饰，如“华为”“华为应用市场”“巴黎欧莱雅”“欧莱雅校园招聘”等。此外，企业必须有意识地进行名称保护，避免企业昵称被无关用户占据，导致企业自身无法使用。

（三）设置标识性的微博账号头像

微博头像可以使用户对微博博主建立一个直观印象，了解微博的风格以及定位。个人微博头像可以按照微博博主的喜好设置为清晰的真人照片，或有特殊意义的图片，如手绘头像、代表作人物等。企业微博头像则最好能够代表企业形象，如选择企业Logo、企业著名产品、企业卡通形象等。

微博头像风格应该与微博类型一致。例如，萌宠类的微博，选择宠物的照片作为微博头像；搞笑类的微博，选择一些搞笑图片作为微博头像；盘点类的微博，选择比较具有代表性的盘点事物作为微博头像，如盘点口红的微博，选择热门口红图片作为头像。图4-10所示分别为个人微博“ZQQ虹or虹君”和企业微博“联想中国”的名称与头像，“ZQQ虹or虹君”以微博博主代表作品中男主角的卡通形象作为头像，“联想中国”以企业Logo作为头像，都是非常具有代表性的例子。

图4-10 微博头像

（四）进行微博账号认证

微博认证能提高微博账号的辨识度，提升媒体的营销能力，促进品牌成长，其包括个人认证和机构认证。进行微博认证时，可在PC端微博首页右上角单击“设置”按钮，在打开的下拉列表中选择“V认证”，进入微博认证页面，选择需要认证的类型；也可在手机微博

App“我”页面中点击“设置”按钮⚙，在设置页面选择“客服中心”选项，在打开的页面中选择“申请加V”选项，进入微博认证页面，选择需要认证的类型。下面对不同类型的微博认证进行介绍。

1．个人认证

个人认证也叫“橙V认证”，其标识为一个橙色的V字图标，认证成功后会显示在微博昵称后。个人认证可以基于身份构建个人平台个性化模块，更加多元化地进行自我展示，同时在搜索页面中进行推荐，能够增加个人微博的曝光度以吸引粉丝，提高知名度。个人认证根据认证类型的不同，又分为身份认证、兴趣认证、自媒体认证、金V认证、超话认证和故事红人认证，如图4-11所示。每种认证要求的申请条件不同，下面分别进行介绍。

微博认证

图4-11　个人认证

（1）身份认证

申请身份认证的个人微博用户需要满足图4-12所示的条件。身份认证分为三步：补充基本信息，填写认证信息，邀请好友帮助。其中，在填写认证信息时，提供的认证材料上盖的章一定要清晰；在邀请好友帮助时，需要是已认证满3个月、开通辅助认证功能的橙V好友，并且好友辅助认证人数当月不能超过4人，总量不能超过50人。

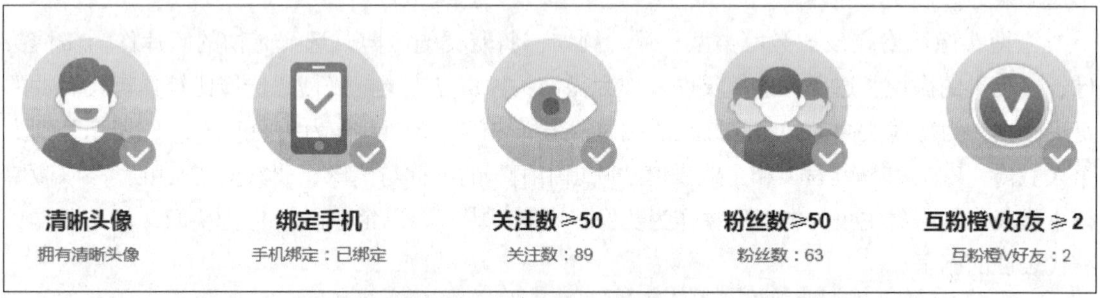

图4-12　身份认证申请条件

（2）兴趣认证

申请兴趣认证的个人微博用户要满足图4-13所示的条件。为达到兴趣认证的要求，用户可在个人的基本信息里添加想要认证领域相关的标签，关注相关领域的超级话题，在超级话题里坚持签到、发帖，再关注相关领域的知名微博博主，坚持每天发布相关领域微博。

图4-13　兴趣认证申请条件

（3）自媒体认证

自媒体认证是微博管理和激励微博自媒体作者的机制，它要求申请认证的微博用户有某一固定领域的持续贡献的内容，并且要达到一定的数据要求。其中固定领域是指用户所发布的头条文章或视频内容的归属领域，应该与用户申请认证自媒体所选择的领域相同，并且微博用户还要保持内容的发布频率。自媒体认证分为头条文章作者、视频自媒体和问答答主。头条文章作者要求在微博上有文章产出能力，并且以头条文章为主要内容；视频自媒体要求在微博上有视频产出能力，并且以视频微博为主要内容；问答答主要求在微博上有免费公开问答产出能力，并且以免费公开问答为主要内容。同时，内容要达到以下标准。

- **头条文章作者**。发布的头条文章数量不得少于20篇。
- **视频自媒体**。发布视频微博的数量不得少于20条，且视频中不能包含色情、血腥、暴力等内容。若微博用户发布的视频内容原创度较高，博主还会获得微博官方的资源扶持，就更容易认证成功。
- **问答答主**。发布的免费公开问答数量不得少于20条，且字数超过140字。

（4）“金V”认证

“金V”（ ）是个人微博账户中最具影响力的橙V账号，要求认证的个人用户粉丝数不少于1万人，月阅读量不低于1000万条。认证成功的金V账户不仅可以享受微博提供的服务，如专属客服、专属标识、专属权益（赠送会员、新功能体验）等，还能获得各渠道的热门推荐，增加账号的曝光率和关注度。一般带有“金V”标识的个人微博账号都是具有较高影响力的“大V”账号，如网络红人、知名作家等，如图4-14所示。个人微博用户“金V”认证成功后即代表自己拥有成为超级“大V”的潜力，更容易获得粉丝的青睐。

图4-14　“金V”账号

（5）超话认证

超话认证可与现有身份认证、兴趣认证、自媒体认证叠加。申请超话认证需要满足下面5项条件。

- 申请账户需有清晰的头像。
- 已绑定手机号。
- 完成身份验证。
- 申请账户粉丝数及关注用户数均大于等于50个。
- 担任超话主持人或小主持人的用户以及超话内等级至少为12级。

目前，超话社区不支持用户主动取消超话认证，当用户不再担任超话主持人时，超话认证将自动取消。

（6）故事红人认证

故事红人认证要求普通用户先申请故事原创作者认证，再升级为故事红人认证。通过认证的用户能获得涨粉资源，获得更多的曝光，拥有微博顶级活动的优先邀请特权。申请故事原创作者认证需近30天至少发布优质原创微博故事8条，微博粉丝达10万人或抖音、快手粉丝达50万人，并且积极参与主题活动，发布栏目化内容。

2．机构认证

机构认证也叫“蓝V”认证，认证成功的微博昵称后会有一个蓝色的**v**图标。能够申请机构认证的机构有企业、机关团体、政府、媒体、学校、公益组织等，这里以企业认证为例进行介绍。

申请企业认证的微博应准备好营业执照（副本原件的拍照或扫描件）和认证公函（加盖企业彩色公章）。企业认证申请成功后可拥有专属“蓝V”标识，可通过多种运营工具玩转粉丝经济，也可使营销推广更精准高效。

（五）打造微博运营矩阵

微博矩阵是指在一个大的企业品牌之下，开设多个不同功能定位的微博，与各个层次的网友进行沟通，达到360度塑造企业品牌的目的。微博矩阵具有多平台布点、多账号协作、一体化管理的特点，遵循对症下药、内部利用最大化、一个核心的原则。

对企业来说，建立微博矩阵，可以将不同定位的内容发布在不同账号上，使各个微博账号各司其职，避免信息混乱，定位不清。常用的建立微博矩阵的方法有4种，分别是按品牌需求进行建设、按地域进行建设、按功能定位进行建设和按业务需求进行建设。

- **按品牌需求进行建设**。大多数企业都拥有不同的品牌，不同品牌间可通过微博矩阵连接起来，同一微博矩阵中的微博可以互相引流，便于维护粉丝。如雅诗兰黛集团的品牌微博营销矩阵就有JoMaloneLondon祖玛珑、Clinique倩碧、LAMER海蓝之谜等，如图4-15所示。
- **按地域进行建设**。此方法常用于银行、网站、团购行业，便于企业进行区域化管理。如苏宁官方微博就根据地域建设了陕西苏宁、四川苏宁、重庆苏宁等微博子账号，如图4-16所示。
- **按功能定位进行建设**。根据微博账号功能的不同，可以建设不同的微博子账号形成微博矩阵，如苏宁官方微博不仅根据地域建设了子账号，还根据功能建立了苏宁快递、苏宁客服中心、苏宁易购用户体验等不同功能需求的子账号，如图4-17所示。
- **按业务需求进行建设**。公司业务较多的企业微博，可以直接根据业务需求建立微博矩阵。如腾讯公司就为其主要服务建立了微博子账号腾讯动漫、腾讯新闻、腾讯游戏，打造了覆盖面更加广泛的微博矩阵，如图4-18所示。

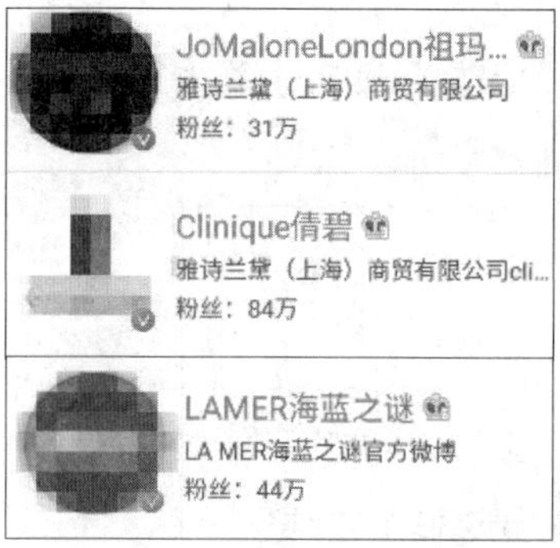

图4-15　按品牌需求进行建设

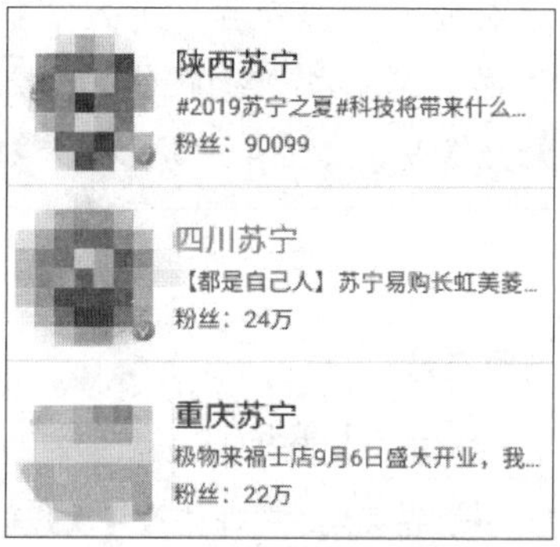

图4-16　按地域进行建设

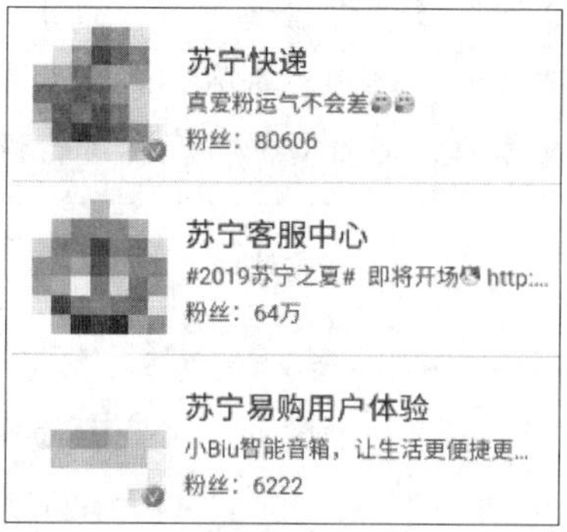

图4-17　按功能定位进行建设

除根据上述需求建立微博矩阵外，一些企业还根据高管、领导职务来建立微博矩阵，如小米公司以联合创始人、首席科学家、董事长、总裁等团队成员建立微博矩阵，如图4-19所示。

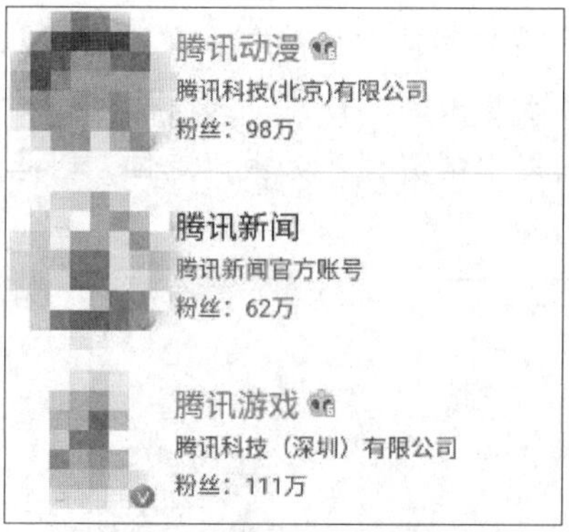

图4-18　按业务需求进行建设

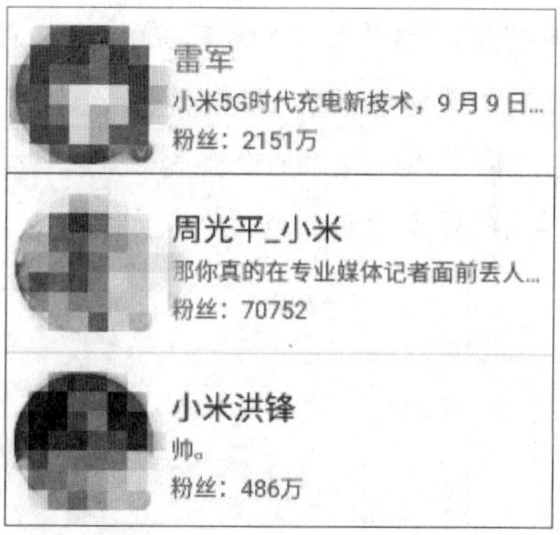

图4-19　以团队成员组成微博矩阵

这些子账号和微博主账号共同组成了企业的微博矩阵，当需要进行营销时，企业可通过有影响力的主账号或某个子账号的互动与造势打造热度。

三、任务实训

结合本任务所学知识，通过设置微博昵称、设置微博头像，对微博账号进行了解。

1. 实训目标

（1）掌握设置个人微博昵称的方法。

（2）掌握设置个人微博头像的方法。

2. 实训要求

为一个盘点中国男模的微博账号设置微博昵称和微博头像，掌握微博昵称和微博头像的设置方法。

3. 实训思路

步骤 01 设置个人微博昵称时，需要结合微博定位，在微博中搜索同类型的微博账号，避开高频昵称，使用体现个人风格的语言。本实训中，微博定位为“盘点中国男模”，则可以根据模特行业相关事宜设置昵称，如“国模男模照片集锦”“国模男模秀场集锦”“国模男模资料”等。在微博首页，单击微博头像或微博昵称，进入“我的主页”页面，单击“编辑个人资料”选项，进入“基本信息”页面，单击 编辑 按钮，进入“编辑”页面，单击“昵称”文本框，即可对微博昵称进行设置、修改，如图4-20所示。

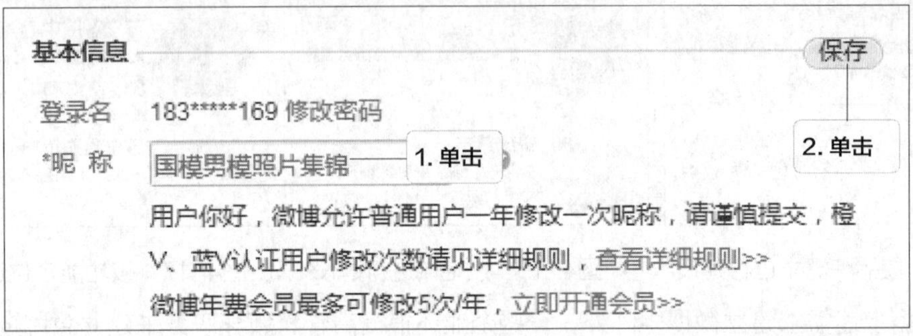

图4-20 设置微博昵称

步骤 02 根据微博昵称、微博定位，可在百度、搜狗等搜索引擎或手机相册中，搜索、选择合适的图片作为微博头像。在微博中，单击微博账号头像，打开“头像设置”对话框，单击 + 选择图片 按钮，即可修改、设置微博头像。本实训以中国男模作为微博定位，因此选择符合该定位的中国男模图片为微博头像，如图4-21所示。

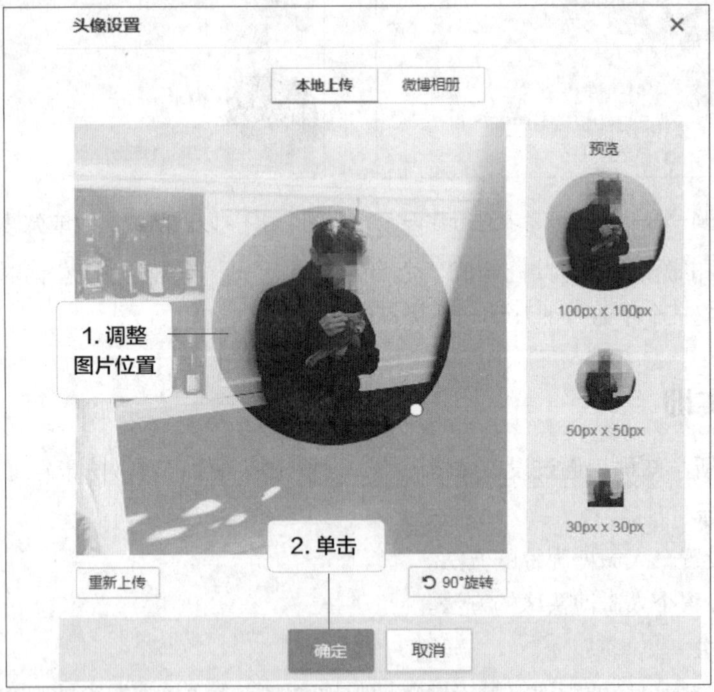

图4-21 设置微博头像

四、任务考核

填写表4-1的内容并上交，考查对本任务知识的掌握程度。

表4-1 任务考核

序号	考核内容	分值（100分）	说明
1	微博有哪些类型？怎么进行选择	50分	
2	微博设置包含哪些主要内容	50分	

任务二 微博内容运营

微博内容运营是指运营人员利用微博，采用文字、图片、视频等形式将信息友好地呈现在用户面前，激发用户参与、分享、传播的完整过程。微博内容运营是新媒体运营的重要组成部分，能吸引用户注意，为企业产品或品牌提升影响力。

课堂讨论

针对下列问题展开讨论。

（1）你常见的微博内容都有哪些形式？

（2）你可否总结出这些常见微博内容运营的技巧？

一、任务目标

在进行微博内容运营时，选择合适的表现形式，结合写作方法，巧妙运用运营技巧，可以提供满足用户需求的内容，吸引用户的目光，打造热度，提高运营效果。下面分别从微博内容的表现形式、写作方法、运营技巧3个方面对微博内容运营进行介绍。

二、相关知识

（一）微博内容的表现形式

在进行微博运营时，可根据不同的内容表现方式，选取运营技巧，发布微博内容。下面分别对短微博、文章、话题3种表现形式进行介绍。

1. 短微博

短微博是指可以直接通过微博首页文字输入框发布的内容。短微博发布的内容一般比较随意，不要求特定的内容与格式，可以是百字以内的随笔感悟，也可以是上千字的整理归纳等。如果希望短微博被关注和传播，则需要运营人员选择能吸引用户注意力的、引起用户共鸣的、有趣的、有创意的或真实的内容。图4-22所示即为引起用户共鸣、引发讨论的内容，图4-23所示即为有趣的内容。

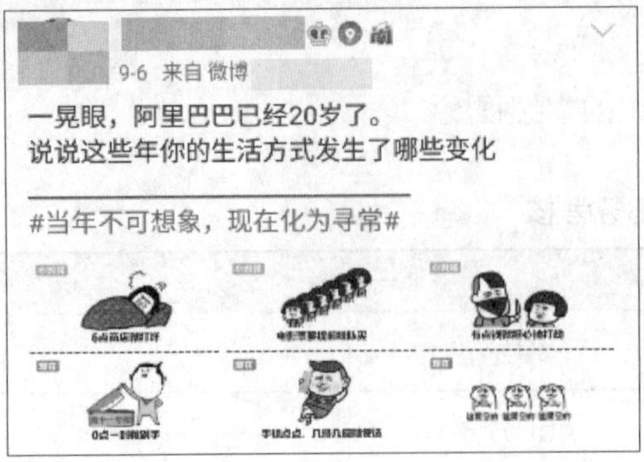

图4-22 通过引起用户共鸣、引发讨论的内容

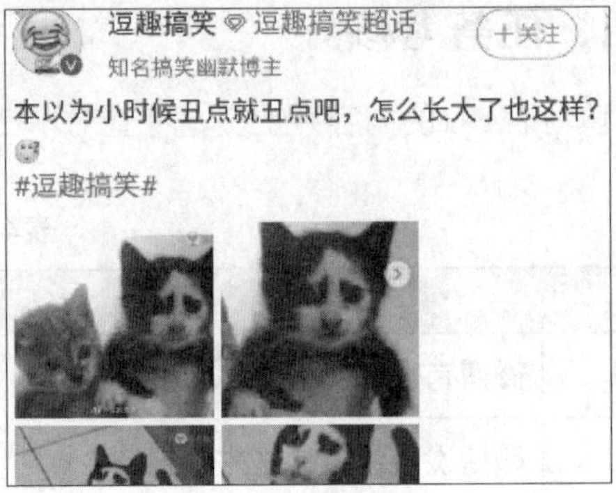

图4-23 有趣的内容

2．文章

文章即头条文章，是微博中的长文产品，拥有封面图、标题、导语、正文内容等元素，适用于短微博无法表述清晰或内容完整可独立成篇的情况。在推广时，头条文章能获得更多的推广，容易被更多用户看到，形成二次传播，因此能产生较大的影响力，提高文章的阅读数和互动量，如图4-24所示。

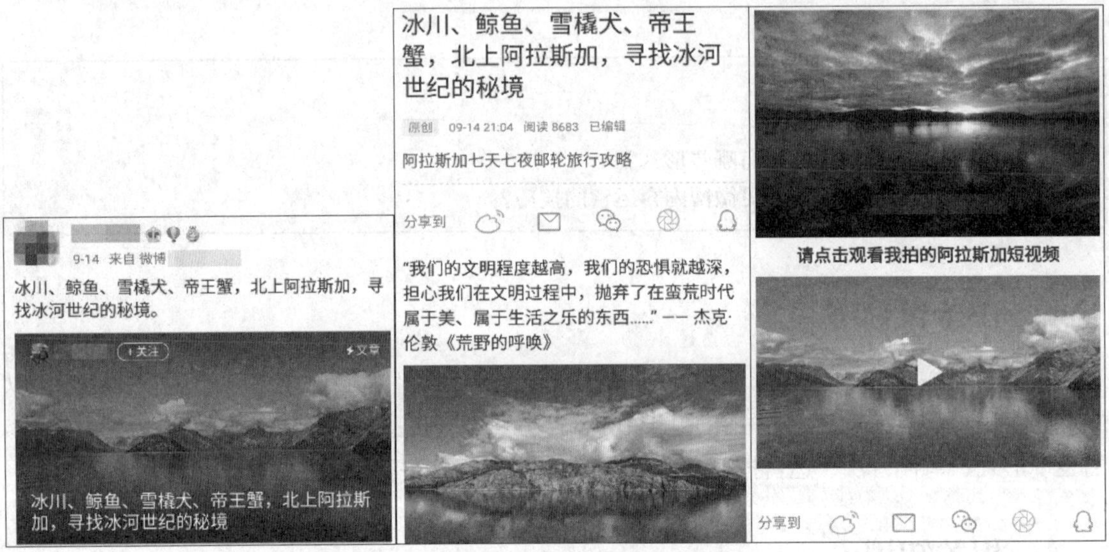

图4-24 头条文章

3．话题

话题指微博中围绕一个主题展开的讨论，一般以"#××#"的形式出现，是微博运营的一大利器。发布微博话题时，应该使微博话题的内容与微博主要内容保持一致，保证其能够引起用户的注意，让用户主动参与微博话题，提升微博话题的热度，增加微博话题的覆盖范围。在微博中，任何用户都可以发布微博话题，微博话题人气足够高时，还可以升级为超级话题，产生更广泛的传播效果，更有利于产品或品牌的推广。图4-25所示即为以话题为表现形式的微博内容。

图4-25　话题

专家指导

> **用户可以申请微博话题的主持人，当成为主持人后，就可以拥有话题的部分管理权限，可以对话题的基本信息、模块、内容、管理员进行管理。**

（二）微博内容的写作方法

为保证微博内容的吸引力，运营人员应掌握一定的写作方法，提升微博账号的影响力，打造品牌效应。下面将从微博的不同表现形式对微博内容的写作方法进行讲解。

1．短微博

短微博按微博内容可分为纯文字短微博和图文结合短微博，下面分别介绍短微博的写作方法。

（1）纯文字短微博

在纯文字短微博中，有价值的、发人深省的、容易让人产生认同感的、有趣的、有名的、有创意的、真实的内容更容易受到用户的欢迎，从而能够获得较多评论和转发。因此，想要利用纯文字短微博吸引用户的注意力，需要从用户的爱好和需求出发，结合故事、上新预告、寻求共鸣、话题讨论、购物分享、第三方反馈等进行展现。图4-26所示为纯文字的微博短文。

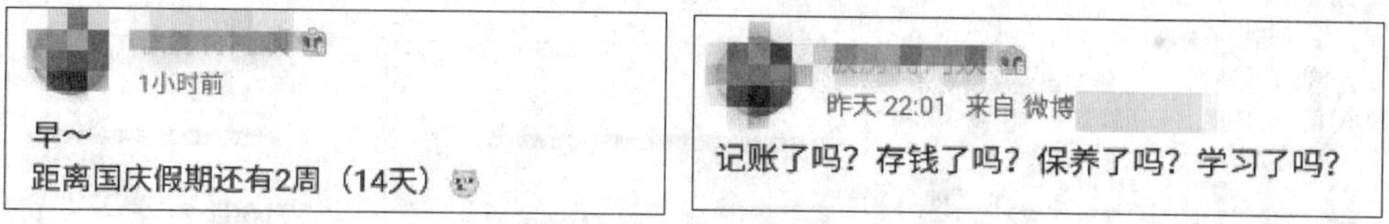

图4-26　纯文字短微博

（2）图文结合短微博

与纯文字短微博相比，图文结合短微博更加适合当代人的阅读特性。一般来说，图文结合短微博包括单图、多图（最多9张）和拼图（最多拼9张）3种形式，其图片可以是长图，也可以是动图。

图文结合短微博中，图片一般与短微博内容相匹配，可用作补充微博内容，或强调、说明微博文案。图4-27所示的微博搭配了一张对微博内容进行补充说明的图片。

除了为微博文案服务外，图片还可能是微博文案的主体。因为图片的表现能力更强，视觉效果也更佳。而大多数文案类图片，则只包含关键文案，其句子简练、可读性强，其中，以对偶句式最为常见，图4-28所示为文案式配图。

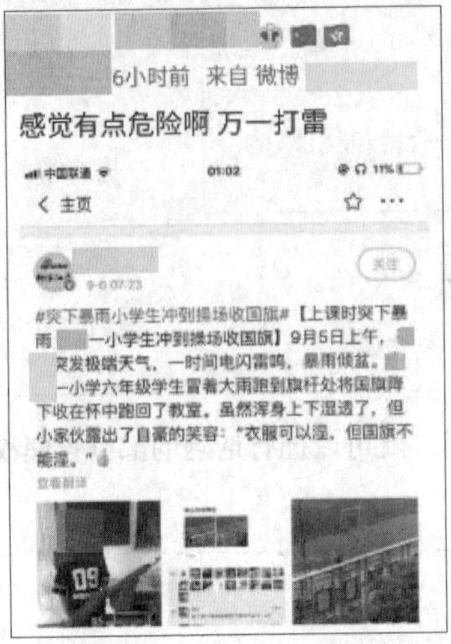

图4-27　补充微博内容

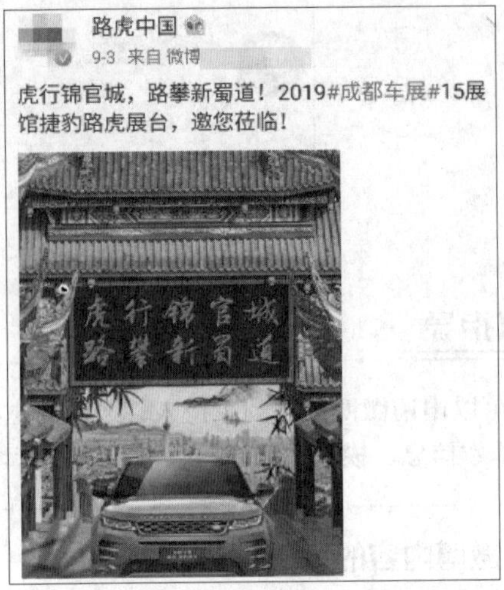

图4-28　文案式配图

在为短微博配图时，可使用漫画、壁纸、美景、人物等类型的图片，将主题简洁地表达出来，再结合幽默、夸张等元素给用户留下充分的想象空间，引起用户的情感共鸣，增强图片在用户心中的印象，使用户收藏图片，关注微博，留下良好的印象。

微博内容中的图片要与微博内容互相搭配，图片、内容都应该贴近用户，尽量简单浅显，在不表达太多信息的基础上，搭配合理的背景和色彩，突出图片主题；也可以结合一些网络热点，进行合理扩展。例如，喜茶发布的活动微博就以其热门产品啵啵冰与微博文案"大楼"相结合，以奶茶颜色同一色系的浅色为背景，既能体现微博内容的主题，又能引起消费者的购买欲望，如图4-29所示。

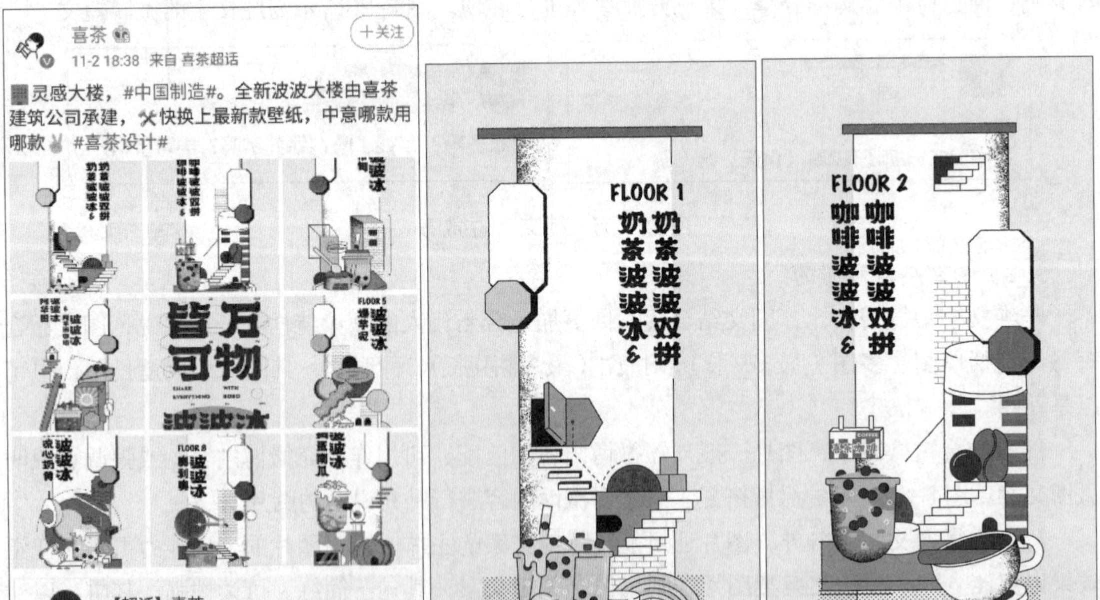

图4-29　喜茶宣传图片

2．文章

文章由于篇幅较长，所以包含的元素更多，其标题和摘要、正文内容、表达风格、排版设计等因素都会影响文章的阅读量。

- **标题和摘要**。头条文章中，标题和摘要是直接显示在微博中的，用户第一眼就可以看见的内容，只有标题和摘要能引起用户的兴趣，才能促使用户点开文章阅读正文内容，因此标题和摘要应该将能够提供的价值直截了当地表达出来，让用户可以快速做出是否阅读文章的决定。
- **正文内容**。正文内容必须是有价值的内容，且要与标题相呼应，不能使用户产生被标题“欺骗”的感觉。
- **表达风格**。表达风格与微博博主的个人写作风格有关，应该与用户的特点相呼应，可根据目标用户的喜好来调整。
- **排版设计**。排版质量关系到用户的阅读体验，一般应选择适中的字号，将标题、重要句子和词语等加粗显示，让文章的字体和字号产生对比；也可以添加一些图片、表情等，增加版面美观性，提升用户阅读体验，图4-30所示即为文章不同的表达风格和排版方式。

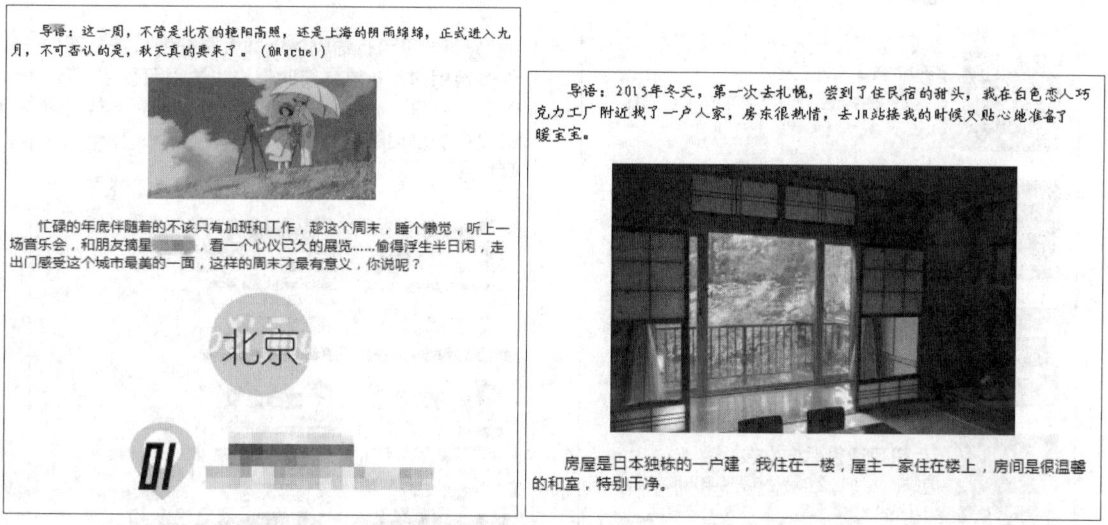

图4-30 头条文章不同的表达风格和排版方式

3．话题

话题可以是运营人员自己发布的，也可以是已有的热门话题。话题的写作可以利用微博的话题功能，也可以利用有热度、有讨论度、容易引发用户共鸣、激起用户表达欲望的信息，如话题榜中的话题：“班主任的八大经典口头禅”“90后失眠的原因”“什么时候知道舍友只是舍友”“内心戏丰富是一种什么体验”“第一次见到‘爱豆’是什么反应”等。其发布的方法也十分简单：只需在微博首页单击[# 话题]按钮，在打开的下拉列表中选择“插入话题”选项，并在“#在这里输入你想要说的话题#”文本框中输入话题即可，如图4-31所示。

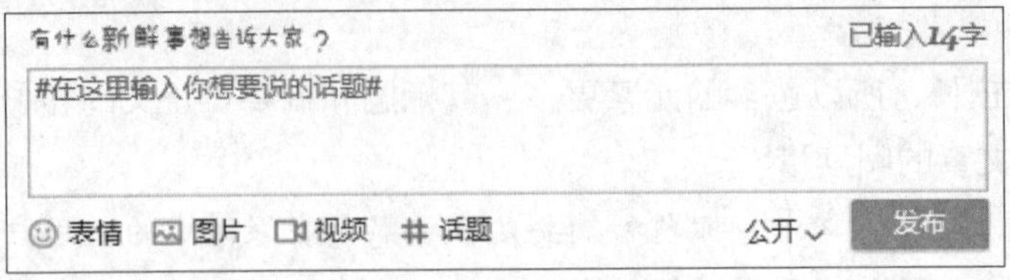

图4-31　发布话题

话题写作的关键是对于话题的选择，选择的话题有热度、输出的微博内容有深度，在运营微博时可以达到事半功倍的效果。一般来说，当下实时热点和微博热搜榜、微博话题榜中的内容都比较适合作为话题的切入点。如果没有比较合适的话题，还可以围绕企业主推关键词、活动或品牌来创建话题。

热门话题是具有庞大阅读量与讨论量且发展方向时刻受人关注的话题。运营人员可在微博话题榜中查看热门话题的实时排行，选取最容易与自己的产品或服务相结合的热门话题，点击话题名称进入话题页面，通过写一段与话题相关性较高的内容并带上该话题，就可以使话题本身的用户群体加入讨论与互动，增强信息的传播力度，如图4-32所示。

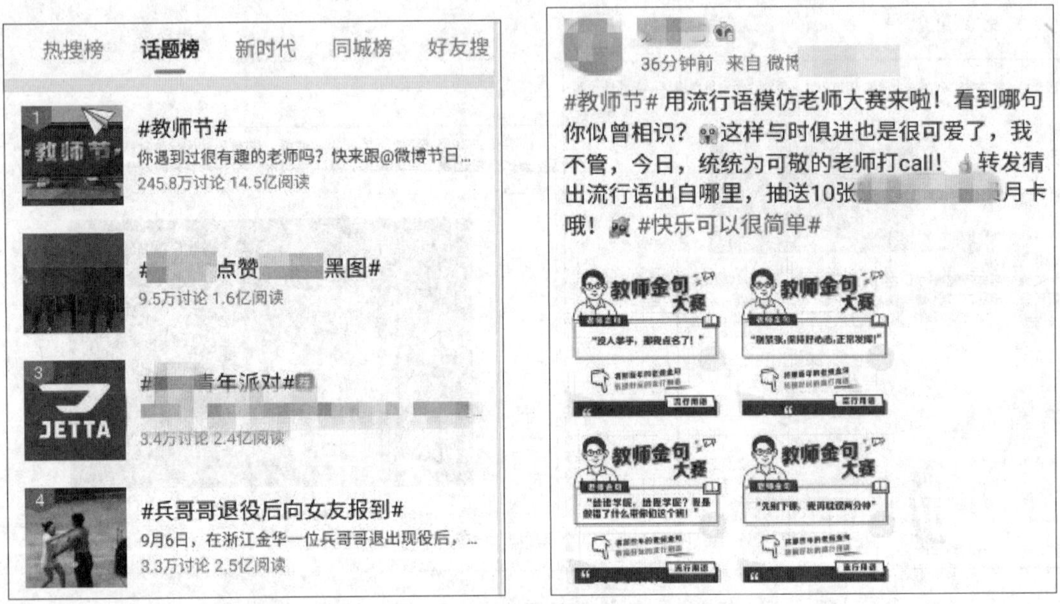

图4-32　热门话题

专家指导

在设置话题促进粉丝互动时，通常需要遵循几个基本原则：首先，话题必须有话题感，最好与用户的生活相关度较高，以充分引起用户的兴趣；其次，话题最好比较简单，便于用户快速回答；最后，话题不要与已有话题产生重复。

话题与微博一样，需要进行维护，以调动话题粉丝的活跃度，使用户积极参与话题讨论，提高话题的热度。在有条件的情况下，可以联合知名微博博主，借助微博博主的热度增加话题热度。

（三）微博内容的运营技巧

微博庞大的用户群体造就了新鲜事件、热门话题等的快速传播，因此在进行微博运营时，运营人员要充分利用微博覆盖范围广、传播速度快等优势，结合微博内容的运营技巧，提升内容的可读性，提升用户的阅读兴趣。下面将从建立微博素材库、把握发布时机、借势、巧用@功能、撰写原创微博内容5个方面对运营技巧进行介绍。

1. 建立微博素材库

做好微博运营的关键点之一就是建立素材库，以微博定位为基础，保持持续、有效的微博信息更新，有针对性地寻找与微博定位相匹配的内容。微博素材分为专业领域素材和热点话题素材，下面分别进行介绍。

- **专业领域素材**。专业领域素材指与微博定位匹配的内容，是用于吸引粉丝的主要内容，如娱乐微博的娱乐信息、科普微博的科普信息等。获取和整理专业领域素材的途径有很多，如在专业网站上寻找相关信息，阅读简书、豆瓣等网站中的专业人士的文章等。常见素材来源主要包括中国知网、万方数据知识服务平台、全国报刊索引数据库、中国互联网网络信息中心等。
- **热点话题素材**。热点话题素材指微博上传播广、影响力大的内容，知名度比较高的社会话题，不仅是各大企业或产品运营的首选素材，更是很多自媒体“大V”获取关注和吸引流量的主要手段。要获取热点话题素材，运营人员就必须多阅读、多观察、多分析网络上的热点事件和热点新闻。

2. 把握发布时机

微博内容的发布时机需要根据实际反馈和微博数据进行动态调整，并没有固定的时间段。根据调查，微博用户一般在上午9:30—12:00、下午3:30—5:30、晚上8:30—11:30较为活跃，因此，这3个时间段就是发布微博的黄金时段。

对在线用户的活跃程度排序可发现，晚上是活跃用户最多的时候，上午次之，下午最少。由于大部分企业晚上都不上班，所以运营人员可选择定时发送，即在PC端微博“我的首页”页面单击头像或昵称，进入“我的主页”页面，选择“管理中心”，单击“定时微博”按钮，如图4-33所示。

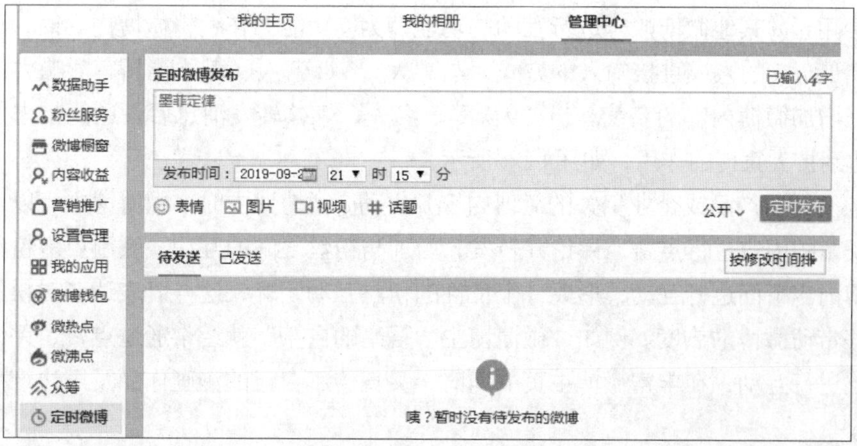

图4-33 定时发送

专家指导

使用定时微博时，可提前编辑最近七天要发布的微博内容。

3．借势

借势是指及时抓住广受欢迎的社会新闻、事件以及人物的名人效应等展开相关活动，达到提高企业或产品知名度、美誉度，树立良好品牌形象，促成产品或服务销售的目的。

运营人员可借助网络流行语、娱乐新闻、社会事件等热点编辑微博内容，也可以借助文化、节日等编辑微博内容。一次成功的借势可以节省人力、物力成本，成功将产品或品牌推进目标用户的视野，甚至引起裂变的病毒式传播效应。

借势名人或热门事件，是最简单的快速引发热度和关注的途径。例如，2019年9月OLAY借助开学季、军训季以及某当红名人的热度，抓住用户对暑期与新学期交替的不适、军训晒黑的焦虑的热点以及某名人的热度，在淘宝99划算节前为熬夜霜和小白瓶造势，如图4-34所示。

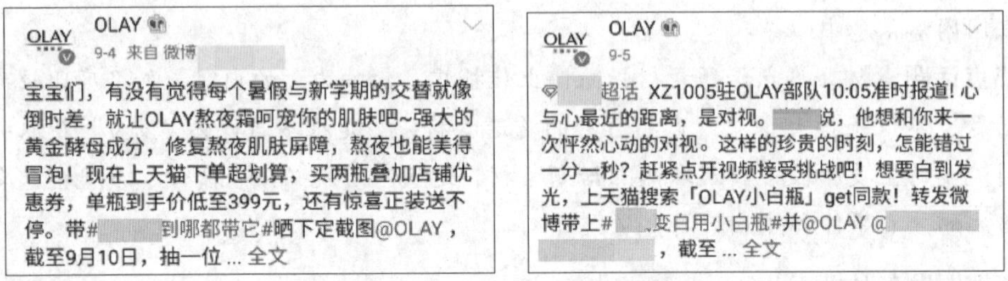

图4-34 OLAY官方微博

借势的关键有以下3点。一是关键点，即事件的核心点、产品或品牌诉求点和用户关注点之间的共同之处，找准关键点，才能引发用户的自主传播行为。二是用户心理防线，即用户心理需求与认知和微博内容之间的矛盾，打破用户的心理防线，使用户认同微博内容，产生购买欲望。三是差异，即产品或品牌与竞争对手的不同之处，与竞争对手产生差异，打造出自身产品或品牌的特色，有助于给用户留下深刻的印象。

4．巧用@功能

微博中用于@其他微博账号进行互动的功能即为@功能。在编辑微博内容时，可输入@符号，以选择最近@的人或直接输入的方式，与“大V”、名人、媒体等具有影响力的微博账号进行互动，增加微博内容的名气。当“大V”、名人、媒体转发消息后，还能带来他们的粉丝与流量，达到扩大宣传的作用，如图4-35所示。

当粉丝发布与产品或企业相关的微博内容并主动@微博博主时，微博博主可以对比较有代表性、高质量的内容进行点赞、评论并转发，增加与粉丝之间的互动，吸引更多粉丝到原微博博主的微博内容下面进行互动，形成一个良性的粉丝互动闭环，这样既表达了对粉丝发言的重视，又能够带动微博的热度。例如，微博博主“吾皇的白茶”就经常通过点赞、评论并转发的方式与粉丝进行互动，在丰富微博主页的同时，又宣传了自己的漫画作品及周边产品等，如图4-36所示。

图4-35　@名人的微博账号并被转发

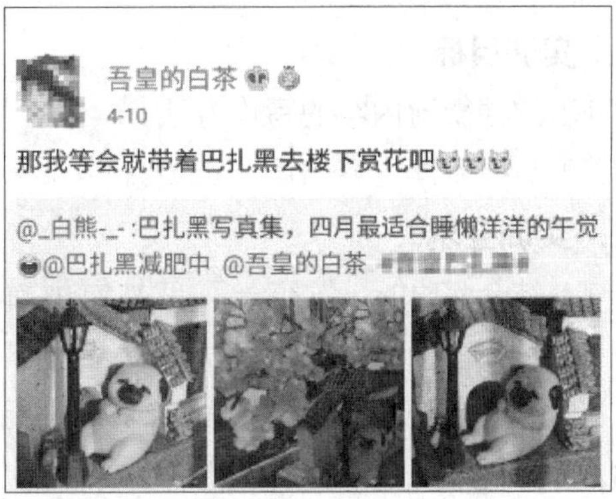

图4-36　回复并转发@自己的微博内容

5．撰写原创微博内容

发布原创微博内容，可以吸引微博用户的注意力，给他们留下深刻的印象，扩大微博账号的影响力。原创微博内容可从以下3个方面进行撰写。

- **分享生活**。微博内容可分享生活中发生的趣事、囧事、困扰等，如"10年不联系的初中同学，突然给我发微信，我该回吗"，微博用户分享自身遇到的事情，分享引起其他用户共鸣，引出其倾诉、答疑解惑的欲望，增加阅读量。
- **发布作品**。在微博上发布小说、随笔、漫画、照片、视频、手工等作品，图4-37所示即为微博博主发布的漫画作品。
- **发布教程**。在微博中发布与微博定位相符的图片、文字、视频教程，如美妆微博博主发布美妆教程，手工制作微博博主发布手工制作教程等，图4-38所示即为手工制作微博博主发布的月亮灯教程视频。

图4-37　漫画作品

图4-38　月亮灯视频教程

三、任务实训

发布宠物类短微博、文章、话题各一条。

1. 实训目标

（1）掌握微博内容的写作方法。

（2）掌握微博内容的运营技巧。

2. 实训要求

（1）结合@功能，发布一篇宠物类短微博并对其配图。

（2）发布一条宠物类话题。

（3）借势当前热门事件，写一篇宠物科普类文章。

3. 实训思路

步骤 01 通过咨询宠物相关事宜、注意事项等方式，在短微博中配上相应图片，并@知名宠物微博博主；或通过发布展示宠物的短微博，并@微博好友，如图4-39所示。

步骤 02 在微博首页自己插入话题，或利用已有话题、超话发布微博，如已有超话“喵星人”“萌宠那些事”“柴犬”等，如图4-40所示。

步骤 03 选择最近2~3天的热门事件，在百度百科中查找宠物资料，写一篇宠物科普类的文章，如“说好不哭，但我还是为主子流下了泪”。

图4-39 @微博好友的短微博

图4-40 利用已有超话“柴犬”发布的话题

四、任务考核

填写表4-2的内容并上交，考查对本任务知识的掌握程度。

表4-2 任务考核

序号	考核内容	分值（100分）	说明
1	微博有哪些表现形式	20分	
2	微博内容应怎么写	35分	
3	微博内容有哪些运营技巧？应如何使用	45分	

任务三 微博粉丝运营

在互联网时代，所有企业都在同一个大平台上竞争，大部分用户都会选择比较知名或比较了解的品牌进行消费，粉丝成为新媒体运营的重点，得粉丝者得天下。因此，微博运营只有拥有足够多的粉丝，才能在发布微博内容后，将其快速地传播出去，吸引更多用户。

课堂讨论

针对下列问题展开讨论。

（1）你的微博粉丝都是怎么获得的？

（2）你经营过与微博粉丝的关系吗？是怎么经营的呢？

一、任务目标

微博账号要想拥有足够多的粉丝，不仅需要吸引新用户，还需要维护老用户，只有经过长期的积累，才能拥有越来越多的粉丝。特别是对于有质量的粉丝，更是需要微博博主进行持续长久的运营。本任务将对微博粉丝的获取与维护分别进行介绍。

二、相关知识

（一）微博粉丝的获取

微博账号分为个人微博、企业微博等，其粉丝的获取也与账号类型有关系，不同的账号类型可采用的方法不同。下面将分别从个人微博与企业微博两个方面对微博粉丝的获取进行介绍。

1. 个人微博的粉丝获取

个人微博的粉丝获取很大程度上依赖于网络上的社交关系，主要有以下5种方法。

- **与同类人群互粉**。在微博上，存在很多拥有相同或相似爱好、对同一个事物感兴趣的群体，一些存在于群体中的用户会彼此吸引、产生共同话题、交流互动，从而互相关注（即互粉）。因此，在创建微博前期，可以加入自己感兴趣的群体，如话题、超话、微博群等，踊跃发言，融入其中，互相关注，再结合下述方法，进一步扩大微博的影响力，形成粉丝的自然增长。
- **外部引流**。外部引流是指将其他平台上已有的粉丝导入微博中，如豆瓣、知乎、抖音、百度知道、微信、QQ等，甚至可以在出版物上注明个人微博，引导用户关注。外部引流是非常直接且快速的积累粉丝的方法，且用该方法积累的粉丝质量普遍比较高，所以要利用好各种平台资源，形成一个完整的传播矩阵。
- **依靠微博内容增粉**。依靠微博内容增粉是指通过发布有价值的、有趣的内容来吸引用户。依靠微博内容增粉也可以结合微博内容的运营技巧来进行，如利用热门话题、借势等。图4-41所示即为发布有价值的内容，图4-42所示即为借助“最美赏月地”热门话题发布的微博内容。

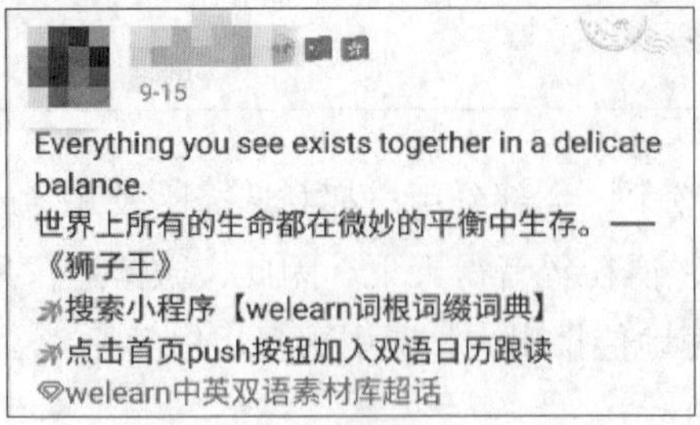

图4-41　发布有价值的微博内容

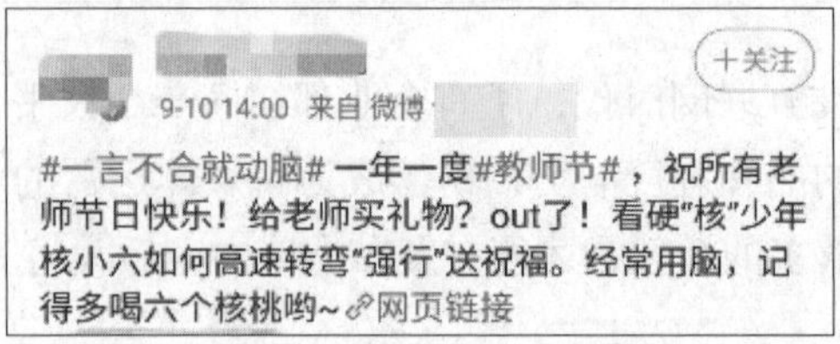

图4-42　借助热门话题发布的微博内容

- **活动增粉**。活动增粉是指通过举办一些有趣、有奖励的活动，吸引用户关注微博账号，传播微博内容。最常见的活动是关注转发抽奖、关注参与话题讨论、参与某某挑战等形式，图4-43所示即为微博上常见的关注+转发抽奖活动，图4-44所示即为OPPO的“全国防抖四级考试”活动。

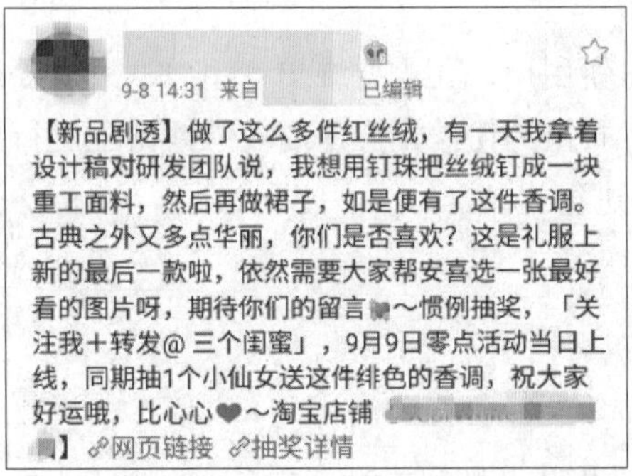

图4-43　常见的关注+转发抽奖活动

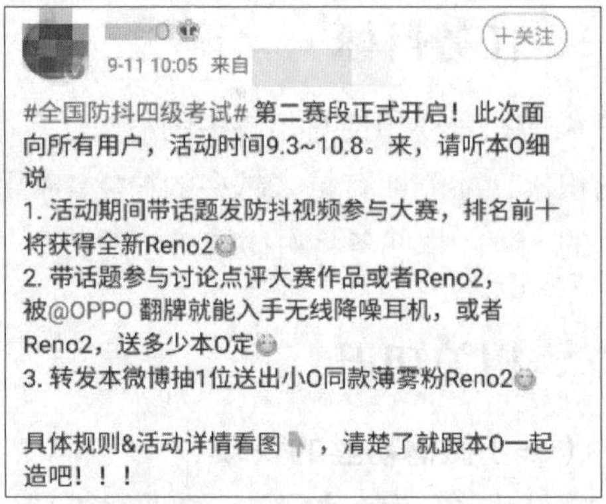

图4-44　OPPO的“全国防抖四级考试”活动

- **合作互推增粉**。如果微博账号的粉丝不够多，影响力就会不够大，吸引到的粉丝也会更少，因此，可以通过与其他同类型、相关类型的微博博主合作，联合各微博博主的影响力，扩大宣传范围。一般来说，应选择有影响力的微博合作，或者邀请网络“大V”互动，为合作双方带来利益，图4-45所示就是通过合作互推增粉。

图4-45　合作互推增粉

课堂讨论

你还记得自己刚创建微博的一个月的时候有多少粉丝吗？到现在你的微博又有多少粉丝呢？和身边的朋友讨论一下，这些粉丝都是怎么获得的，看看对方有哪些方法是值得借鉴的，你的方法又有哪些优势。

2．企业微博的粉丝获取

企业官方微博不具备个人微博的网络社交优势，在创建之初主要需要利用内部人员、已有用户等资源形成第一批粉丝，再通过积累起来的影响力吸引新粉丝。

- **内部推荐**。内部推荐就是让企业内部员工关注企业微博，以及通过使用一些奖励措施，激励员工发动人脉，增加企业微博粉丝。
- **合作关注**。这是指企业与合作伙伴进行沟通，双方利用各自的资源互相宣传和关注。
- **邀请已有用户关注**。企业在官方网站或其他电子商务平台网站为用户提供服务时，可以予以一定利益，吸引购买产品的用户关注微博，以便更好地为用户提供服务和优惠。
- **对外宣传**。这是指在公司网站、员工名片、各种印刷宣传品、媒体广告、行业展会，甚至在产品包装上添加官方微博的相关信息，邀请用户关注。
- **开展活动**。这是指设计一个微博活动，提供诱人的物质或现金奖励，吸引微博用户转发和关注。

专家指导

除了以上方法之外，企业官方微博也可以邀请有影响力的个人微博号，与其进行互动，以此提高微博的曝光度。

（二）微博粉丝的维护

在获取粉丝后，微博博主还需要对粉丝进行维护，才能使微博运营得更长久，使微博的活跃度更高，与粉丝间的黏性更好，传播力更强。下面将从与粉丝互动和粉丝维护的注意事项两个方面进行介绍。

1．与粉丝互动

与粉丝互动是提升微博活跃度非常重要的手段。粉丝越活跃的微博，传播力和影响力才会越大，展示给其他微博用户查看的机会才会越多。在微博上与粉丝保持互动的方式主要有4种，分别是评论、转发、私信和提醒。

- **评论**。评论是指直接在原微博下方发表看法或观点，可以供所有人查看。粉丝可以在微博内容下方发表自己的评论；微博博主则可以对时间早、内容精彩或有趣的粉丝评论进行点赞、回复，拉近与粉丝的距离，提高粉丝的积极性。
- **转发**。转发是指将他人的微博转发至自己的微博上。粉丝可以通过转发将自己喜欢的微博内容展示在微博中；微博博主也可以通过转发将粉丝评论的内容展示在微博中。
- **私信**。私信是一种一对一的交流方式，讨论内容仅讨论双方可以查看。
- **提醒**。提醒是指通过@微博昵称的方式，提醒用户关注某信息。微博博主可以对较有趣的提醒内容进行点赞、评论、转发，甚至私信。

除了微博博主与粉丝互动之外，还可以引导粉丝之间的互动，如微博账号“微博搞笑排行榜”就经常通过性别互换、游戏等方式，引导粉丝进行互动，如图4-46所示。引导粉丝之间的互动可以调动粉丝的积极性，保持粉丝的活跃度，但由于粉丝之间脾气、性格等各不相同，在发表看法时很容易发生争执，影响微博的氛围，此时微博博主不能直接介入争执中，否则会因处理粉丝情绪不当，造成粉丝流失。

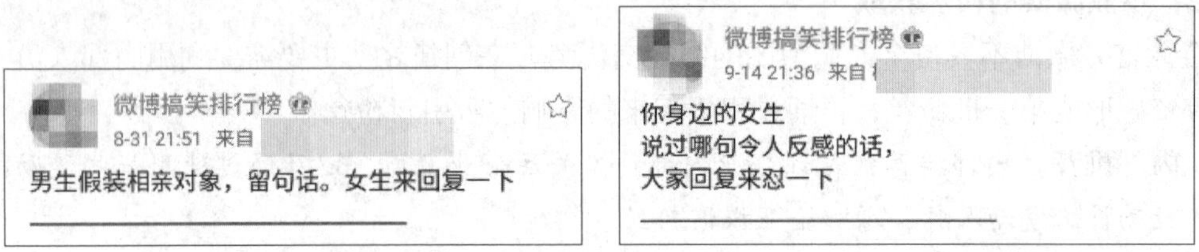

图4-46 粉丝之间的互动

课堂讨论

你的微博都关注过哪些微博博主，选 5 个你最喜欢的微博博主，谈一谈你关注他且至今未取消关注的理由。想一想你曾取消关注过哪些微博博主，思考这些微博博主从你关注之初到取消关注时，发生了什么变化导致你不再关注他。

2．粉丝维护的注意事项

学如逆水行舟，不进则退。微博粉丝的维护亦是如此，因此，在维护粉丝时，应注意以下4个方面的问题。

- **刷屏**。刷屏是指微博博主不断地发送微博内容。这些内容可能毫无意义，也可能是在不停重复同一主题。不管是什么形式、因为什么原因的刷屏，都有可能造成粉丝的反感，使粉丝取消关注。
- **微博内容无价值**。粉丝关注微博博主的原因是希望能获得知识、快乐、资讯等。如果微博博主长期发送无价值的微博内容，也会造成粉丝的流失。
- **频繁发广告**。微博有一定影响力后，就会有商业价值。微博博主适当地接商业广告，可以使粉丝感到骄傲；但频繁地发广告，会让粉丝产生厌烦心理，进而取消关注。
- **与粉丝观点相反**。粉丝关注微博的另一个原因是，认为彼此理念、观点相合；但当粉丝发现事实并非如此后，就会产生排斥心理，甚至引发其攻击行为。

三、任务实训

假设你是某小有名气的美妆微博博主，现要求你通过发布微博，在保持现有粉丝的基础上，一周内涨粉2000人。

1. 实训目标

（1）掌握获取微博粉丝的方法。

（2）掌握维护微博粉丝的方法。

2. 实训要求

（1）结合微博内容运营技巧和个人微博粉丝的获取方法，发布微博内容。

（2）在发布的微博内容下与粉丝互动。

3. 实训思路

步骤 01 选择3个知名美妆微博博主，分析其微博内容，总结经验，结合近期美妆类热点，如气垫、口红等，从其外壳、材质、颜色、使用感受、持妆度等各个方面进行测评，以视频、长图片、文章等形式发布。

步骤 02 将微博内容中测评的产品同款作为奖品，以关注并评论的形式，选择评论区不包括微博博主的前三名送出奖品；将微博内容转为图文内容，发布在微信、知乎等平台。

步骤 03 选较有针对性的粉丝评论进行回复，转发其中切题、能补充微博内容的评论；查看私信，对粉丝的疑问、困惑进行解答，对粉丝的鼓励、意见表示感谢。

四、任务考核

填写表4-3的内容并上交，考查对本任务知识的掌握程度。

表4-3 任务考核

序号	考核内容	分值（100分）	说明
1	获取粉丝的方法有哪些	50分	
2	维护粉丝的方法有哪些	50分	

拓展延伸

微博运营是现在主流的新媒体运营方式之一，个人微博与企业微博都需要对适合微博运营的企业和微博矩阵的模式进行了解。

一、哪些企业比较适合进行微博运营

对于企业而言，微博运营最主要的作用就是品牌传播和用户服务，因此活跃于微博且能取得不错效果的商家通常都是生活服务行业、从事电子商务的企业和销售范围比较广的企业。

- **生活需求品**。这是指服装、食品、日化用品、家居母婴用品、化妆品、珠宝首饰、文体书籍、家电数码、保健品、游戏娱乐等生活中使用频率比较高的，面向个人消费的商品等。
- **本地消费品**。这是指能够通过团购网进行消费的商品，如餐饮、医院等，包括一些全国连锁企业。
- **品牌推广**。这是指不利用微博提高销量，而主要进行品牌推广和社会服务的企业，如一些社会机构、公益组织、高校和政府机关等。

目前，微博运营做得比较好的企业都投入了大量的成本，甚至有专业的运营团队，因此，企业要想成功进行微博运营，分工细致的运营团队、专业敏锐的策划人员、实时互动的微博管理人员等都必不可少。

二、微博矩阵的模式有哪些

企业建立微博矩阵比较常见的模式主要有3种，下面分别进行介绍。

- **蒲公英式**。蒲公英式指由一个核心账号统一管理旗下多个账号，比较适合拥有多个子品牌的集团，如苏宁等。
- **放射式**。放射式是比较常见的一种模式，主要由一个核心账号统领各分属账号，分属账号之间是平等的关系，信息由核心账号放射到子账号，子账号之间信息并不进行交互，如腾讯等。
- **双子星模式**。双子星模式存在于两个或者多个核心账号中。例如，主打考研培训的上海韦林文化，开设了一个官方账号，其创始人的微博关注度也比较高，两个微博账号都会对公司产品进行宣传，形成了良性的互动。

实战与提升

通过本项目知识的学习，读者对下列问题展开讨论与练习，在巩固所学知识的同时，拓宽视野，进一步提高自己的能力。

（1）分析本项目中提到的企业微博“支付宝”“喜茶”和“OLAY”的特色。

提示：可结合这3个微博近一月发布的微博内容，从其常用的表现形式、微博配图、微博活动等方面进行分析。

（2）分析本项目中提及的个人微博“回忆专用小马甲”和“微博搞笑排行榜”，学习吸引、维护粉丝的方法。

提示：可对这两个微博最近半个月发布的微博内容进行分类，筛选出你认为能够吸引你的微博内容，对评论最多的十条内容，分析它是如何通过写作方法、技巧等吸引、维护粉丝的。

项目五

社群运营

学习目标

移动互联网和网络社交平台的不断发展，为社群运营提供了宽广的天地。个人或群体通过社群将具有相同爱好、特征的目标用户聚集起来，形成一个共同的兴趣圈，然后通过社群进行产品或品牌的推广，促成最终消费，产生收益。

学习导图

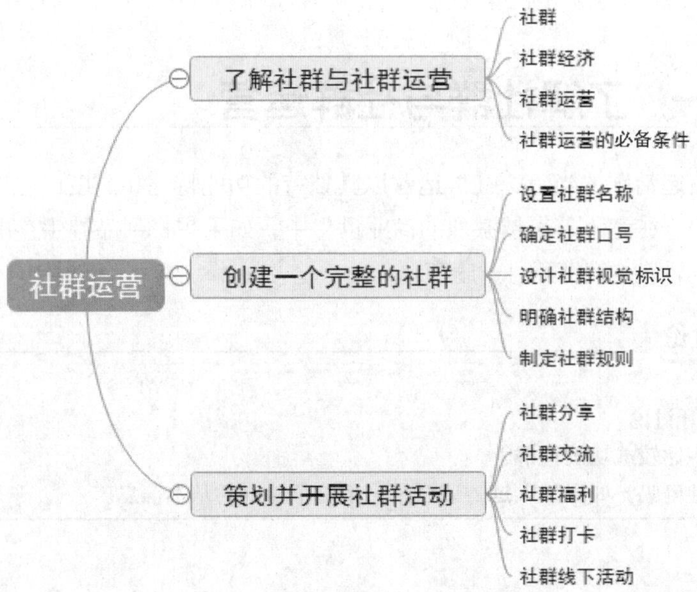

案例导入

电影《我不是药神》中，印度神油店老板程勇，与白血病人吕受益，在劝服上海六院病友群群主刘思慧——一个女儿患有白血病的单身妈妈，联合牧师老刘——会说英语的中间人后，将治疗白血病的药——格列宁通过上海所有病友群进行售卖，最后成立了销售小团队。

这个电影从运营的角度看，就是一个经典的社群运营案例。其中，程勇确定了社群建立的目的，即销售治疗白血病的格列宁；吕受益在体验效果后，成为产品的首批体验者与推广者；刘思慧不仅是病友群群主，还带来了更多的群主与群员，是社群运营的开拓者与意见领袖；牧师老刘则是病人的精神支柱，承担着分化者和活动策划者的角色。

电影给我们展示了用户带用户的社群运营方式：明确建立社群的目的；找到首批产品试用者，创建真实的产品效果实例；利用实例开拓销售渠道；寻找并确定有影响力的人，通过这个人举办线上线下活动，利用其影响力说服其他用户体验产品；通过已体验产品的用户真实的感受带动其他用户消费，形成良性循环。

【思考】

（1）通过案例思考：社群运营必备的条件有哪些？

（2）你认为社群中必须具备哪些角色？

（3）谈谈你所知的社群活动形式。

任务一 了解社群与社群运营

在新媒体运营日趋活跃的当下，社群运营以其独特的功能特性和高度自主性，成为连接用户与品牌的最快方法。在竞争越来越激烈的商业世界中，如果想找到品牌生存的机会，就需要利用好社群运营，为品牌推广打开另一扇窗。

课堂讨论

针对下列问题展开讨论。

（1）你知道哪些比较成功的社群？

（2）你加入过社群吗？如果加入过，请介绍一下这个社群的基本信息。

一、任务目标

社群运营是利用用户之间的口碑传播，通过已有用户的使用感受推广产品，吸引新用户试用，继而不断增加社群成员、壮大社群规模的一种运营方式。要想将一个社群成功运营起来，运营人员需要了解社群运营的相关知识。本任务将从社群、社群经济、社群运营和社群运营的必要条件4个方面进行讲解。

二、相关知识

（一）社群

社群是基于一个点、一种需求和爱好把志同道合的人聚集在一起，形成的一种关系圈子。一个运营良好的社群应该拥有稳定的群体结构、一致的群体意识和行为规范，以及持续的互动关系。互联网的便利性，让社群成员的沟通和信息的传达可以不受空间和距离的限制，这不仅方便了社群成员之间的沟通，也方便了运营者的管理。在社群中，社群成员之间可以通过交流了解彼此、培养感情；社群运营者可以通过发布指令、开展社群活动明确社群成员之间的分工协作，保持社群正常运转。

现如今提及社群，一般都指互联网上以QQ、微信、自主研发的App、小程序等新媒体平台为主所聚集的网络群体，如荔枝网、达人江湖商学院、果壳网等。然而，社群并不局限于此，在新媒体兴盛前，社群在社会学与地理学上的定义为：在某些边界线、地区或领域内发生作用的一切社会关系。因此，社群的形式是多种多样的，但不同社群所具有的特征却是相同的，下面分别进行介绍。

1．拥有志同道合的人群

拥有志同道合的人群是成立社群的前提。只有拥有足够多具有相同喜好、价值观的人，才能以相似的目标聚集成一个群体，继而发展为社群。例如，众多喜欢汉服的人，以交流汉服知识为目标，形成“××同袍活动群”社群。由于人的喜好、价值观、目标等各不相同，形成的社群也各不相同。

2．相同的组织架构

组织架构就是社群内由不同的社群成员和社群规则组成的社群框架，包括社群发起人、运营人员、管理人员、普通成员、组织人员、入群规则、奖惩制度等，是保证社群健康持续运营的重要因素。由于发展进程、规模、人数等的差异，不同社群的组织架构可能略有不同，如社群成立之初，它可能只有发起人、管理人员，运营人员、组织人员、社群规则等都需要后期进行补充。

3．有价值的内容输出

社群价值的输出是社群持续发展的重要手段。在进行社群运营时，可以通过邀请嘉宾、引导社群成员进行分享和交流、开展社群活动等方式来向社群成员输出有价值的内容，以保持社群的活跃度，提升社群成员的社群归属感，帮助社群成员成长，促进社群的发展。

4．建立高质量的子社群

目前，新媒体运营获取流量的成本越来越高，部分企业花费了大量资金引流，其运营效果却并不可观。而社群由大量喜好、价值观相同的社群成员组成，其运营成本相对较低，可以通过社群成员的口碑传播为社群带来更多用户。当社群发展到一定程度时，就可以从社群中挑选出管理人才，在他们的带领下创建子社群，通过复制已有社群的运营模式来进行社群的裂变，最终扩大社群的规模。子社群的数量、质量，也在一定程度上影响着社群的发展。

（二）社群经济

随着经济的发展，用户在满足基本的生理与安全需要后，开始追求情感和归属的需求，如附着在产品功能之上的口碑、文化、个人魅力、情怀等的需求。因此，企业可以通过塑造品牌口碑等方式，获取用户的信任，聚集认同企业文化、被企业魅力所吸引的用户，建立社群。通过社群成员之间的分享、交流，建立情感连接。

当社群发展到一定程度后，就出现了社群经济。社群经济是指通过社群达成交易，使产品和用户之间建立情感联系，通过产品和用户共同的作用，将三者联合起来，打造一个自主运转、自主循环的经济系统。如小米手机、锤子手机等产品的社群，都是汇集喜爱该产品的用户形成的社群，通过对产品的再运营，吸引更多用户关注，建立情感连接，培养成员的信任感，打造出鲜明的企业品牌，再将个人魅力和口碑附着在产品之上，为产品赋予独特的价值。

社群经济时代，粉丝是产生价值的关键性因素，而促成粉丝产生消费行为的关键则是其对品牌的信任和感情。因此，企业要重视将用户转化为粉丝，将粉丝转化为实际的用户。这就要求社群的内容对用户有吸引力，能够让用户自愿成为社群的成员，进而参与社群发布的一系列商业活动，甚至社群成员也会慢慢转变为社群产品的"生产者"。这就实现了社群经济时代用户向粉丝的转变，这也就是拥有大量粉丝的个人或企业更容易开展社群活动的原因。

（三）社群运营

社群运营是以社群和社群经济为基础，通过微博、微信、社区等新媒体平台，将拥有共同需求的群体联系起来，进而推销自身产品或服务所形成的一种商业形态。社群运营主要依靠社群关系，运营人员可以通过开展各种社群活动，使成员之间形成共同的目标和持续的相互交往，形成共同的群体意识和规范，扩大社群的影响力，增加社群的规模，使社群不断发展。

社群运转的前提条件是社群成员的参与度与创造力，因此，定期进行社群成员的更替是很有必要的，如替换不能为社群产生价值的成员，添加更多愿意为社群创造价值的用户，以保持社群的活力，让社群更长久地运营下去。社群的资源丰富且多样，运营人员可以通过社群成员之间的交流、互动，激发其创造力、组织能力，促使产品、服务、功能进一步完善，最终促进社群的发展。因此，也可以说社群运营是通过社群的自生长、自消化、自复制能力来实现运转，并以社群成员的创造能力为链条进行发展，并实现最终目的的。

（四）社群运营的必备条件

随着新媒体的发展，微信、微博等平台的竞争愈显激烈，因此，企业应吸引用户加入社群，通过社群打造产品或品牌的口碑，提高影响力。建立社群后需要对其进行运营，做好社群运营应具备以下4个必要条件。

课堂讨论

针对下列问题展开讨论。

你加入的社群，其成员活跃吗？你认为该社群是如何保证成员活跃度的呢？

1. 明确社群定位

做任何事情前，都应该先思考布局再行动，社群也是一样。在建立社群前，就应该想清楚为什么要做社群，社群的定位是什么。一般来说，社群定位可从价格、范围、品类、人群、规模等方面来思考。例如，建立某奢侈品品牌的社群，其定位就可以是高价、箱包、中端、大规模。此外，还可以从建立社群的目的来对社群进行定位，如客户服务、人脉积累、品牌打造等。

2．吸引精准用户

企业如果想取得更好的运营效果，就必须吸引精准的目标用户，通过对目标用户基础信息、观念、环境的分析，了解目标用户。了解用户与社群定位是相辅相成的，既方便了对社群进行定位，也有利于吸引精准的用户人群。

3．维护用户活跃度

社群需要依靠社群成员之间的关系来发展壮大，因此用户的活跃度对社群也存在着影响。为增加凝聚力，提升用户活跃度，运营人员可通过线上线下两种方式开展活动，如线上嘉宾、社群成员经验分享，线下节日、纪念日聚会等。

4．打造社群口碑

社群口碑的好坏影响着社群的宣传效果，拥有好产品、好内容、好服务的社群，其口碑经过积累、沉淀也会更好。因此，要打造良好的社群口碑，必须做好社群服务，让用户拥有更好的社群体验，在社群中感受到快乐并有所收获。

专家指导

随着社群经济的不断发展，社群数量越来越多，且越来越多样化，甚至出现了很多类型相似、定位相同的社群。在这种环境下，社群一定要有明显的个性标签，才能与其他同类型社群进行区分，同时将标签打造成社群的个性化特色，才能从众多社群中脱颖而出。

三、任务实训

分析果壳网社群的定位、用户等，了解社群运营的必备条件。

1. 实训目标

掌握社群运营的必备条件。

2. 实训要求

（1）通过在网上查找资料，如社群资料、创始人资料，了解果壳网社群。

（2）通过果壳网官方网站，了解该社群的定位、吸引的目标用户具有的共同特点。

3. 实训思路

步骤 01 在百度百科、知乎、百家号等平台搜索有关果壳网社群的文章、问答等，了解果壳网社群的基本信息，如创建时间、主要用户、创始人等。

步骤 02 浏览果壳网官方网站中不同板块的资料、文章等，了解果壳网社群的定位，了解该社群吸引的目标用户具有的共同特点。

四、任务考核

填写表5-1的内容并上交，考查对本任务知识的掌握程度。

表5-1 任务考核

序号	考核内容	分值（100分）	说明
1	简述社群和社群经济	50分	
2	简述社群运营的必要条件	50分	

任务二 创建一个完整的社群

进行社群运营前，必须先建立一个完整的社群，在拥有一定数量的粉丝后，再完善社群结构、管理和运营社群。在保证社群持续性输出能力时，不断为成员创造价值，使成员之间建立坚实的感情联系和信任关系，形成自运转、自循环的经济系统，让社群持续壮大，通过复制，分化出更多的社群。

课堂讨论

针对下列问题展开讨论。

（1）如果让你创建一个社群，你会怎样给社群命名，会给社群确定一个什么样的口号？

（2）思考你曾遇到过的社群口号、Logo 是从什么角度进行设计的。

一、任务目标

创建一个完整的社群，需要对社群的名称、口号、视觉、结构、规则等进行设置，使社群成员认可社群的价值观，产生认同感，从而在社群中创造价值，达到社群运营的目的。本任务将对设置社群名称、确定社群口号、设计社群视觉标识、明确社群结构、制定社群规则等进行介绍。

二、相关知识

（一）设置社群名称

社群名称是用户对社群的第一印象，是用户了解社群的首要途径。社群成员可以通过社群名称进行社群品牌的传播和宣传，吸引更多具有相同爱好和价值观的用户成为社群的新成员。设置社群名称是建设社群的首要任务，其方法主要有两种，下面分别进行介绍。

- **从社群的核心构建点来命名。**社群的核心构建点是形成社群的主要因素，也是社群区别于其他社群的核心竞争力。如以社群灵魂人物构建的社群就常以社群灵魂人物为延伸来取名（罗辑思维的罗友会）；以产品为延伸来命名，如小米手机的“米粉”群等；以服务为延伸来命名，如定位为健康社交的员方瑜伽等。这种以社群核心竞争力为延伸来命名的方法不容易让新用户识别，适合已经拥有大量粉丝的社群。
- **从目标用户的需求来命名。**根据目标用户群体的需求，在社群名称中加入能够吸引用户的关键词，方便用户辨认和识别，如××健身交流社、××英语学习群等。

两种取名方法各有优缺点，可结合这两种方法来取名，既方便用户辨认，又能够突出其核心竞争力，如秋叶PPT等。需要注意的是，社群名称应遵循定位精准、适宜传播、简单明了的原则，切忌出现生疏冷僻词汇、使用宽泛词汇、频繁改名。

（二）确定社群口号

社群口号指社群用于宣传的广告口号或标语，可以是一句话或一个短语，最好能令人印象深刻，具有特殊意义。社群口号在社群运营过程中，可以起到宣传品牌精神、反映社群定位、丰富成员联想、使社群名称和标识清晰的作用。一个好的社群口号，应该能代表社群的价值观，能聚集同好，体现社群定位，方便用户记忆、传播，并体现社群的精神追求。社群口号的确定可从以下3个方面进行。

- **功能特点**。通过一句话来描述社群的功能或特点，简洁且直观，非常容易让用户理解，如“互帮互助，学好PPT”“每日分享，读懂那些你来不及读的书”等。
- **利益获得**。直接以社群能够带给用户的利益作为口号，可以吸引对该利益感兴趣的用户，并使用户为了该利益而不断为社群做出贡献，如温州运动汇社群的口号是“温州运动汇，汇运动和健康于一身”。
- **情感价值**。以精神层面的情感价值作为社群口号，可以吸引认可社群价值观的用户群体。这种精神层面的追求往往具有一定的延伸性，不仅能够吸引更多志同道合的社群成员，还能对社群品牌和定位进行宣传，是社群口号更高层次的追求，如南极圈社群的口号“做对腾讯人最有用的圈子”。

社群口号可以随着社群的发展，结合社群特点适当进行调整。一般来说，社群在建立的初期常以功能特点、利益获得作为社群口号的出发点，以快速吸引用户加入社群，占据市场领先地位。而发展到一定阶段的社群或具有一定成熟度的社群，则会根据社群已经具有的知名度，从情感价值方面确定社群口号，以占据市场中的竞争优势地位，增强自己的核心竞争力。

（三）设计社群视觉标识

社群视觉标识即为区分不同社群的标识元素，如Logo、徽章等，一般在社群名称、社群口号的基础上进行设计，可作为线上线下活动的标识物，用于聚集社群成员。

社群视觉标识中，最具代表性的就是社群Logo。在设计社群Logo时，可直接在社群名称的基础上，改变字形、添加社群定位等，如图5-1所示，正和岛社群Logo即将社群名称中“和”字的右边改为太极图案，并添加了社群定位；也可以将视觉标识设计为与社群名称相关的事物，如图5-2所示，萤火读书社社群Logo就是根据社群名称，设计为萤火虫与灯光的结合；视觉标识还可以结合社群名称与社群定位来进行设计，如图5-3所示，南极圈社群Logo既结合了社群名称的“圈”字，又结合了“腾讯离职员工”的定位，化用了腾讯公司Logo中的彩色圈。

图5-1　正和岛社群Logo

图5-2　萤火读书社社群Logo

图5-3　南极圈社群Logo

此外，社群Logo还可结合社群的核心人物、企业Logo、社群理念的卡通形象等进行设计。对于规模较大的社群来说，其子社群Logo，可根据主社群Logo，通过增加地域标识等方法进行设计，以保持社群Logo风格的一致性。

在社群Logo的基础上，社群可以设计并制作其他的视觉元素，如邀请卡、胸牌、旗帜、纪念品等，以用于社群各种线上线下活动的开展，图5-4所示的桔子会线下活动合影中的旗帜，就是根据图5-5所示的桔子会社群Logo设计的。

图5-4　桔子会线下活动合影

图5-5　桔子会社群Logo

（四）明确社群结构

由于社群成员之间拥有的特质各不相同，因此，社群存在着多样性，社群成员在一个结构良好的社群中也被分为社群创建者、社群管理者、社群参与者、社群开拓者、社群分化者、社群合作者、社群付费者7种角色，下面分别进行介绍。

1．社群创建者

社群创建者是社群的初始创建人，一般为具有人格魅力、专业技能、出众能力的人，具有一些吸引用户加入社群的特质，能够对社群的定位、发展、成长等进行长远且正确的考虑。如南极圈社群是因潘国华拥有互联网领域精英的人脉资源而聚集起来的；桔子会是因廖桔为社群商业模式第一人而形成的；正和岛则是因创建者刘东华先生长期以企业家为主体的决策人群服务，能洞悉企业家的核心需求，并以健康的价值观和善于对结果负责的能力赢得了决策人群的深度信任而建立的。

2．社群管理者

社群管理者就是社群中负责管理各项事务的人员，与企业中的管理者类似，如总经理、行政主管、行政组长等。社群管理者应具备良好的沟通、协调、决策与执行能力，拥有大局观，能公正严明、以身作则。由于社群的特殊性，社群管理者大多要求在线上完成工作，无法与社群成员面对面沟通，因此这对社群管理者应变能力的要求也非常高。

在一个成熟的社群中，应拥有完整的管理团队，通过不同层级的管理员对不同方面的任务和内容进行管理。管理团队中一般包含以下5种层级。

- **总管理**。负责整个社群的管理，对社群发展过程的所有事宜进行决策，可决定社群的发展方向与发展规模。
- **副管理**。负责社群数据的统计，辅助总管理进行社群管理，处理管理组长相关事宜。
- **管理组长**。副管理所属的下层管理人员，主要负责社群的质量管理，包括社群活跃度、社群聊天、社群发言质量等具体事项的管理。

- **管理人员**。最基层的社群管理者，主要负责社群基本事务的管理，如社群成员打卡统计、新成员昵称提醒、群内容分享等，并在定期总结后向管理组长汇报。
- **管理助手**。负责为总管理或副管理整理相关的事物，类似于公司中的秘书一职，可由管理人员兼任或不设。

社群管理者可在低层成长后，通过考核，从管理人员晋升至管理组长，从管理组长晋升至副管理。社群管理员在确定后就应稳定下来，不应轻易变动，以免影响社群结构的稳定，造成社群成员的流失。当社群规模足够大时，应建立社群管理者群，定期进行工作汇报，促进社群的健康发展。

3．社群参与者

社群参与者即社群中的普通成员，其风格可以多样化，但要能参与到社群活动和讨论中。引入多种风格的社群参与者往往能激发社群的活跃度，提高社群成员的参与热情，保证社群健康长久地发展。例如，引入性格活泼的社群成员可以调节社群内的气氛；引入行业内较有影响力的人可以使社群成员踊跃发言，提出疑问、相互讨论，并得出答案等。

4．社群开拓者

社群开拓者是社群的核心发展力量，必须具备能谈判、善交流的特质。社群开拓者可在不同平台对社群进行宣传和交流，为社群注入新鲜血液，并促成社群的各种商业合作。

5．社群分化者

社群分化者是社群大规模扩张的基础，指能将建立的社群发展起来，成立子社群的人群。社群分化者一般具有非常强的学习能力，能够深刻理解社群文化并参与社群的建设，是社群裂变的关键性人员。

6．社群合作者

社群合作者是与社群彼此认同、理念相同、具备等同资源，以达成互惠互利的企业或组织，其与社群的关系可以是资源的互换、经验的分享、财力的支持等。

7．社群付费者

社群付费者就是通过缴纳一定的费用加入社群的成员，能为社群的发展提供资金支持，能积极参与到社群的活动中去，保证社群的活跃度。

（五）制定社群规则

要想保证社群的长期发展，就需要制定与社群定位相符的规则，约束社群成员的行为，并在实际运行中对规则进行验证与完善。根据社群运营的不同阶段，社群规则可分为引入规则、日常规则、激励规则和淘汰规则4种。

社群规则的设计要点

1．引入规则

一个社群想要快速发展，就必须吸引用户加入社群，使其成为社群成员。为保证社群的顺利发展，在引入社群成员时，必须设立一定的门槛，淘汰掉不符合规则的人群，避免运营后期出现大量不活跃成员。一般来说，社群成员的引入规则主要有5种方式。

（1）邀请制

邀请制是指通过群主或管理员邀请他人加入社群，使其成为社群成员，适用于规模较小或专业领域较强的社群圈子。邀请制社群对社群成员的能力要求较高，并可能有一些附加的条件，成员必须在群中体现出自我的价值。这种社群引入规则可以在社群创建之初就保证社群的质量，使社群始终高效、有序地运转，但由于要求较高，社群成员的数量一般不会太多。

（2）任务制

任务制是指某人必须完成某项任务才能成为社群的成员。任务制社群受其社群的规模、性质等的影响，任务的难度有高有低，如一些规模较大的社群可能将填写报名表、注册会员、转发集赞等作为考核任务，而一些专业性较强的社群则可能将提供作品、证书等作为考核任务。

（3）付费制

付费制是指支付社群规定的费用后成为社群成员，如桔子会的VIP会员需要支付3.6万元的会员费用。不同社群的费用不同，社群可根据其定位与资源来进行定价。一般来说，收费越高的社群，质量也越高。

（4）申请制

申请制是指用户通过社群发布的公开招募信息，投递简历，经过书面、视频面试等步骤，成为社群成员。这种引入规则要求申请者具备一定的才能，才能在众多竞争者中脱颖而出。

（5）举荐制

举荐制是指通过群内成员的推荐成为社群成员，适合于知识型或技能型的社群，但群内成员的举荐名额一般都有限制。这种引入规则，要求推荐人事先向被引入者介绍社群，新成员才可以更好地融入社群中。而当被引入者遇到问题时，推荐人也会因为责任，率先帮助被引入者解决问题。举荐制方便了社群的管理，减少了社群管理者的工作量，提高了工作效率。

2. 日常规则

日常规则是指对加入社群的社群成员的日常行为的一系列规范，一般展示在群公告中。日常规则一般包括名称规则、交流分享规则和其他规则3个方面，下面分别进行介绍。

（1）名称规则

名称规则包括社群命名规则和社群成员命名规则。好名称、符合要求的名称能树立社群规范、正面的形象，加深社群成员之间的互相了解。

- **群命名规则**。对拥有很多子社群的大规模社群来说，将社群名、群主名、归属地和序号等组合成群名称，可以方便新成员快速了解社群结构，一般有社群名+序号、群主名+序号、社群名+归属地+序号等模式，如×××1群、×××2群。
- **群成员命名规则**。为方便其他成员辨识与了解，刚加入社群的新成员应根据入群规则修改群成员名称。群成员名称一般包含身份、昵称、序号、归属地等元素，常以序号+身份+昵称、序号+身份+归属地的模式出现，如17+群主+秋秋、23+群主+苏州。

（2）交流分享规则

交流分享规则可以保证社群良好的沟通和交流，促进信息的传播，加强社群成员的互动，提高社群活跃度，促进社群发展。其中，交流规则必须包含交流时间、交流格式、交流礼仪、交流疑问解决、交流争论解决、交流处罚、投诉渠道7个方面的内容。分享规则必须包括分享过程疑问解决、分享处罚、分享争议讨论、分享礼仪4个方面的内容。

（3）其他规则

其他规则是指社群日常运营中可能遇到的其他问题的行为规范，如对通过社群添加个人好友、社群意见反馈等行为的规范。

3．激励规则

设置恰当的激励规则，可以提高社群成员的活跃度、参与度，增加社群的凝聚力。社群激励规则一般包含考核规则和奖励规则两个部分。

- **考核规则**。对社群成员的相关行为进行考核，可结合日常规则使用积分制度，将社群成员的行为通过积分的形式展示，定期进行考核，如积极参与社群活动积3分，在社群活动中积极互动积1分等。
- **奖励规则**。对考核成绩优秀的社群成员进行奖励，其形式可以是现金、物质、优惠等，如考核排名第一的社群成员，赠送一张限时一年的满500减50优惠券等。

4．淘汰规则

随着社群的发展，为保证社群成员的质量，应对社群成员进行选择，将活跃度不高、不利于社群发展的成员淘汰，留下对社群有贡献、积极参与社群活动的成员。社群淘汰规则有3种方法，分别是人员定额制、犯规剔除制、积分淘汰制。

- **人员定额制**。人员定额制是指将社群成员人数限制在固定人数内，如150人。当人数达到限额时，则剔除一些活跃度、参与度都比较低的成员，以保证社群始终处于活跃状态。
- **犯规剔除制**。犯规剔除制是指将违反社群规则的社群成员淘汰掉，如剔除发布煽动性言论、引战言论、垃圾广告的成员。为保证社群的正常秩序，可根据犯规次数及程度设置不同惩罚，如对首犯且程度低的社群成员予以警告，将屡教不改或程度重的社群成员剔除等。
- **积分淘汰制**。积分淘汰制是指对社群成员的行为给予积分奖励或惩罚，设置积分标准线，定期统计成员积分，将积分不足的成员剔除，重新引入新成员。

三、任务实训

实训一：设计社群口号、视觉标识

你的好朋友是学校篮球队的主力，他建立了一个篮球爱好者的QQ群“××大学城篮球交流群”，意在交流篮球心得，现需要你为他设计一个合适的口号和Logo。

1. 实训目标

（1）掌握确定社群口号的方法。

（2）掌握设计社群视觉标识的方法。

2. 实训要求

（1）从功能特点、利益获得两个方面思考社群口号。

（2）围绕社群名称、社群口号设计社群Logo。

3. 实训思路

步骤 01 从“交流篮球心得”的定位出发，从描述社群的功能特点、能够带给用户的利益两个方面设计社群口号，如“分享篮球技巧，共同成长”“学会更多的篮球技巧”等。

步骤 02 根据社群名称“××大学城篮球交流群”，可将社群Logo设置为以篮球作底图、“××大学城篮球交流群”文字围绕或覆盖的样式。

实训二：制定社群规则

为实训一中的QQ群设置日常规则和淘汰规则。

1. 实训目标

（1）掌握制定社群日常规则的方法。

（2）掌握制定社群淘汰规则的方法。

2. 实训要求

（1）从群名称、发言、问题、争论、投诉等方面制定社群日常规则。

（2）以犯规剔除制制定社群淘汰规则。

3. 实训思路

步骤 01 查看加入的QQ群、微信群的群公告，结合曾在群中交流时遇到的状况，制定日常规则，如“新成员请将群名称改为‘××大学+年级+姓名’的格式”“文明发言，出现不同意见可到球场上共同探讨，不允许群内争吵、人身攻击，发现违规者，可通过@或私聊管理员进行投诉”。

步骤 02 借鉴其他社群的淘汰规则，结合你认为可能出现的状况，制定淘汰规则，如“群内争吵者，第一次予以提醒，第二次予以警告，第三次禁言惩罚（依轻重，1~24小时不等），第四次移出本群”。

四、任务考核

填写表5-2的内容并上交，考查对本任务知识的掌握程度。

表5-2 任务考核

序号	考核内容	分值（100分）	说明
1	简述社群口号的设置技巧	20分	
2	简述社群视觉标识设计的方法	15分	
3	简述对社群管理员的要求	20分	
4	简述社群规则的类型	45分	

任务三 策划并开展社群活动

成功创建社群后，要想其健康持续地发展下去，就必须进行适当的运营，策划并开展一系列社群活动，保持社群的活力和生命力，加强社群的活跃度和凝聚力，培养社群成员的黏性和忠诚度，使社群成员有意识地发展社群，扩大社群规模，增强社群影响力。

课堂讨论

针对下列问题展开讨论。

（1）如果你加入了某个社群，那么你希望社群能为你提供哪些福利？

（2）介绍一个你参加过或了解的社群活动，并说明了解这个社群活动的渠道。

一、任务目标

社群活动是活跃群内气氛的重要手段，具有多样化的表现形式，常见的有社群分享、社群交流、社群福利、社群打卡、社群线下活动等。本任务将对常见的社群活动表现形式分别进行介绍。

二、相关知识

（一）社群分享

社群分享是指向社群成员输出知识、心得、体会、感悟等有价值的内容，或社群成员之间围绕某一话题进行讨论的行为。社群分享是常见的社群线上活动，能调动社群成员的积极性，为社群创造内容输出，吸引更多的新成员，为社群发展保驾护航。

1．分享类型

社群分享一般包括灵魂人物分享、嘉宾分享、内容成员分享和总结分享4种，其具体内容如下。

- **灵魂人物分享**。由具有极高威望的社群灵魂人物进行分享，适用于金字塔结构的社群。
- **嘉宾分享**。邀请社群外的其他专家或红人进行分享，要求社群有足够的吸引力或资金。
- **内容成员分享**。社群成员自身进行信息的分享，对社群成员的能力要求较高。
- **总结分享**。发动社群中的每个成员分享自己的经验或收获，以促进社群成员共同进步。

2．分享过程

为保证社群分享的质量与活动的顺利开展，运营人员应在分享活动开始前、分享过程中和分享后，做好相应的准备。

- **确定**。在进行分享前，应提前准备分享内容和分享模式，准备好要分享的话题的素材。特别是没有分享经验的新手，更应该确认分享内容，以保证社群分享的质量。
- **通知**。确定分享时间后，可以通过群公告、@全体成员的方式，对分享信息进行反复通知，确保更多成员了解分享活动，并参与进来。
- **暖场**。在分享活动正式开始前，需要一个主持人对分享内容、分享嘉宾等进行介绍，为分享活动暖场，营造合适的氛围，引导成员提前做好准备。
- **控制**。每次分享前，都需要提前制定好规则，避免分享过程被打断，如在QQ群中分享时，全员禁言。在分享的过程中，控制人员应该时刻注意是否有社群成员干扰分享进程，并及时制止，维护分享秩序。

- **互动**。在分享过程中，如果嘉宾设计了与成员互动的环节，主持人应该积极进行引导，甚至提前安排活跃气氛的人，避免冷场。
- **福利**。为了提升社群成员的积极性，在分享结束后，可以设计一些福利环节，为表现出彩的成员赠送一些福利，吸引社群成员参与下一次分享活动。
- **宣传**。在分享期间或分享结束后，可通过设置一定奖励，引导社群成员宣传分享信息。运营人员也应该总结分享内容，在各种社交媒体平台进行分享传播，打造社群的口碑，扩大社群的整体影响力。

（二）社群交流

社群交流是指挑选一个有价值的话题，发动社群成员参与讨论，输出高质量的内容。与社群分享一样，在进行社群交流前、中、后，也需要经过专业的组织和准备。

- **策划活动**。在进行交流前，必须考虑好参与交流的人、交流的话题，以及话题组织者、主持人、控场人员等角色。交流的话题影响着讨论的效果，通常应选择简单、方便交流、有热度、有情景、与社群相关的话题；合理分配角色则可以保证社群交流的秩序和氛围，使活动顺利进行。
- **预告暖场**。在进行社群交流前，可以设置预告环节，将活动相关信息展示给社群成员，如主题、时间、人物等，吸引更多社群成员参与交流；还可以设置暖场环节，调动社群成员的积极性，营造良好的交流氛围。
- **交流过程**。一般来说，社群交流只需要按照预先设计的流程进行即可，包括开场白、交流、过程控制、其他互动和结尾等。但需要注意的是，当交流过程中出现偏离交流主题甚至无意义的刷屏内容时，应该及时将话题拉回主题，控制场面，并对捣乱的社群成员予以警告。
- **交流结束**。在社群交流活动结束后，主持人或组织者需对活动进行总结，将比较有价值的交流内容整理出来，总结活动的经验与不足，对活动的过程、收获等进行分享和传播，扩大社群影响力。

（三）社群福利

社群福利是提升社群活跃度的有效工具，可将其加入社群激励规则中，鼓励社群成员积极参与社群活动。一般来说，不同社群间的福利制度不同，一些规模较小的社群大多使用单种福利制度，而规模较大的社群则将多种福利制度同时使用。

- **物质福利**。物质福利是指对表现优异的成员提供物质奖励，一般为实用物品，或是具有社群个性化特色的代表性物品，如社群徽章、社群定制纪念品等。
- **现金福利**。现金福利是指对表现优异的成员提供现金奖励，多为奖金的形式。
- **优惠福利**。优惠福利是指对表现优秀的成员在再次购买商品时予以优惠，如减少课程费用、赠送额外的讲师辅导等。
- **荣誉福利**。荣誉福利是指对表现优异的成员提供相应的荣誉奖励，如奖杯、勋章、特定头衔等。合理的荣誉福利还能大幅度提高社群成员的积极性。
- **虚拟福利**。虚拟福利是指对表现优异的成员提供暂时虚拟的奖励，如积分。当积分达到一定程度的时候，就可以领取相应的奖励。

专家指导

活跃气氛时，可以选择发红包的形式，但要注意发红包的场合和时间。一般来说，新人入群、活跃气氛、宣布喜讯、发布广告、节日祝贺等都可以适当发红包。此外，发红包最好选择合适的时间段，工作时间段的红包引起的关注度相对要低一些。

（四）社群打卡

社群打卡是指为了培养社群成员良好的习惯、行为而采取的方式，是监督和激励社群成员完成任务的手段之一，可激励成员不断进步。

1．设置打卡规则

作为打卡社群，应该拥有严谨的规则，保证社群成员坚持打卡，积极实现个人目标。打卡规则可以从以下4个方面进行设置。

- **押金规则**。押金规则是指加入社群前，需缴纳一定押金，在规定时间内，若完成目标则退还押金；未完成任务的成员的押金，则自动转为奖金，按比例奖励给表现优异的成员。使用押金制度时，可设置相应的积分规则，在初始积分的基础上进行加减，对最终的积分进行比较。
- **监督规则**。监督规则是指社群管理者对打卡情况进行统计、监督、管理，定期将整个社群的打卡情况以图片、消息、文档、群公告的形式发送到社群中，激励社群成员坚持打卡。
- **激励规则**。激励规则是指定期给予表现优异的社群成员奖励，以激发社群成员的积极性。奖励的形式多种多样，可以是红包、徽章、头衔等。
- **淘汰规则**。淘汰规则是指将打卡完成度低的社群成员淘汰，或给予惩罚，或让其通过某种方法弥补。

打卡规则可根据打卡的进程，从打卡情况中总结优劣势，对其进行优化、升级，保持社群成员打卡的积极性。

2．营造打卡气氛

一个积极、健康的打卡社群，必定拥有良好的打卡氛围。下面对有利于营造打卡氛围的一些因素进行介绍。

- **树立榜样**。榜样有一种可以激励社群成员不断成长、前进的力量。在社群中，可将表现好、有恒心、能激励其他成员的社群成员，或往期打卡活动中表现最好的成员，或本次活动中最积极的成员，挑选出来作为榜样。需要注意的是，作为社群的运营人员，同样需要承担榜样的角色，带动其他成员。
- **互相鼓励**。大部分加入打卡社群的成员都是为了让自己变得更好，但打卡需要长期坚持，所以同伴的鼓励对于社群成员来说尤为重要。成员只有感受到了同伴的关注，才能得到动力，才能不断自我激励，完成更多的事情。
- **设置竞争**。在社群中设置竞争机制，可以调动社群成员的积极性，营造良好的打卡氛围，如对积极打卡的社群成员予以更多特权和奖励。设计竞争机制时，可将社群成员分为不同的组或层级，定期考核打卡成绩，将不同组进行比较，使组成员产生竞争心理，调动他们的积极性；或将优秀者晋升为上一级，不合格者淘汰到下一级。

- **提供惊喜**。惊喜是指不定时给予社群成员一些意料之外的福利，如对积分最高的成员赠送实物奖励等，惊喜可以为社群成员带来新鲜感，让他们觉得进入社群“有利可图”。
- **调动感情**。社群需要以一定的情感为纽带才能更好地连接在一起，因此在打卡过程中，管理人员可以通过挖掘社群成员的打卡故事，如每天坚持在某一时间打卡等，与社群成员之间形成对比，加深社群成员之间的黏性。

（五）社群线下活动

在新媒体时代，只有线上线下相结合才是顺应潮流的运营方式。线上交流虽然很方便，但线下交流更容易促进社群成员之间的感情联系，加强社群的凝聚力。在线下举办社群活动，可以让社群成员更有归属感，也可以使社群成员之间的关系从单纯的网络好友延伸到现实好友，连接到社群成员的生活、人脉圈中，使关系更牢固。

1. 线下活动的类型

社群线下活动包括核心成员聚会、核心成员和外围成员聚会、核心成员地区性聚会等。核心成员和外围成员聚会人数多，组织难度大，而核心成员地区性聚会则组织方便，容易成功。社群聚会可以通过消息、视频、图片等方式将聚会实况发布到社群或社交平台，增强社群影响力，加强社群成员黏性，持续激发和保持社群的活跃度，刺激更多成员积极参与线下活动。

2. 线下活动的策划

要策划一场精彩的线下活动，必须把控好活动的每一个步骤。下面对社群线下活动的基本流程进行介绍。

（1）活动前的准备工作

在开展社群线下活动前，应确定活动目的、了解用户需求、进行规划。

- **确定活动目的**。在准备开展活动前，需要确定活动的目的，如知识分享、感情联络等。目的不同，开展的活动不同，其要求也有所不同。
- **了解用户需求**。在策划线下活动前，可在社群中征集社群成员的意见，了解社群成员希望举办的活动类型。
- **进行规划**。在社群活动开展前，需要对活动方案、活动流程、活动预算等进行规划，并对活动过程中可能遇到的各种问题做好准备。

（2）开展活动

开展活动包括宣传推广、对外联系和活动开展3个部分。

- **宣传推广**。在确定活动信息后，需要在微信、QQ、简书、大鱼号、百家号等平台中对活动进行宣传推广。另外，还包括安排参与人员报名、设计活动海报并进行发布、邀请媒体、收集活动参与人员关于活动的建议、针对活动进行直播、发布活动过程中的合影照片等事宜。
- **对外联系**。对外联系是指与活动相关合作方联系，如场地和设备等的洽谈、嘉宾的邀请等。该部分需要确认活动场地和设备的正常工作、邀约的活动嘉宾和分享文稿无误。
- **活动开展**。活动开展是线下活动的重要部分，包括把握活动节奏、维持现场秩序、保证人员安全等。由于活动的开展时间有限，此部分应该更注重效率，达到在有限的活动时间里，为社群成员赢取更多的发展空间。

3．线下活动的总结

一个活动的举办不可能是完美无缺的，所以运营人员需要总结活动好的方面、成功的经验，并发现活动中出现的问题，思考如何在下一次活动中避免发生这些问题。线下活动总结主要包括以下两个方面的内容。

（1）活动复盘

活动结束后，运营人员应对此次活动的流程进行复盘，包括活动规划、宣传推广、对外联系、活动开展等方面。

（2）总结经验与改进

浏览已复盘的活动流程，总结其中的成功之处与出现的问题。在进行总结时，可从以下5个方面进行思考。

- **活动物料清单**。此次活动的物料准备是否出现了不够或剩余太多的情况，分析其产生的原因，思考改进方法。
- **活动主持流程**。活动的主持流程有哪些不足之处，与事先设置的环节有哪些出入，该如何改进。
- **文案亮点内容**。活动宣传文案有哪些亮点，是否为偶然现象，有无借鉴意义。
- **成功经验**。举办这次活动，可以从中总结出哪些较为成功的经验，在下一次活动的举办中是否可以保留和借鉴。
- **有效环节**。举办活动时，有哪些新奇、亮点的环节，取得了什么样的效果。

专家指导

为保证活动的顺利开展，可进行合理的团队分工，将具体任务明确到各分工组，使活动各个流程、各个环节都做到有条不紊。

三、任务实训

实训一：设置打卡规则

假设你是某考研机构的员工，现公司准备在距离考研100天时，正式开展打卡活动，要求你设置打卡规则。

1．实训目标

（1）掌握设置打卡规则的方法。

（2）掌握营造打卡氛围的方法。

2．实训要求

（1）从押金、监督、激励、淘汰4个方面设置打卡规则。

（2）从树立榜样、互相激励、设置竞争、提供惊喜、调动感情5个方面来营造打卡氛围。

3. 实训思路

步骤 01 搜索或收集已有的打卡活动规则，分析并总结，结合考研这个定位，考虑考研人群的特征，设置打卡规则。例如，考虑到考研人群中，大学生群体占多数，大多没有收入来源，因此将押金设在99~399元；对表现优秀的成员，通过减免课程费用，打折，赠送课程、资料等方式进行激励；对打卡完成度低的成员，不宜直接淘汰或要求补偿，因此可采用让其通过视频、音频等形式表演节目进行惩罚。

步骤 02 查找资料，或询问曾加入过打卡社群的朋友，分析并总结这些打卡活动营造氛围的方法，结合“距离考研100天”，营造打卡氛围。例如，考虑到社群成员均为考研人群，其榜样可选取往期优秀学员；通过加入群中的考研老师、运营人员带动社群成员之间互相鼓励；结合激励规则，将社群成员分成归属不同考研老师的小组，每周进行评比等。

实训二：策划线下活动

某徒步社群想在植树节举办一次登山植树的线下活动，现需你做出活动策划书。

1. 实训目标

掌握活动计划的撰写思路。

2. 实训要求

从时间、目的、地点、流程、奖品、推广等方面考虑，简单策划其活动方案并总结撰写思路。

3. 实训思路

步骤 01 搜索活动计划书的标准格式，列出框架，根据“在植树节举办一次登山植树的线下活动”，思考每一个框架下的内容，撰写活动计划。图5-6所示即为一篇活动计划书。

植树活动方案

一、活动主题

共植友谊树 共谱绿岛情

二、活动时间

2019 年 3 月 10 日

三、活动地点

××森林公园

四、参加人员

××徒步爱好社群全体成员

五、活动内容

为积极配合绿化行动，让更多社群成员能够积极与大自然环境“对话”，主动参与绿化相关活动，亲身体验劳动的乐趣，感受美化环境的意义，激发热爱生活、热爱自然家园的情感，××徒步爱好群，联系了××森林公园，让社群成员亲自参与到植树造林活动，把“共植友谊树，共谱绿岛情”的主题延伸下去，并且在活动过程中所有参与者还可以把愿望放入许愿瓶内埋在树根深处，与树木一起成长，为自己种的树系上红丝带，写上祝福语，拍照留念，也为媒体与企业间的友谊留下一份美好的回忆和祝愿！

六、活动流程

1. 上午 9:00 主持人宣布活动开始
2. ××徒步爱好群，社群建立者发言，并说明植树活动的意义
3. 号召大家植树造林，绿化环境
4. 植树以及挂牌
5. 签名仪式：社群建立者及在场成员在“绿化环境 从我做起”横幅上签名留念
6. 合影：社群建立者及现场人员合影

七、前期准备工作安排及分工

1. 活动物资筹备

（1）植树场地准备

（2）音响设备的准备

（3）咖啡树苗、铲子、水桶等所需物资购买

（4）植树后挂到树上的纪念牌的制作

（5）横幅制作：2 条

①活动主题横幅

共植友谊树 共谱绿岛情

——2019 年绿化环境植树活动

②签名留念横幅

绿化环境 从我做起

（6）活动仪式背景板一块

2. 活动车辆准备、相关人员的通知与组织
3. 照相摄像
4. 后期宣传

图5-6 活动计划书

步骤 02 回想你在撰写活动计划书时的思路，将其记录下来，总结出你的撰写思路。

四、任务考核

填写表5-3的内容并上交，考查对本任务知识的掌握程度。

表5-3 任务考核

序号	考核内容	分值（100分）	说明
1	模拟一次社群分享，简单写出其流程	20分	
2	叙述社群福利的具体形式	20分	
3	打卡社群营造打卡氛围的方法	25分	
4	线下活动要做的准备工作	35分	

拓展延伸

新媒体的日益发展，促进了社群经济的产生，使其逐渐发展成为一种新的商业模式，为企业或品牌带来了经济效益。下面将继续介绍一些社群运营的相关知识，让用户可以进一步理解和掌握社群运营的方式，提升社群运营的效率。

一、成功的社群应遵循的社群准则

一个成功的社群，通常在核心价值定位、有效引导和控制规模等方面都有非常不俗的表现。

1．核心价值定位

核心价值定位决定了社群的生存发展以及目标导向，能让社群拥有独特的优点和竞争力。很多成功运营的企业社群都是基于自身产品的，如小米社群的运营重点是小米的多样玩法，秋叶PPT社群的重点是PPT的相关知识，这些都是社群的核心竞争力。

2．有效引导

缺乏有效引导的社群，很容易随着时间的流逝，越来越沉寂，或成为毫无意义的闲聊群。下面介绍3中有效引导的方法。

- **规则引导**。规则可以让社群存活得更长久，是社群稳定发展的重要条件。在创建和运营社群时，应制定严格的规则，规范成员的加入与退出。制定完善的社群规则，可以规范社群成员的行为，提升成员的活跃度，保证社群运营的规范化，形成独特的社群文化，增加社群成员的归属感、荣誉感。
- **人工引导**。人工引导包括管理人员引导和意见领袖的引导，可以使社群发展更顺利，引导社群成员行为规范化；可以取得社群成员的信任，提升产品或品牌的可信度。
- **活动引导**。举办活动可以提升社群的活跃度，增强社群成员的黏性，强化社群主题。举办活动越积极的社群，社群内部的联系就越紧密，黏性就越强。如小米社群，在手机的调研、开发、宣传等各个环节举办大量的线上线下活动，有效地增强了社群内部粉丝间的交流和参与感，还培养了社群成员的荣誉感。

3．控制规模

社群规模并不是越大越好，当其增长到一定程度时，应当进行控制和管理，以保证社群的健康长久发展，如控制社群中新成员的数量，当新成员数量达到一定比例后，应暂缓招新，等待新成员成长起来再考虑。

二、社群运营难以长久的原因

社群的长期运营需要社群组织者和社群成员的共同努力，一般来说，具有组织感、仪式感、归属感、参与感的社群更容易长久。反之，缺乏这几点特质的社群在运营中就很容易出现各种问题。下面对影响社群长久运营的主要因素进行介绍。

- **失去定位**。失去定位是指社群自身一开始就没有明确的定位，或者在运营过程中逐渐偏离了社群定位，失去了有价值的话题。当社群中没有了分享话题的成员，社群的价值就会降低，其黏性也难以形成。因此，在运营社群时，不管何时都需要贯彻社群定位。
- **缺乏引导**。当社群缺乏有效的引导时，其主题会很容易被社群成员遗忘，变成一个纯粹的闲聊群，或彻底沉寂下去。对社群进行一定程度的引导和管理，可以激励社群成员共同参与社群运营，共同创造有价值的内容，使社群内容不再由特定人群产生，使社群内的沟通更加积极通畅。
- **规则严苛**。随着社群规模的扩大，一些社群会逐渐增加社群规则，严格限制社群成员的行为，如长久开启全员禁言，只允许管理员发言等。制定太过严格的社群规则是不可取的，社群成员需要一定的自由，以减轻其面临的压力；社群成员还需要从社群中获取一定知识，产生一定的心得或体会等。因此，社群规则应在采纳社群成员意见的基础上设置，使社群规则更容易被遵守。
- **"注水"信息过多**。"注水"信息包括广告"注水"和聊天"注水"两种形式。如果社群中"注水"信息较多，会影响社群成员的正常交流和讨论，甚至打扰其正常的工作和生活，也使社群显得不够专业。因此，社群管理者应对"注水"信息进行控制，如发布广告需征得社群管理员同意，闲聊应在规定时间段进行等。
- **内容枯燥**。内容枯燥是指社群的交流内容或活动形式枯燥。开展一系列满足社群成员需求的活动，可以增加社群内容的趣味性，引导社群成员自主创造内容，如大型社群邀请优秀成员或业内专业人士定期进行分享。
- **人才流失**。若社群管理不当，造成社群内日常交流、分享质量等下降，就会导致社群内的人才逐渐沉默，甚至退出。因此，必须设置一定的交流、分享规则，控制社群成员的行为，保证社群创造价值的质量，或者社群运营人员可以重新建立一个核心人才子社群，定期开展活动，将该群内的交流、分享结果发布到主社群中。
- **人员流入率低**。当一个社群长时间缺乏新成员的加入，就很容易失去活力，陷入沉寂。一个社群需要新成员的加入，才能保持社群活跃，调动社群成员的积极性。通常来说，社群设置的入群门槛越高，筛选越仔细，后期的成员流失率就会越低。为了增加社群成员的归属感，提高成员的社群主人翁意识，可以为加入社群、活动纪念等事件设计一些仪式，让社群成员更容易为社群付出，并能主动为社群引入新鲜血液。

三、社群运营团队的建设

虽然根据社群类型的不同，其运营团队的结构也会不同，但建设运营团队的根本目的是相同的——都是为了保证社群健康、持续地运营。因此，随着社群的发展，运营团队要根据所处阶段、运营要求、运营情况等不断进行优化和升级。但需注意，运营团队的结构应尽量保持层级精简，权责分明，以使信息传达更加直接、通畅，效率更高。

在社群发展初期，由于人手不足，社群组织者或者核心人物可以直接参与运营，再搭配一个或几个负责信息收集、整理和反馈的运营助手。

当社群发展到一定阶段，社群已拥有不同方面的人才时，就可以将这些人才培养成核心成员，维护社群的发展；当社群规模扩大、成员数量增多时，社群管理者数量也应随之增加，可针对不同管理事项设置不同管理组，如负责平台运营的管理组、负责社群秩序维护的管理组、负责活动组织的管理组等。还可以另设专门的管理组社群，先在该社群内对管理事项进行讨论，再扩散给社群中其他成员。

当社群进一步发展和扩大时，社群的组织结构又需要进行相应的细化。此时随着普通成员和核心成员的增多，可以分别为管理人员、核心成员、普通成员设置不同的群组。社群的一般事项先经由管理人员群组讨论，再由核心成员群组扩散，征求核心成员的建议，优化后再扩散到普通成员群组。这个阶段的管理人员群组设置通常也更加完善和详细，如专门负责社群发展统筹的、专门负责社群宣传推广的、专门负责社群内容策划的、专门负责社群数据分析的、专门负责社群品牌扩大的、专门负责社群活动管理和人员管理的等。

四、发现社群运营人才

当社群不断发展壮大时，运营团队所需人才也会逐渐增多，为避免流失团队成员，运营人员应当积极发现社群运营人才，向运营团队注入新鲜血液，作为运营团队的后备力量，避免社群人才出现严重断层。

1. 人才的特征

对于运营团队而言，优质的人才一般都拥有至少一项特质，如优秀的社交能力、管理能力、执行能力等，这些人才能为社群做出更多贡献，还能降低社群培养人才的费用。另外，拥有一定的资源也是人才的特质之一。但不管是拥有哪一种特质的人才，都必须与社群保持相同的价值观，能够认同社群文化，这样才能与社群共同成长和发展。

2. 挖掘人才

挖掘人才并没有固定的渠道，对于社群来说，可以通过任务完成、活动组织的情况发现人才，或者通过招募和老成员推荐也可以发现人才。发现人才后，可以先适当安排一些项目或任务，对其能力进行试验和考察，再根据结果进行后续培养。此外，通过刺激成员展现自己的制度，也可以发现人才，如举办活动前，可让成员自行报名负责某一项任务，在执行任务的过程中，发现成员的某种优势。

3. 吸引人才

对于一个优秀的社群来说，应该具有各种不同特质的人才。足够优秀的社群可以吸引人才自主加入，但对于还在发展中、影响力不足的社群来说，吸引人才就必须通过一定的手段。例如，细化社群涉及的领域，在有条件的情况下，多邀请行业内专业人士或者在社群内部进行分享，就可以吸引到对相关内容感兴趣，或喜欢分享知识、观点的人才；宣传社群中设置的福利制度、拥有的资源等，吸引对相关内容有需求的人才。

实战与提升

通过本项目知识的学习，对下列问题展开讨论与练习，在巩固所学知识的同时，拓宽视野，进一步提升自己的能力。

（1）分析本项目中提到的桔子会社群。

提示：通过百度、搜狗等搜索引擎，微信公众号、知乎、简书等新媒体平台，以及桔子会官方网站上提供的资料，从其创立之初，到现如今推出知识付费系统App“桔子会”的发展过程中，分析桔子会的目标用户、内容输出方式、运营平台、引入规则等。

（2）分析本项目中提到的罗辑思维罗友会社群，它是如何策划社群活动，增强社群成员凝聚力的。

提示：如线下见面活动、跨年夜活动等，可在搜索引擎中搜索相关资料，从活动发布、报名、执行、总结等各个方面进行分析。

项目六 音频、视频和直播运营

学习目标

新媒体的发展催生了越来越多的内容表现形式，场景化、创意化的音频、视频和直播以更加逼真的视听效果、更加强烈的视觉冲击给用户带来了更真实、更震撼的视听体验。个人和企业也可借助音频、视频和直播来开展运营，以直观的场景化内容运营来推广产品或品牌，加强用户对产品或品牌的印象，覆盖更加广泛的用户群体。

学习导图

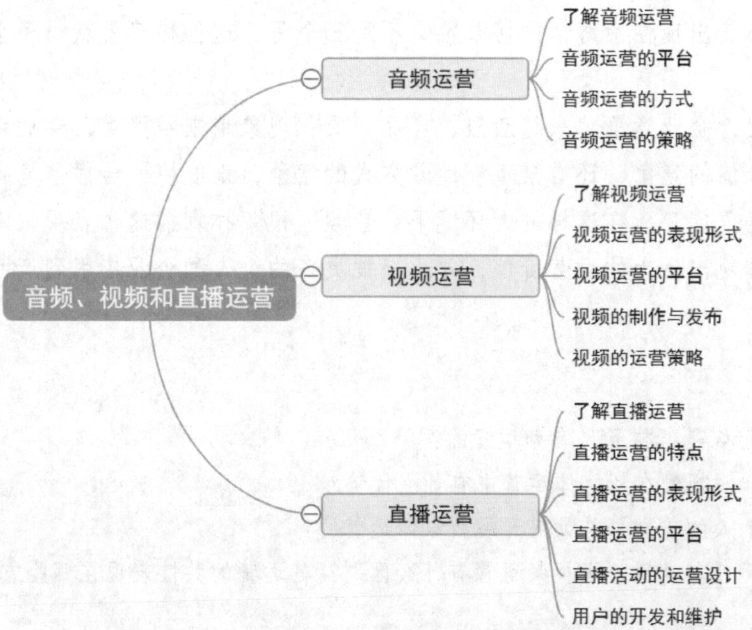

案例导入

米未传媒在喜马拉雅FM中建立了自己的音频自媒体品牌“米果文化”，并联合喜马拉雅FM打造了《好好说话》栏目。《好好说话》由米未传媒创办，是一套涉及沟通、说服、辩论、演说、谈判的技巧课程，每天1元，每天1招，力图教用户做一个沟通无障碍的人。这档音频栏目上线首日销量就突破了500万，目前总播放次数已达8604.9万，如图6-1所示。米未传媒通过音频知识付费的方式更加精准地进行了目标用户的定位，不仅让用户需求更加明确，也使产品内容和品牌形象根植于用户心中。当用户想起内容时就会联想到品牌，进而促进了产品和品牌的自传播。

图6-1 《好好说话》

《舌尖上的中国》电视栏目的播出后，各色美食和由此衍生出的美食栏目便受到用户的广泛关注。基于此，二更视频携手一直播、微博旅游出品了直播美食栏目——《一个人的美食》。栏目主要采用“直播+短视频”的方法讲述美食的故事。随着栏目的播出，其热度节节攀升，首期“绩溪臭鲑鱼”就达到同时在线观看人数32多万、总播放量500多万的惊人数据，当日出现在微博话题榜首位。不足三个月，这档栏目就获得了全网播放量累计破亿的好成绩。

新媒体时代，企业竞争越来越激烈、产品同质化现象越来越严重，企业之间不再限于产品、价格、价值的竞争，还有渠道、运营方式的竞争，谁能快速传播信息占领市场，谁就能率先获得竞争优势。在这样的大环境下，音频、视频和直播这种直观、真实、全面的运营渠道开始体现出巨大的运营价值，并逐渐被更多的个人和企业应用到产品和品牌的推广活动中。

【思考】

（1）米未传媒是怎样开展音频运营的?

（2）直播和短视频在新媒体运营中有什么优势?

（3）《一个人的美食》是如何开展新媒体运营的?

（4）音频运营与直播、短视频运营有什么区别?其运营的共性表现在哪些方面?

任务一 音频运营

音频作为信息传递的一种载体，在新媒体环境下得到了广泛的使用。音频移动化、场景覆盖化、高度聚焦化等特点为企业开展新媒体运营提供了更加广阔的空间，使企业的运营信息充分覆盖用户的碎片化时间，无形中进行了产品或品牌的宣传、推广。

课堂讨论

针对下列问题展开讨论。

（1）搭乘公交或出租车时你听过电台推送的广告吗？

（2）你有喜欢的音频电台吗？如果有，向大家介绍一下。

（3）你最近收听过音频节目吗？如果收听过，向大家介绍一下。

一、任务目标

音频“听”的方式不仅满足了用户利用碎片化时间接收信息的需求，其信息传播的时效性和便捷性还为企业运营提供了便利。企业可以将运营信息植入音频并进行投放，也可以通过音频运营建立品牌影响力，吸引越来越多的用户关注并形成转化。音频运营是目前新媒体运营的主流方式之一。本任务将对音频运营的相关知识进行介绍，包括了解音频运营、音频运营的平台、音频运营的方式、音频运营的策略。

二、相关知识

（一）了解音频运营

音频运营是一种以音频内容为载体的运营方式，包括音频广播、移动电台等多种表现方式。与文字、图片、视频等用户必须通过视觉触达的信息相比，音频具有独特的伴随性，能够只通过听觉就接收信息，因此，音频在各种移动化场景中十分适用。下面对音频运营的特点进行介绍，主要有以下4点。

- **信息接收的全面覆盖。**用户常利用行车、上下班途中、跑步、午休、睡前等碎片化时间收听音频，而音频收听设备的多样化（如手机、车载终端、可携带的智能音箱等）使用户能够在各种场景下都方便地接收音频信息。
- **运营信息的高度聚焦。**音频与其他新媒体内容的不同之处在于，音频在同一个时间只能传递一项内容，因此用户接收到的信息更加单一、更加精准，这更有利于品牌和产品推广。
- **媒介接触的多元化。**音频传播的媒介非常丰富，电视、广播、音频电台等都可以提供诸如脱口秀、情感、音乐、有声小说、实时新闻等不同的音频内容，充分满足不同用户的不同需求。

- **自有品牌的建立**。在音频运营的过程中，企业可以打造自己的音频品牌电台，通过品牌电台传播产品和品牌信息，不断积累粉丝和口碑；企业也可以直接与知名电台主播合作，通过主播的宣传进行运营信息的推广。

（二）音频运营的平台

要达到良好的音频运营效果，选择一个合适的音频运营平台是至关重要的。目前音频的运营平台有很多，如喜马拉雅FM、荔枝、蜻蜓FM等，下面分别进行介绍。

1．喜马拉雅FM

喜马拉雅FM是非常受用户喜爱的一款音频分享平台，同时支持手机、平板电脑、车载终端、台式计算机、笔记本电脑等各类智能终端，目前拥有4亿用户。用户通过它可以随时随地收听各种类型的音频节目，如有声书、相声、评书、音乐、历史、人文、感情生活、脱口秀、娱乐、教育培训、商业财经、电台、影视、时尚生活等，如图6-2所示。

图6-2　喜马拉雅FM

喜马拉雅FM鼓励用户制作原创内容，是目前国内音频创作中非常集中、非常活跃的平台。用户可以申请成为主播，将自己的原创内容发布到喜马拉雅FM平台中，通过主播任务来积累声誉，并获取广告收益，打造个人音频自媒体品牌。

2．荔枝

荔枝（前身为荔枝FM）是一款致力于打造全球化的声音处理平台，该平台可以收录、存储和分享声音，用户可录制并上传声音，可对声音进行后期编辑。除此之外，在荔枝中用户也可以收听音乐、英语、睡前故事、儿童故事、有声小说、相声段子、历史人文等内容。

荔枝坚持以UGC为核心，其内容呈现和用户属性主要表现为情感、娱乐性等。同时，荔枝还提供了语音直播业务，用户可以一键直播，成为音频主播。与喜马拉雅FM相比，荔枝目前的业务主要为语音直播，且于2018年1月正式宣布去除“FM”，改名为荔枝。

3．蜻蜓FM

蜻蜓FM是一款功能强大的广播收听App，用户通过它可以收听包括销售、音乐、相声、小品、情感、健康、历史、娱乐、教育、文化、评书、脱口秀等多种类别的音频内容。蜻蜓

FM同时还支持内容的点播和回听，不受直播的限制。用户也可以使用手机硬件免流量收听本地电台，蜻蜓FM为用户提供多种方式的内容收听服务。

在音频运营兴起时，蜻蜓FM的表现非常积极，其中尤以自制音频节目为主要代表，如2018年世界杯期间，蜻蜓FM制作了首档体育音频节目《足球先声》，该节目结合世界杯热点并邀请球星、明星做客录制，分享他们对世界杯的看法，吸引了大量用户的关注。其后，蜻蜓FM逐渐丰富了其他类型的音频节目，如《大师小课》等。蜻蜓FM始终坚持呈现高品质内容，致力于为用户提供卓越体验，其内容生产、内容分发和内容变现的能力较强。

（三）音频运营的方式

企业通过音频开展运营主要是通过IP（Intelligent Peripheral，智能外设）来进行的，主要有3种方式：一是在音频内容中植入广告；二是搭建音频自媒体；三是打造独家音频栏目，下面分别进行介绍。

1. 在音频内容中植入广告

广告植入是新媒体运营中简单、直接的方式，植入广告内容的质量直接影响着运营的最终效果。对于音频运营来说，音频内容中的广告主要指声音广告，即通过主播的口播来进行运营信息的播报。主播在进行广告植入时主要有两种方法，一是直接告知听众，接下来会接入一段广告，并进行广告内容的播报；二是以类似“软文”的形式进行植入，在与听众的互动中有技巧性地植入需要运营的内容。主播可以提前策划并设计一些关键词，引导听众与其互动，然后在不经意间植入广告，让听众自然而然地接受广告，达到“润物细无声”的效果。

在音频内容中植入广告主要是利用主播的人气与粉丝力量，由主播播报广告内容，进行产品或品牌的宣传。主播的人气、声音、亲和度以及粉丝的忠诚度是影响广告效果的重要因素。如某企业为了推广旗下的一款游戏，邀请了喜马拉雅FM中的一名娱乐脱口秀主播来进行推广，该主播早在2013年就在喜马拉雅FM上更新节目，经过几年的积累已有一定的知名度，其粉丝忠诚度也较高。之所以选择该主播来推广游戏，是因为该主播本身就是游戏爱好者，熟悉游戏并了解游戏用户的需求，并且该主播在以往的节目中也透露出自己对游戏的喜爱，甚至有时会推荐一些有趣的小游戏，其粉丝对该主播的播报风格和对游戏进行推荐的行为有很强的接受度。因此，当该主播在节目中满腔热情介绍所推广的游戏时，就为广大听众呈现了一场非常精彩的虚拟现实游戏场景，引起了听众对该游戏的兴趣。并且，该主播还带头在游戏中成立了工会，其粉丝也纷纷加入该工会，最终组建了一个游戏社群，为游戏带来了大量用户和口碑传播。

专家指导

广告内容应该与主播的个人风格相符，应该根据相应主播的特点进行策划，如情感主播可以故事分享的方式植入，资讯主播可结合实时热点植入。

2. 搭建音频自媒体

在音频运营全面覆盖用户的前提下，企业完全可以以音频自媒体的方式拓展自己的运营渠道，打造全方位的运营矩阵，提升企业的关注度，扩大信息的传播范围。企业搭建音频自媒体时要注意两个问题：一是选择合适的音频平台；二是做好自身内容的定位。如《南方都市报》在喜马拉雅FM电台中建立了音频资讯栏目《南都快讯》，如图6-3所示，读者可自行关注。

图6-3 《南都快讯》

专家指导

企业搭建音频自媒体与微信公众号类似，主要是发布具有企业特色的音频内容，通过内容吸引粉丝，对粉丝进行持续不断的内容输出，然后通过粉丝的自传播达到企业产品和品牌的口碑积累和传播的目的。

3．打造独家音频栏目

除了以上两种方式外，企业还可通过打造独家音频栏目的方式来进行音频运营，向听众传达运营信息，建立企业品牌形象，吸引听众关注。如舍得酒业在喜马拉雅FM平台打造的《舍得智慧讲堂》栏目，该栏目邀请某知名主播以脱口秀、音频直播、嘉宾访谈等方式，为听众呈现了“中国智慧”这一新主题下的舍得酒业的品牌理念。目前，《舍得智慧讲堂》已制作了第二季，如图6-4所示。

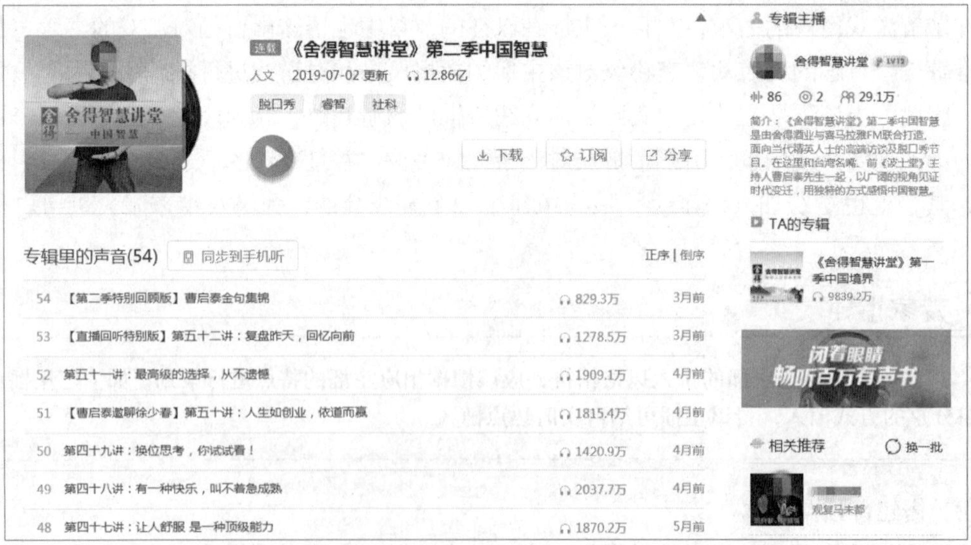

图6-4 《舍得智慧讲堂》

专家指导

喜马拉雅FM为用户提供了专门的自制频道——超级制作，用户可根据需要进行制作。一般来说，明星访谈、名人做客、专业内容解说等音频自制栏目对用户的吸引力更大。

（四）音频运营的策略

音频改变了用户对文字、视频等内容的接收方式，使用户可以更加充分地利用碎片化时间收听内容，学习新的知识。企业进行音频运营时要采用一定的策略以使运营效果更加理想，促进产品和品牌的传播。这主要体现在以下4个方面。

- **精准定位主播栏目**。开展音频运营前需要做好栏目内容的定位，确定栏目的名称、品牌、主题、听众等一系列的内容，围绕定位进行策划并设计内容输出，以形成自我品牌，给听众留下深刻的印象。
- **彰显栏目个性**。要想从众多的音频栏目中脱颖而出，还要有清晰的逻辑思维，有自己的个性特点，凸显与他人的不同，通过差异化打造自己的核心竞争力。
- **持续且有价值的内容输出**。不管是文字、视频，还是音频，内容都是运营效果的决定性因素，要想获得大量的关注与粉丝，持续且有价值的内容输出是非常重要的。
- **建立变现的社群**。积累了大量的粉丝后，音频栏目就有了一定的影响力，此时可以借鉴粉丝经济的模式建立社群，通过知识付费或知识电商的形式进行变现，形成内容传递、推广、引流和整合变现的完整闭环。

三、任务实训

某教育培训企业的主要业务是青少年英语培训，现在请你为该企业设计音频运营的具体方案，推广其青少年英语培训业务，并树立品牌形象。

1. 实训目标

掌握通过音频进行新媒体运营的方法。

2. 实训要求

以音频运营的3种方式为出发点，分别策划不同的运营方法。

3. 实训思路

步骤 01 在音频内容中植入广告。结合该企业的主要业务，选择教育培训行业较为有影响力的知名人士或电台主播，以录播的形式在其他音频节目中投入广告；或在电台主播播报的过程中从身边小事入手，引入英语培训，并进行软广告插入。

步骤 02 搭建音频自媒体。选择一个音频运营平台，注册音频自媒体账号，在该账号中创建音频专辑，如“青少年口语小剧场”“每天英语5分钟”等，在专辑中创建与青少年英语培训相关的内容，持续输出内容给目标听众，以推广其产品，树立品牌形象。

步骤 03 打造独家音频栏目。结合青少年英语培训的主题，可打造一档听说专题栏目，邀请业界有影响力的英语老师朗读情景动画，并在每一期节目末设置互动，让青少年听众为情景动画配音，使其练习英语听说能力。

四、任务考核

填写表6-1的内容并上交。

表6-1 任务考核

序号	考核内容	分值（100分）	说明
1	音频运营有哪些特点和优势	20分	
2	音频运营的方式有哪几种？每种的运营方法是什么	60分	
3	音频运营有什么策略技巧	20分	

任务二 视频运营

视频运营是以视频内容为核心，以创意为导向，通过精心策划进行产品运营与品牌传播的运营方式。视频运营具有感染力强、形式多样、创意新颖等特点，借助互联网甚至可以在短时间内进行大范围、低成本的快速传播，形成病毒式传播的效果。

课堂讨论

针对下列问题展开讨论。

（1）你在视频网站中观看电视剧、电影或综艺节目时看到过广告吗？这些广告有什么特点？

（2）你有印象深刻的企业产品宣传视频吗？如果有，请谈谈你的感受。

（3）你喜欢看短视频吗？有经常使用的短视频平台吗？如果有，你比较喜欢这些平台中的哪一类内容？

一、任务目标

随着移动互联网的快速发展，视频已朝着移动化、资讯化和社交化等方向发展，这也使视频这种直观的内容展示方式被用户青睐，视频运营逐渐兴起，并成为新媒体运营的主要趋势。本任务将对视频运营的相关知识进行介绍，主要包括了解视频运营、视频运营的表现形式、视频的运营平台、视频的制作与发布、视频的运营策略。

二、相关知识

（一）了解视频运营

新媒体时代的视频运营多为网络视频运营，企业可以通过网络视频展现企业实力、生产工艺、产品特点、服务特色，也可制作产品推广、品牌推广视频，宣传推广企业产品和品牌。基于网络的视频运营具有以下优点。

- **目标精准**。只有对产品、品牌、视频内容感兴趣的用户，才会对视频产生兴趣，并持续关注，甚至由关注者变为传播分享者，将视频分享给与自己拥有相同特征和兴趣的用户。一般来说，经典、有趣、轻松的视频更容易被用户主动传播，当视频获得用户的主动传播后，就会使企业、产品或品牌等信息在互联网上迅速扩散。
- **成本低廉**。与传统的电视视频广告相比，网络视频的运营成本要低很多。企业如果通过电视台播放视频广告进行宣传，往往需要花费几十万到几百万元的成本，然而通过互联网进行视频运营，一般只需要花费几万元或更低的成本，就可以获得相当可观的曝光量和传播量。
- **传播速度更快、范围更广**。互联网环境可以使视频在发布的第一时间就被用户观看，且短时间内就能得到大量传播。企业可以根据需要在指定时间段将视频推送给用户观看；用户还可以主动去相关网站寻找感兴趣的视频，而不必被动等待。同时，每天使用各种视频网站的用户非常多，一旦视频拥有热度，就会被用户主动传播到各大社交平台，迅速地扩大传播范围。
- **可预测效果**。网络视频的投放效果，通常可以根据一些数据进行分析和预测，例如网站访问量、视频点击数量、收藏数量、用户停留时长、转发量和评论数量等。利用这些数据不仅可以预测投放效果，还可以为下一次的视频运营提供决策依据。

（二）视频运营的表现形式

新媒体时代的视频运营兼具网络、多媒体技术、信息技术和视频的特点，其表现形式不断推陈出新，目前较为常见的视频运营的表现形式主要有网络视频短剧、微电影、创意视频和用户自发生产的视频等类型。

1．网络视频短剧

网络视频短剧是指一些剧情轻松、有趣或有创意的视频集，具有时长较短、故事情节完整、贴近生活等特点。企业通过网络视频短剧来进行运营，主要是通过贴近用户生活的视频内容来吸引用户观看，在视频中植入运营信息或作为投资方进行冠名。这种运营方式既可以利用互联网与用户进行沟通互动，又能保证品牌的曝光量，通过短剧内容培养用户对品牌的喜好度和忠诚度。

例如《报告老板》《万万没想到》《生活对我下手了》等网络视频短剧均在视频网站上获得了大量的点击播放量，甚至高于传统的电视剧，这些视频短剧的赞助商、品牌广告主以各种形式被植入视频中，让广告品牌更深入人心。其中，《生活对我下手了》是由爱奇艺视频平台推出的每集仅4分钟的竖屏短剧，该短剧的内容从当代都市青年的生活入手，视频通过诙谐、搞笑的方式表现了都市青年光鲜生活下的酸甜苦辣。该短剧上线当天单集热度突破5900点，点赞数高达32万，图6-5所示为该短剧的宣传信息。

专家指导

网络视频短剧要取得好的运营效果，运营人员要注重短剧选题和视频的质量。一般来说能引起用户共鸣的视频内容更能达到效果。

图6-5 《生活对我下手了》剧情简介

2．微电影

微电影即微型电影，是主要通过互联网进行传播的一种短影片。微电影有完整的故事情节，且制作周期较短，投入的资金相对视频短剧少，是十分适合用户在移动状态、短时间休闲状态下观看的一种视频短片。微电影的内容十分丰富，幽默搞怪、时尚潮流、公益教育、商业定制等都可以单独成篇，也可以系列成剧。

微电影通常短小精美，可以围绕产品和品牌设计故事。企业使用微电影进行运营时，可将产品特点、品牌理念等与用户的休闲娱乐等需求相结合，这样既能满足用户的观影需要，又不会占用用户太多时间，让用户可以在故事情节中自然而然地对品牌产生认知。图6-6所示为中国太平洋保险520献礼微电影《用爱守护明天》的部分片段。该影片根据太平洋寿险苏州分公司的真实理赔案例改编，开篇先介绍了理赔主人翁的基本情况，然后从主人翁女儿的角度讲述故事的发展情况。张先生因为积劳成疾而被确诊为肺癌，家里无法负担昂贵的医药费，四处筹钱，最后因为张先生曾购买了太平洋保险而获得理赔金额，渡过难关。

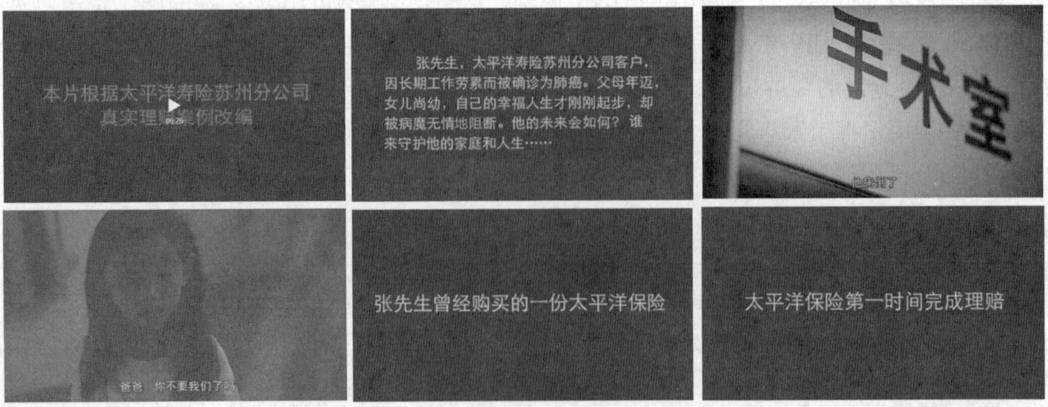

图6-6 微电影

专家指导

为了保证微电影的质量，视频创作人员需要深入参与前期策划、剧本创作、演员挑选、拍摄剪辑、影片上线等各个环节，保证影片内容与品牌巧妙融合。

3．创意视频

创意视频是指内容新颖、创新的短视频，通常极富创意、幽默感和故事性，时长一般为3~8分钟，以网络为主要传播媒介。创意视频运营是通过创意将广告植入一段短视频的运营方式，视频可以是原创拍摄，也可以是剪辑而成的。一个好的创意视频可以带来非常好的传播效果，并通过网络快速传播给无数用户。图6-7所示为某美食创意视频，它通过“针织方便面”的创意来制作视频，吸引了很多用户观看。

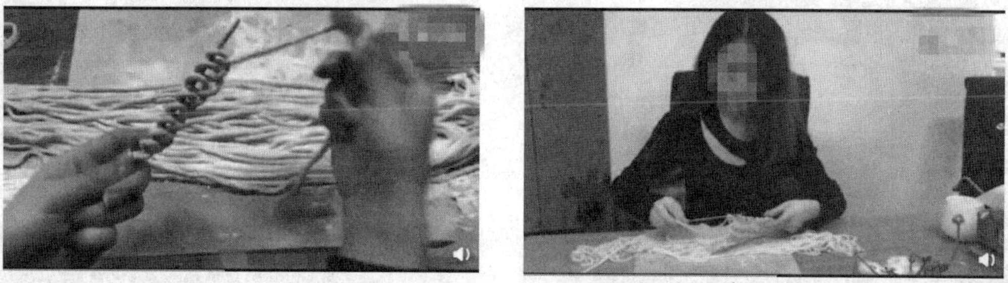

图6-7　创意视频

创意视频对内容要求较高，企业想要使用创意视频进行运营，必须找到合适的品牌诉求点，再配合以幽默、诙谐、新奇等元素进行推广，才能更好地吸引网络用户的目光。当然，企业也可以联合其他视频红人，在视频中植入企业产品，以推广产品和品牌。如家电品牌可联合美食视频红人来推广产品，赞助其视频制作过程中可能使用的工具，或单独制作短剧等。

4．用户自发生产的视频

用户自发生产的视频是指用户通过互联网以视频的形式向其他用户展示与产品相关的信息，由于更具真实性，所以很容易引起其他用户的积极关注和讨论。与其他视频形式相比，用户自发生产的视频更有利于品牌与用户之间的互动，让用户真正参与到品牌传递的过程中，这样就增强了用户黏性，深化了推广效果。

专家指导

不同的视频表现形式适合不同的运营内容，且其运营的效果也不同，如微电影、网络视频短剧等形式均需要花费一定的成本，需要专业的团队进行策划和制作；创意视频对视频剧本的专业性要求不高，但创意也需要付出一定的成本；而在短视频平台中普通用户可以方便地录制、发布自发生产的视频，其成本低，制作流程更简单。因此在进行视频运营之前，要根据实际情况选择一种合适的视频类型，再针对这种视频类型进行专门的策划和设计。

（三）视频运营的平台

进行视频运营前需要选择合适的视频运营平台，以便根据不同视频平台和视频目标用户的要求制作视频内容。根据视频的长短和智能终端的不同，视频平台可以分为网络视频平台和短视频平台。下面分别对这两种类型进行介绍，以帮助运营人员了解各大视频运营平台的特点，选择合适的平台作为视频内容的运营阵地。

1．网络视频平台

土豆视频、爱奇艺视频、腾讯视频、优酷视频、百度视频、搜狐视频、新浪视频、B站等都是比较常用的网络视频平台。这些视频平台的功能较为类似，可以供用户自行上传视频内容，其对视频时长的限制较少。同时，这些视频平台大多具有互动功能，运营人员可通过弹幕、评论等与用户互动，能够快速获取用户的反馈与意见，以便更好地进行运营计划的改善与调整。图6-8所示为腾讯视频首页。

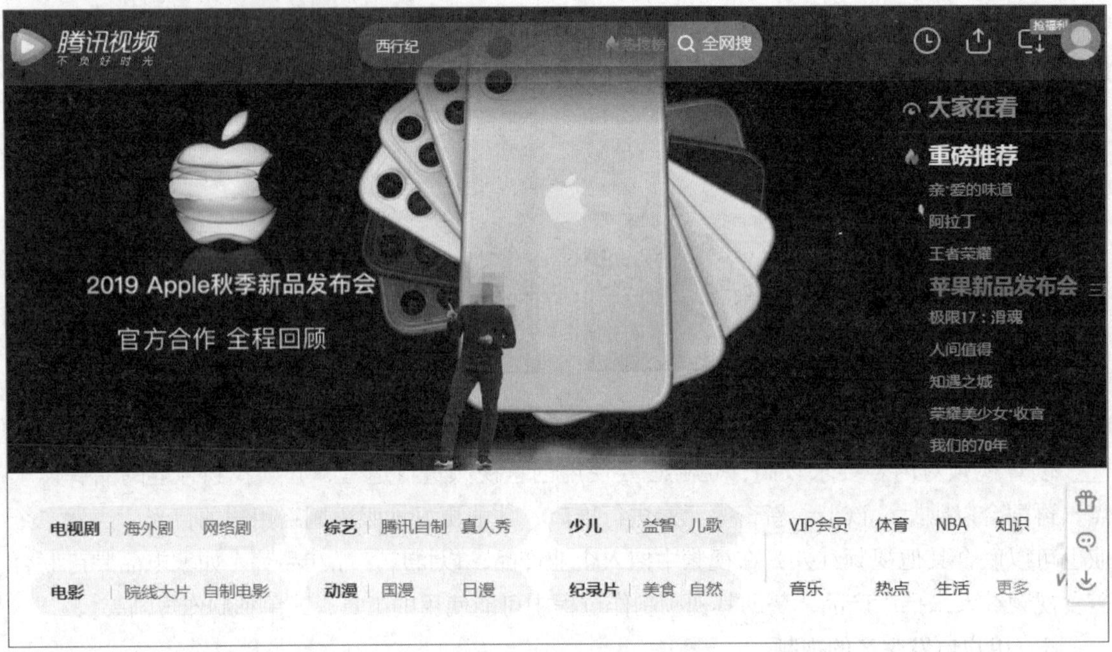

图6-8　腾讯视频首页

2．短视频平台

秒拍、抖音、美拍、快手、小咖秀等都是比较主流的短视频平台，它们的功能类似，企业可以根据输出内容与目标用户的定位选择自己的运营平台。下面主要介绍秒拍和抖音，运营人员可据此举一反三。

（1）秒拍

秒拍是一个集视频观看、剪辑和分享于一体的短视频工具，其口号是“一个你看了还想要的短视频App”。用户可以观看搞笑、娱乐、游戏、小品、影视、生活、汽车、运动等各类短视频，并且秒拍还通过精准的数据算法为用户推荐与其兴趣匹配的短视频，以满足不同用户对视频的需求。用户可以通过秒拍拍摄视频内容并同步分享到微博、微信朋友圈、QQ空间，和更多好友分享视频内容，秒拍是一款非常受用户喜爱的短视频工具。

秒拍具有内容年轻化的特点，其内容生产的用户主要是明星用户、MCN［Multi-Channel Network，是一种多频道网络的产品形态，是指在资本的支持下，以PGC（Professional Generated Content，专业生产内容）方式进行内容生产］机构和UGC用户。

- **名人用户内容生产**。秒拍拥有大量的名人用户，其中包含一些高人气的年轻名人，他们不仅自带流量与话题，还带来了年轻化的内容，如日常生活、潮流时尚、时事等。另外，他们发布的视频还可以引起粉丝与其他用户的广泛关注与讨论，甚至会形成热门话题。
- **MCN机构内容生产**。MCN机构也是秒拍用户的主要组成部分，如papitube、洋葱视频等。这些MCN机构本身就追逐热点，内容生产贴近年轻用户，以引发他们的共鸣和讨论。
- **UGC用户内容生产**。秒拍拥有大量活跃的UGC用户，他们经常拍摄视频并进行分享，热衷于反映时事、潮流的视频。

此外，秒拍支持的视频内容生产领域也十分广泛，如热点、影视、搞笑、社会等，这些领域的视频内容一般都追求“新”，在内容的源头上就具备了年轻化这一特征。当然，运营人员在秒拍上也可以通过活动的方式号召用户参与，如品牌新品发布、明星新剧上映等就可通过秒拍活动来进行运营。如必胜客在2018年6月推广其新品小龙虾比萨时，就通过秒拍发起了#我的青春Battle#活动，并邀请了人气明星和平台达人合作，号召用户分享自己的青春。此次活动发布后立马引发了用户的关注，并吸引了大量用户到必胜客门店消费，为必胜客带来了实际的产品销量转化。

（2）抖音

抖音是一款专注于年轻人的音乐创意短视频社交软件。用户可以在抖音中选择歌曲，拍摄一段音乐短视频进行上传，以展示自我个性、分享生活点滴；同时也可以在抖音中认识更多朋友，了解各种奇闻趣事。抖音中的内容丰富多样，运营人员可以通过多种特效、滤镜和场景切换来编辑短视频内容，打造精致的短视频大片。

抖音短视频内容的表现形式主要有两种，一是趣味性、创意性的内容，二是挑战话题活动。

- **趣味性、创意性的内容**。抖音的定位是音乐与潮流，因此在内容的创作上主要以舞蹈表演、剧本模仿、才艺表现、情感表达、技能分享、生活记录等为主。这些内容并不要求制作有多精美，只要能够满足用户的好奇心、引起用户的共鸣，就能被快速传播。
- **挑战话题活动**。为了避免重复、低质量的视频内容降低用户的活跃度，抖音还推出了挑战话题活动来保证其内容的持续输出。如某运动品牌所发起的#时尚起来没完没了#的话题挑战活动，不仅为品牌带来了流量，还挖掘了不少民间运动达人。

抖音短视频还有一个很明显的特点：用户在观看短视频时，不需要进行选择、播放、快进等操作，只要用手指滑动手机屏幕就可以持续观看多个短视频。因此，抖音中的视频时长都较短，内容也比较简单易懂，以方便用户快速浏览。

（四）视频的制作与发布

不管是个人还是企业，只需要掌握视频运营的基本操作知识，就可以利用创意制作出独具特色的视频，并借助互联网将视频传播出去，达到运营推广的目的。

1. 网络视频制作流程

与专业视频相比，制作网络视频的复杂性和技术性很低，但是为了保证视频的质量和价值，也需要遵循一定的制作流程，如图6-9所示。

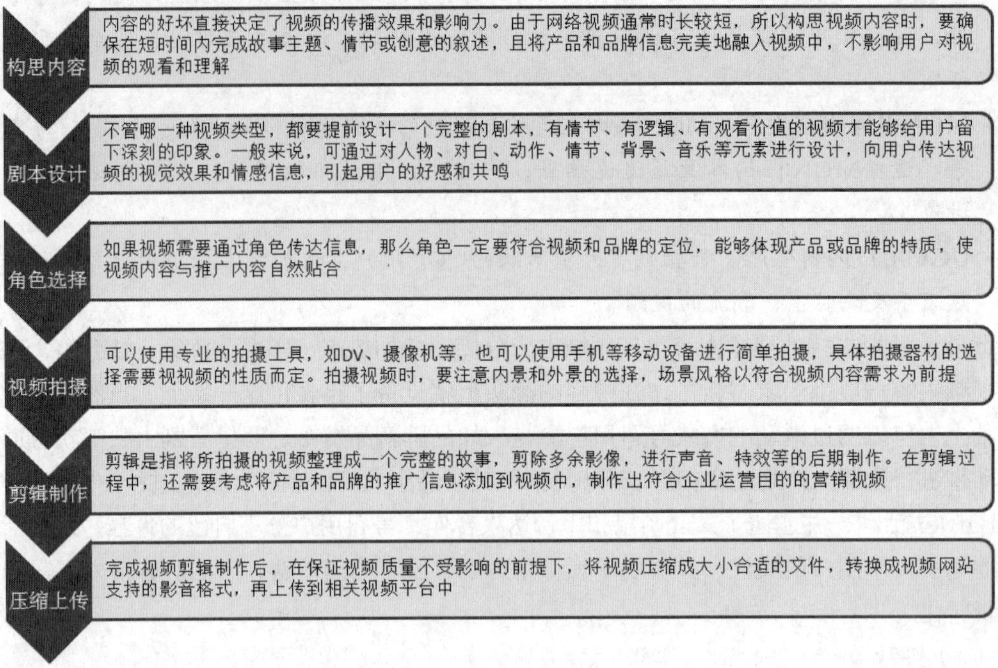

图6-9　网络视频制作流程

2．网络视频发布技巧

一个能够得到广泛传播的视频，不仅需要优质的内容、恰当的宣传，还需要选择合适的发布平台和正确的投放方式。

传统视频的媒体投放一般会选择电视台的黄金时段进行，而网络视频的发布则通常选择流量更高的视频平台，例如优酷、爱奇艺、腾讯、B站等网络视频平台或秒拍、抖音等短视频平台。

当然，如果想将视频精准投放到目标人群更集中的平台，可以根据视频内容的特点选择特定的网络平台。如果想扩大视频的宣传范围和影响范围，也可以多平台投放视频，同时灵活使用社交媒体进行进一步的推广和宣传。

（五）视频的运营策略

企业开展视频运营的目的是通过视频的有效传播，加强对运营信息的传播和与用户的沟通，提升企业的品牌形象或形成销售转化，因此要采取一定的视频运营策略吸引用户，加强用户对内容的传播，如视频传播策略、视频创意策略、视频互动体验策略等。

1．视频传播策略

视频传播是视频运营过程中非常重要的环节。根据视频传播策略方向的不同，可以将视频传播策略分为视频整合传播策略与视频连锁传播策略，下面分别进行介绍。

（1）视频整合传播策略

视频整合传播策略不仅体现在工具和手段的整合上，还体现在内容传播上，其主旨是以用户为中心，以产品和服务为核心，以互联网为媒介，整合视频运营和传播的多种形式和内容，达到立体传播的效果。

不同的网络用户通常拥有不同的上网习惯和接触视频的途径，这使单一的视频传播途径很难取得良好的效果。因此，企业开展视频运营时不仅需要在公司网站开辟专区，吸引目标用户的关注，还应该与主流的门户、视频网站合作，提升视频的影响力。此外，企业在通过互联网进行视频运营的过程中，还可以整合线下活动和媒体进行品牌传播，进一步扩大推广效果。

除了渠道的整合之外，视频运营的模式和类型也可以进行整合。可以将微电影、音乐电视、动画视频、网络自制短剧、创意视频、贴片广告、植入式视频、网友自制视频等不同类型的网络视频模式和类型进行组合，组合成各种不同的运营方案，以满足不同渠道、不同用户、不同运营目标的需要。

（2）视频连锁传播策略

视频连锁传播策略主要包括纵向连锁传播和横向连锁传播两个方面，分别介绍如下。

- **纵向连锁传播**。纵向连锁传播贯穿于网络视频构思、制作、宣传、发布、传播的每一个环节，运营人员应精确抓住每一个环节的传播点，配合相应的渠道进行推广。例如某企业要制作一个推广视频，制作初期可以透露视频的制作消息，包括视频热点、拍摄人员等信息，进行宣传预热；制作阶段也可以剪辑一些片段发布到网上，利用各种新媒体渠道进行宣传；视频上线后，进一步对前期预热的效果进行扩大和升华，加大宣传的力度和深度，提高视频运营的效果。
- **横向连锁传播**。横向连锁传播贯穿于整个纵向传播的过程。企业可以在每一个环节进行横向延伸，选择更多、更热门、更适合的传播平台，不局限于某一个媒体或网站，将社交平台、门户网站、视频平台全部纳入横向连锁传播的体系，扩大每一个纵向环节的传播策略，扩大传播深度和广度，进一步提高运营效果，从而实现立体化运营。

2．视频创意策略

视频创意策略要求视频的内容、形式等突破既有的思维定式。视频的创意主要体现在两个方面：一是内容；二是形式。

- **内容**。内容的创意主要体现在视频制作过程中对内容的把控。经典的、有趣的、轻松的视频内容更容易吸引用户，同时在这些内容中加入创意，提升其趣味性、想象力、延伸力，可以引发用户对视频进行传播，甚至形成病毒式扩散。如很多做视频解说的短视频运营人员，通过吐槽的方式对电视剧剧情进行分析，或对经典影视片段进行再加工，以幽默风趣的语言来对比过去与现在的制作风格，或一人分饰多角进行不同场景对话等。故事性也是体现创意的一个方面，很多广为传播的网络视频都具有故事性的特点，为视频内容设计值得品味的开头、过程和结尾，或跌宕起伏的故事情节，才能吸引用户的注意。而为了快速获得关注，还可以利用热点，借势进行内容策划。
- **形式**。形式的创新也是视频创意的重要组成部分。现在的视频形式非常多元化，精彩的创意内容与恰当的视频形式相搭配，能够获得更好的传播效果。这就需要运营人员和制作人员根据内容设计更加适合的视频形式，例如定位幽默、点评的视频，可以使用脱口秀的表现形式等，以期引起用户的共鸣。

3. 视频互动体验策略

基于互联网进行的运营活动，实际上就是一种关系运营，关系越牢固，运营效果就越好。视频互动体验策略是指在视频运营过程中，及时与视频用户保持互动和沟通，关注用户的体验，并根据他们的需求提供更多的体验手段。一般来说，用户体验效果越好，运营效果就越出众。

网络视频互动体验运营的前提是有一个多样化的互动渠道，能够支持更多用户参与互动，常见的具有互动功能的视频网站、社交平台都可以实现沟通与互动。同时，为了提升用户的体验，建立更牢固的关系，需要综合设计丰富的视频体验方式。如通过镜头、画面、拍摄、构图、色彩等专业手法制作视频，为用户提供美好的视觉体验；用贴心的元素、从贴近用户的角度、用日常生活中的素材制作视频，优化用户的心理体验等。在保证视频本身互动性的基础上，还需要通过平台与用户保持直接的互动，包括引导用户评论、转发、分享和点赞等，让用户可以通过多元化的互动平台，自由、便利地表达自己的看法。

三、任务实训

某企业针对当代年轻人追求生活品质的需求，推出了一款智能音箱，该音箱除了音质、外观比较出众外，还能播放音乐、讲故事。现要求通过视频运营的方式来推广该音箱，提升其知名度和销量。

1. 实训目标

（1）选择合适的视频运营表现形式。

（2）策划视频运营的内容。

（3）策划视频运营的传播策略。

2. 实训要求

结合视频运营的相关知识，为该智能音箱设计视频运营策略，明确每一阶段应完成的工作。

3. 实训思路

步骤 01 开展视频运营前应根据产品和目标用户群体的特点来选择视频运营的表现形式。本实训的产品是智能音箱，目标用户群体是年轻人，因此可直接以网络视频短剧或创意视频为主，在此基础上确定运营的平台，如优酷、腾讯等视频网站或秒拍、抖音等短视频平台。

步骤 02 视频内容应贴合产品智能、高端、讲故事等特点，在年轻人对个性化和高品质生活追求的基础上进行策划。如针对其能讲故事的特点制作小短剧，融入创意、个性、搞笑等元素吸引用户，如不同角色、不同场景的故事等，以往与现在讲故事的区别等。

步骤 03 此外，还要为其制定传播策略。可在推广初期先进行预热，联合视频网站中的红人进行推广，然后多平台发布，扩大运营效果。

四、任务考核

填写表6-2的内容并上交。

表6-2 任务考核

序号	考核内容	分值（100分）	说明
1	视频运营的表现形式主要有哪几种？每一种的特点是什么	50分	
2	视频制作的流程是怎样的	20分	
3	视频运营有哪些传播策略	30分	

任务三 直播运营

移动互联网的发展和便携式智能设备的普及促进了直播的发展，目前直播已经成为用户在网上获取信息的主要途径。直播的内容非常丰富，如游戏直播、影视直播、体育直播或真人秀直播等，这也促使企业通过直播平台开展运营活动，以更加立体化地展示企业信息、传递品牌文化或直接销售产品。

课堂讨论

针对下列问题展开讨论。

（1）你平时有观看直播的习惯吗？如果有，说说你喜欢哪种类型的直播。

（2）你在观看直播的过程中曾与主播互动过吗？如果互动过，你们的互动方式是什么？

一、任务目标

与图文不同，直播可以更直观、立体化地呈现运营信息，使企业及时获取用户的反馈。通过直播开展运营就是以直播平台为载体，通过现场展示的方式传递企业品牌或产品信息。直播的途径有两种：一是PC端；二是移动端。目前用户更倾向于使用手机观看直播。直播运营是新媒体运营的主要方式，运营人员只有掌握其基本知识才能更全面地制订运营计划。本任务将介绍了解直播运营、直播运营的特点、直播运营的表现形式、直播运营的平台、直播活动的运营设计等。

二、相关知识

（一）了解直播运营

直播并不是新媒体时代的特有产物，传统媒体时代呈现在电视或广播中的新闻直播、体育比赛直播也十分受用户欢迎。随着移动互联网和便携式智能设备的发展，基于互联网的直播方式开始兴起，人们通过在互联网设备上安装直播软件进行直播，达到信息传播的目的。从广义上来理解，可以将直播运营看作以直播平台为载体进行的运营活动，具有不受媒体平台限制、参与门槛低、直播内容多样化等优势。直播运营有4个要素，分别是场景、人物、产品和创意，分别介绍如下。

- **场景**。场景能营造直播的气氛，让用户有如身临其境。
- **人物**。人物是指直播的主角，可以是主播或直播嘉宾，他们要展示内容并与用户互动。
- **产品**。产品要与直播中的道具或互动有关，可以是有形的实物，也可以是无形的服务等。
- **创意**。创意是指优化直播效果，吸引用户观看的方式，如明星访谈、互动提问等形式就是比较简单的创意直播，这些形式更加吸引用户。

（二）直播运营的特点

网络直播作为一种全新的传播媒介，不仅为用户带来了便利，也为企业提供了更好的运营机会。同时，直播运营所特有的直观体验、设备简单、直达用户等，也使企业乐于使用直播来开展运营。

- **直观体验**。直播可以使用户同步看到事件的发生、发展与结果，第一时间反映现场的情况，为用户了解信息提供了直观、即时的方式。特别是对于投票、资讯、发布会等形式的直播，运营人员还可以同步邀请用户参与互动。
- **设备简单**。基于互联网的直播运营，可以直接通过手机来开展，直播的传播范围更广、传播速度更快，运营达到的效果也更明显。
- **直达用户**。直播运营不对直播内容进行剪辑和加工，播出的内容与用户看到的内容是完全一致的，减少了用户的疑惑，增强了用户对企业的信任度。

（三）直播运营的表现形式

运营人员开展直播运营前，必须了解直播运营的表现形式，根据企业的自身情况、运营目的和前期策划来选择合适的表现形式，才能够达到更好的运营效果。直播运营的表现形式主要有“直播+电商”“直播+发布会”“直播+企业日常”“直播+广告植入”“直播+活动”，下面分别进行介绍。

1．直播+电商

“直播+电商”在电商企业中应用广泛。这种表现形式主要是通过直播来介绍电商企业的产品材质、产品功能、产品卖点等，或者通过直播来传授知识、分享经验等。电商平台的用户众多、流量集中，观看直播的用户目的明确，他们对某类型的产品感兴趣或早有购买计划，才会观看直播。因此，“直播+电商”能够快速吸引用户购买产品，形成直接转化。如淘宝直播、京东直播等边直播边卖产品的模式，就是典型的“直播+电商”表现形式。

2．直播+发布会

“直播+发布会”是众多企业发布新品、新闻的重要表现形式，也是企业造势、制造热点的重要途径。“直播+发布会”的直播地点不局限于会场，也不局限于某一个平台，直播可以通过多平台、多渠道，或以互动性更强、更有趣味性的方式展开。如苹果2019新品发布会，就在腾讯、爱奇艺、优酷、B站等视频网站进行同步直播，并提供双语翻译，方便用户观看发布会，了解其新品特点。由于其新品——iPhone 11 Pro摄像头造型酷似浴霸，遭到了网友的大量吐槽，“新iPhone摄像头被玩坏了”话题迅速登上微博热搜排行榜，并引起了网友对iPhone 11 Pro摄像头的二次创作，让更多网友了解并知晓了其新品，如图6-10所示。

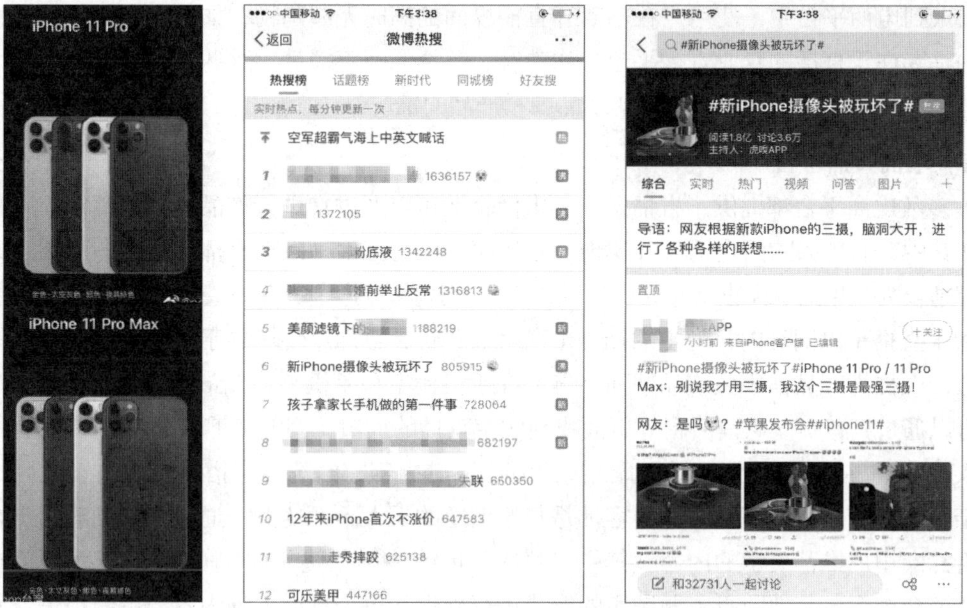

图6-10　苹果2019新品发布会

3．直播+企业日常

“直播+企业日常”是一种分享企业真实状况的直播表现方式，可以从企业员工工作、企业文化氛围、企业建筑设计等角度切入，以更加真实化、生活化的日常引起用户的共鸣，增加用户对企业的信任感与忠诚度。

4．直播+广告植入

直播中的广告植入一般都是经过精心策划的“软广”，内容真实、有趣，能够获得用户的好感。如很多主播通过直播与粉丝分享化妆秘籍，然后在分享的过程中植入面膜、保湿水、洁面乳等护肤产品的广告，这样自然而然地进行产品或品牌的推荐，更容易使用户接受。在植入广告的过程中，还可以导入购买链接，促进产品成交转化。

5．直播+活动

“直播+活动”的最大魅力在于通过有效的互动将人气连接到产品或品牌中。直播活动的种类很多，如街头采访、互动游戏、用户体验等，在活动的过程中可以通过与观众的互动来进行产品或品牌的宣传，如弹幕互动、问题解答、粉丝打赏、独家情报分享等。由于直播不能剪辑，而活动又充满不确定性，因此对主播的应变能力要求比较高。

专家指导

此外，也可以通过访谈的形式从第三方的角度来阐述观点和看法，如采访行业意见领袖、特邀嘉宾、专家、路人等，以第三方的观点来增加运营信息的可信度，这对于传递企业文化、提升品牌知名度、塑造企业良好的市场形象有着积极的作用。

（四）直播运营的平台

根据直播平台功能的不同，可以将直播运营平台分为两种类型：一种是电商直播平台，将直播嵌入到电商平台中，使用户在不离开直播界面的同时无缝购物，如淘宝直播、京东直播；另一种是专注于直播的专业直播平台，如映客、美拍、一直播等，这些平台可以随时随地、立体化地展示企业的文化、产品等，实现品牌和产品的推广。

1. 电商直播平台

大多数电商平台都提供了直播入口，电商企业可以通过它进行产品的推广销售，用户可以直接在其中观看感兴趣的直播，并实现边看边买。淘宝直播、京东直播、小红书直播、蘑菇街直播等是较为常见的电商直播平台，下面以淘宝直播为例进行介绍。

淘宝直播是以网红内容为主的社交电商直播平台，它通过现场展示的方式提供产品的销售和服务，以提高产品销售额或品牌知名度。在手机淘宝和手机天猫App中都内嵌了淘宝直播，用户可以通过其首页、店铺后台等页面找到淘宝直播的入口，图6-11所示为手机淘宝中的淘宝直播入口，图6-12所示为淘宝直播的用户界面，其内容有精选、穿搭、真惠选、大牌馆、美妆、亲子、珠宝、生活等，这些内容都是基于淘宝的千人千面功能，通过大数据对用户属性进行分析并向用户推荐展示的内容。其中“精选”是针对购物意向不明确的用户，为他们推荐展示多类聚合内容；其他则以主题频道的形式进行展现，每个频道下的内容与主题相关。此外，若用户对某个主播感兴趣，可关注主播，关注后可在“我的关注”中查看已关注主播，并能接收到主播发送的直播信息。

图6-11 淘宝直播入口

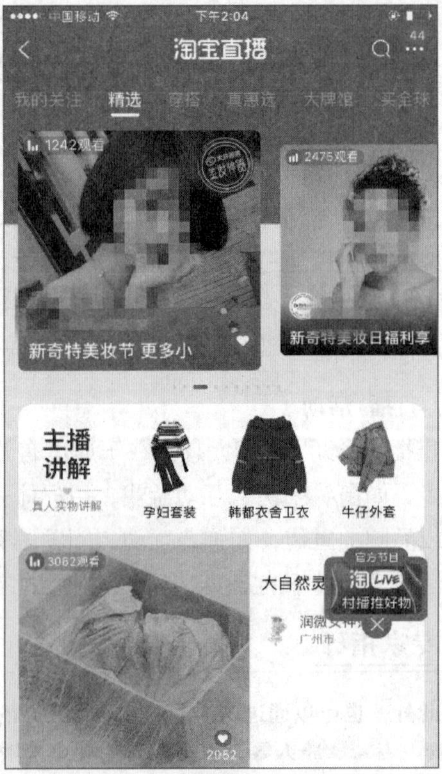

图6-12 淘宝直播的用户界面

在电商平台中进行运营有两种模式：一是电商企业自己直播；二是找达人（自媒体红人、淘宝红人、领域专家等）或机构直播。

- **电商企业自己直播**。运营人员自己开通直播权限进行产品的推广直播，其流程如图6-13所示。淘宝针对集市店铺和天猫商家有不同的开通标准，其中集市店铺的开通标准是：店铺一钻及一钻以上级别，店铺微淘层级L1及以上，具有一定老客户运营能力，有一定主营类目所对应的商品数和销量。天猫商家的开通标准是：微淘账号层级L1及以上的天猫商家可开通直播，天猫商家发起直播通过预告审核后，默认有直播浮现权限。

图6-13　电商企业自己直播的流程

- **找达人或机构直播**。电商企业还可以挑选达人或机构来进行直播推广，其操作流程如图6-14所示。

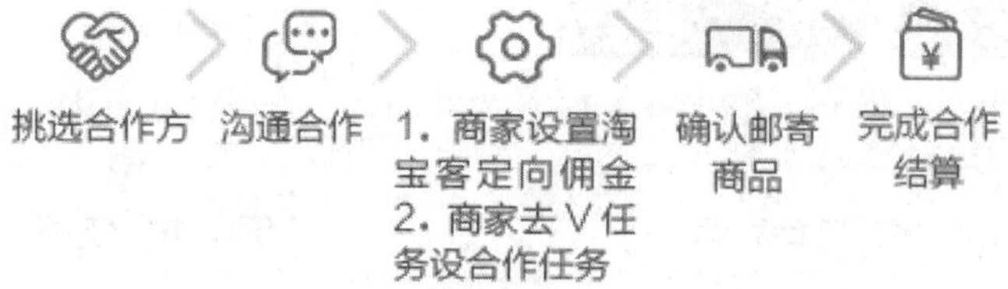

图6-14　找达人或机构直播的流程

2．专用直播平台

专用直播平台有很多，目前主流的有一直播、美拍直播、映客直播、花椒直播、虎牙直播等，下面进行简单介绍。

- **一直播**。2016年5月13日，新浪微博与秒拍宣布共同推出移动直播应用"一直播"，承担起微博直播业务的支持职能。微博用户可以通过一直播在微博内直接发起直播，也可以通过微博直接观看、互动和送礼。
- **美拍直播**。美拍直播是美图公司2016年推出的移动直播平台，主要以生活类直播为主，直播时长限制在30分钟以内。
- **映客直播**。映客直播上线于2015年5月，是定位于全民生活的移动直播平台。
- **花椒直播**。花椒直播于2015年6月4日正式上线，定位为手机直播社交平台，主要直播各类发布会、生活趣闻等内容。
- **虎牙直播**。虎牙直播是中国领先的互动直播平台,可供1000万人同时在线观看高清直播，其直播内容主要包括游戏、美食、秀场、电视、演唱会、发布会、体育等。

专用直播平台的直播界面、开播入口都基本相似，其入驻流程简单，注册账号，进行信息认证即可。图6-15所示为虎牙直播的直播界面，图6-16所示为虎牙直播的开播入口，在"我的"界面中点击"我要开播"即可入驻直播。

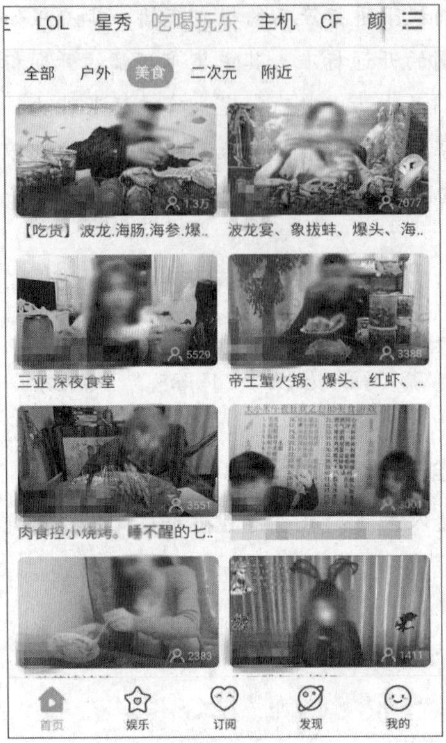

图6-15　虎牙直播界面

图6-16　开播入口

专家指导

专业直播平台为了更好地进行流量变现，也有部分平台引入了电商小程序，如抖音在安卓系统中植入了“小米商城”“京东好物街”“小米有品”等小程序，抖音用户可以直接通过小程序搜索产品并购买。此外，有实力的专业直播平台还打造了自己的电商平台，如抖音的“精选好物联盟”，快手的“快手小店”等。这些直播平台中的主播可以在其电商平台中开设店铺，在自己的直播过程中直接引导粉丝进入店铺购物。

（五）直播活动的运营设计

直播不是简单地对着摄像头聊天，而是基于企业运营目标策划的完整运营活动方案的执行过程。因此，运营人员要熟悉并掌握直播活动的运营设计方法，才能保证直播活动的顺利开展，吸引用户关注并形成转化。直播的时间一般较长，可按照直播过程的不同阶段来分别进行设计直播活动，如直播活动开场、直播活动过程、直播活动结尾，每个阶段的内容安排与运营技巧不同，下面分别进行介绍。

1．直播活动开场

直播活动开场的目的是让用户了解直播的内容、形式和组织者等信息，给用户留下良好的第一印象，以便用户判断该直播是否值得观看。开场的用户主要来自前期宣传所吸引的粉丝以及在直播平台中随意浏览的网友，这些用户一般在进入直播的1分钟内可以做出决定，因此要做好直播活动的开场设计。直播活动的开场方式主要有6种，下面分别进行介绍。

- **直接介绍**。在直播开始时直接告诉用户本次直播的基本情况，包括主播自我介绍、主办方介绍、直播话题介绍、直播时间、直播流程等。需要注意的是，这种方式比较枯燥，容易使部分用户不耐烦，因此建议添加一些吸引用户的活动环节，如抽奖、发红包、特约嘉宾等，以最大限度地留住已有用户。

- **提出问题**。提问可以引发用户思考，带动主播与用户之间的互动，使用户有一种参与感；同时又能通过用户的反馈预测本次直播的效果。
- **数据引入**。对于专业性较强的直播活动，可以通过展示数据的方式进行开场，使用户信服。这种开场方式要求数据必须真实可靠，否则容易引起用户的质疑，为直播带来负面影响。
- **故事开场**。趣味性、传奇性的故事可以快速引发用户的讨论与共鸣，为直播活动营造一种良好的氛围。但应注意不要选择争议性太大的故事，因为这类故事容易引起用户的激烈讨论，使直播无法快速进入主题，反而得不偿失。
- **道具开场**。产品、卡通娃娃、礼品、场景工具等都可以作为辅助开场道具，可通过主播对道具的简单说明进入主题。
- **借助热点**。参与直播运营的用户大多为喜爱上网的互联网用户，这些用户对目前的热门事件非常熟悉，借助热门事件可以快速使用户融入，拉近与他们的距离。

专家指导

在正式直播前，建议主播发布直播预告。主播通过预告对直播内容进行清晰的描述和介绍，让用户提前了解直播内容，吸引对直播内容感兴趣的用户并通过用户的二次传播进行引流造势。图6-17所示为苹果2019年新品发布会的直播预告。同时，电商平台中的直播预告由于会上传直播要分享的产品，因此可以更好地通过大数据匹配到对产品感兴趣的用户，获得更加精准的流量，提高转化率。

图6-17　苹果2019新品发布会的直播预告

2．直播活动过程

直播活动的过程主要是对直播内容的详细展示，除了全方位、详细地展示信息外，在直播过程中还可以开展一些互动活动，如弹幕互动、参与剧情、直播红包、发起任务等，在增加用户兴趣的同时将活动推向高潮。

（1）弹幕互动

弹幕是字幕形式的评论，它以飘在屏幕中的形式出现，所有观看直播的用户都可以看到这些内容。主播在直播过程中要关注弹幕的内容并挑选一些与用户进行互动，特别是对于用户的一些提问、建议、赞美等内容，如“这件衣服有没有其他的颜色呀？”“能不能能看一下生产日期？”“有没有优惠？”等内容更适合与用户互动。

（2）参与剧情

参与剧情适合于户外直播，通过邀请网友参与直播内容的下一步策划与执行，可增强用户的参与感，同时还能借助用户的创意增加直播的趣味性。若采纳了用户的意见，可以给参与的用户一些奖励，提高用户的积极性。如2016年夏季里约奥运会期间，咪咕直播与凤凰网联合推出的“走着！看里约”直播，就通过采纳网友的意见，以采访里约街头不同国家不同肤色的奥运观赛人群进行直播。

（3）直播红包

观看直播的用户可以通过直播平台打赏主播，如赠送“游艇”“跑车”等虚拟礼物。同样地，主播也可以通过发红包或赠送礼物等方式回馈用户，增加直播的人气并加强互动。主播发放红包时要提前告知用户发放的时间，如“10分钟后有一大波红包来袭”“20:00准时发红包”等，这是为了让用户知道抢红包的时间，在做好准备的同时，暗示用户邀请更多的人加入直播等待红包，以提高直播的人气。

专家指导

直播红包的发放可以直接通过直播平台，也可以通过支付宝、微信、微博等第三方平台，为站外平台引流。

（4）发起任务

在直播中发起任务是指让用户按照指定的方式，在指定的时间内完成一系列任务的活动，如邀请用户进入一个微信群，在微信群中发表自己的糗事；邀请用户在某个帖子或微博下评论；号召用户一起做出与主播相同的动作，并分享到社交网站上等。发起任务可以快速凝聚用户，形成团体力量，使用户有一种成就感和满足感。

3．直播活动结尾

从直播开始到活动结束，用户的数量一直在发生变化，到结束时还留下的用户，在一定程度上都是本次直播活动的潜在目标用户，因此，一定要注重直播活动的结尾，最大程度引导直播结束时的剩余流量，实现企业产品与品牌的宣传与销售转化。

- **引导关注**。直播结束时可以将企业的自媒体账号和关注方式告知用户，引导用户关注，使其成为自己的粉丝，便于后期的粉丝维护。
- **邀请报名**。直播结束时告知用户加入粉丝平台的方式，并邀请其报名。加入粉丝平台的这部分用户对直播内容的认可度较高，能够快速参与直播互动，具有转化为忠实粉丝的潜力。
- **销售转化**。直播结束时告知用户进入官方网址或网店的方法，促进其购买与销售转化。采用这种结束方式可以给用户一些有利于他们利益的信息或营造一种紧迫感，如打折、优惠或产品供不应求等。

（六）用户的开发和维护

通过直播活动吸引的用户需要进行维护才能转变为粉丝，成为企业的忠实用户。对于直播活动中的用户可以在直播结束后通过线上活动、信息分享、邀请参与策划、线下活动等方式进行维护。

- **线上活动**。对于刚刚加群的用户可以通过线上活动使其迅速融入群体，与群内其他成员熟悉起来，并使其获得归属感。此时的线上活动主要以折扣、促销信息、抽奖、有奖问答等形式为主。
- **信息分享**。粉丝比普通用户具有更强的消费与互动能力，企业的各种运营信息要在第一时间让粉丝知晓，并且企业还要提供一些只有粉丝才能享受的特殊服务，如最新资讯、专属折扣链接、爆款产品提前购、红包口令、新品预购、限量抢购等，让粉丝感受到企业对他们的重视，从而增强粉丝对企业的忠诚度。
- **邀请参与策划**。邀请用户参与下一场直播的策划，将用户的意见与创意融入运营计划，这样既可以缓解企业运营人员的压力，又可以让用户获得荣誉感，增强用户与企业的凝聚力，使他们产生归属感，转变为粉丝。粉丝可以参与企业的运营策划：如在直播的筹备阶段参与选题策划、场地选择、文案策划、海报设计、主持人推荐等；在直播过程中进行互动；直播结束后分享内容、转发信息等。
- **线下活动**。虽然直播是基于互联网进行运营的，但线下活动仍不可缺少。结合线上和线下可以更好地凝聚用户，培养用户对企业的忠诚度，使其转变为忠实用户。常见的线下活动主要有聚会、观影、表演等，在开展线下活动时可以给参加活动的用户一些特殊的福利，如新品试用、优惠券等，同时利用这种面对面的交流获取用户的反馈意见，为企业下一阶段的运营做好准备。

三、任务实训

某资金雄厚的皮具品牌为了促进产品销售，现决定通过直播运营来进行引流，增加其官方商城的访问量，提高产品销量。

1. 实训目标

（1）学会选择合适的直播运营平台。

（2）掌握确定直播运营表现形式的方法。

（3）掌握策划直播运营过程的方法。

2. 实训要求

根据该皮具品牌的运营目的来选择合适的直播运营平台，然后设计运营的表现方式和活动过程。

3. 实训思路

步骤 01 实训的目的是为了增加该皮具品牌的官方商城的访问量和提高产品销量，因此应选择电商直播平台或具有商品导购功能的专业直播平台作为主要的直播运营平台，如淘宝直播、抖音直播等。

步骤 02 要增加访问量，提高产品销量，首先需要进行引流，可通过“直播+活动”的方式来吸引流量，如通过街头采访、试穿体验、有奖问答等方式，邀请用户回答与皮具有关的问题，在活动过程中植入品牌和产品信息，如官方商城二维码、主播入口等。

步骤 03 要形成实际的转化，还可通过“直播+电商”的形式来介绍并引入产品，让用户通过直播活动中提供的途径进入电商购物平台。

步骤 04 在具体直播的过程中，可以通过邀请网络红人当主播来增加吸引力，在直播过程中通过发放优惠券、红包等方式来刺激用户的购买欲望，在直播结束时告知用户参与线下活动的方式，以维护和获取更多用户。

四、任务考核

填写表6-3的内容并上交。

表6-3 任务考核

序号	考核内容	分值（100分）	说明
1	直播运营的表现形式主要有哪些？每种形式有什么特点	50分	
2	列举直播运营的常见平台，并分别说明其特点	20分	
3	直播活动分为哪些阶段？每一阶段应如何进行设计	30分	

拓展延伸

音频、视频和直播运营是现在非常热门的运营方式，一个成功的音频、视频或直播运营通常可以为产品或品牌带来巨大的宣传效果。下面进一步介绍一些与它们相关的知识，帮助运营人员进一步理解和掌握其运营方法。

一、音频主播如何与听众互动

主播与听众互动是激发听众参与感的常用方法，在互动中融入广告内容可以更有效地进行产品或品牌价值的输出，互动既可以是线上的，也可以是线下的。如通过音频直播进行线上提问、知识分享等，建立与听众之间的好友关系，打造“会说话的朋友圈”；也可以策划并定制音频运营的专题节目，如旅行、美食、游戏、观影、展览等主题，通过在节目中口播进行广告内容的宣传，并增加与听众的互动。以小黑伞为例，运营人员围绕小黑伞这个核心产品，打造了一场关于外出旅游防晒的专题节目，主播以外出游玩展开口播，介绍了小黑伞的优势、优惠活动、购买方式等内容，为小黑伞带来了巨大的销量。

线下活动也是音频运营提高产品或品牌影响力、吸引用户参与的有效途径，企业可以通过活动赞助的形式进行产品和品牌的宣传，但线下活动要求节目本身具有较好的群众基础，以关联用户生活的方式展开互动。

二、网络视频短剧怎样进行广告植入

内容一直是新媒体运营的重点，这对于网络视频短剧来说也一样。新媒体运营的前提必然是优质的内容，在保证内容优质的前提下，再进行广告植入。一般来说，网络视频短剧主要有3种植入方式。

- **简单植入**。简单植入即将品牌标识独立呈现在短剧中，例如在短剧中简单展示品牌Logo、品牌名称等。简单植入的运营方式大多表现为冠名、赞助等，由于该植入方式的品牌可以随意替换，并且其与短剧本身的联系并不紧密，所以广告效果也比较一般。
- **整合植入**。整合植入是指将产品或品牌信息融入短剧内容中，使用户在观看短剧的过程中可以自然而然地看到品牌信息，甚至可以借此引起关注和讨论，从而达到产品或品牌传播的目的。整合植入的运营方式比较含蓄，但运营效果通常更好。
- **焦点植入**。焦点植入的层次在整合植入之上，焦点植入要求产品文化、品牌精神与视频短剧的内容十分契合，它可以完美地通过短剧的情节展开，把产品诉求同步表达出来，让用户可以深刻感知产品文化或品牌内涵。焦点植入不仅运营效果更好，而且十分有利于培养用户对产品或品牌的忠诚度，甚至有一些企业会为自己的品牌量身定做网络短剧，实现运营的目的。

三、快手短视频平台有什么特点

快手（前身叫GIF快手）诞生于2011年3月，最初是一款用来制作、分享GIF图片的手机应用。随着短视频的发展，快手逐渐转变为一个短视频平台，用于帮助用户记录和分享生活，如图6-18所示。

图6-18　快手

快手主张每一个人都值得被记录，鼓励用户记录自己真实的生活。与其他平台不同的是，快手经过较长时间的积淀已经拥有了一批忠实的用户，这些用户每天生产超过1000万条内容，这些内容都是用户自发分享和记录的真实情感、真实故事、真实体验。这些内容的生产者都有可能成为红人或KOL，同时，拥有某个领域标签的用户还能形成“快手江湖”中的“门派”。这些“门派”就是某个领域的目标用户群体，通过“门派”，运营人员可以更加精准地进行用户群体的定位，有效触达用户，带来更加精准的运营效果。

实战与提升

通过本项目知识的学习，对下列问题展开讨论与练习，在巩固所学知识的同时，拓宽视野，进一步提高自己的能力。

（1）谈谈你对音频运营的理解。你认为哪种音频运营方式更适合当前的新媒体环境？

（2）列举几个常见的短视频运营平台，并分别说出它们的特点。

（3）假设有一个手机产品，其主打功能是AI（人工智能）拍摄，简述怎样通过短视频来树立其产品形象。

（4）谈谈你对直播运营的理解。

（5）假设某服装品牌要为“双11”活动造势引流，提高产品的销量，简述怎样通过直播来进行运营。

项目七

其他新媒体运营

学习目标

除了微博、微信、社群、音频、视频、直播等主流的新媒体运营方式外，个人或企业还可通过其他途径来进行运营，其中App运营、二维码运营、新媒体知识运营等也是使用较多的新媒体运营方式。个人或企业在运营的过程中要明白，新媒体运营的竞争是非常激烈的，单一的运营模式没有竞争优势，应该综合自身和市场情况，结合多种运营方式和运营渠道才能收到成效。

学习导图

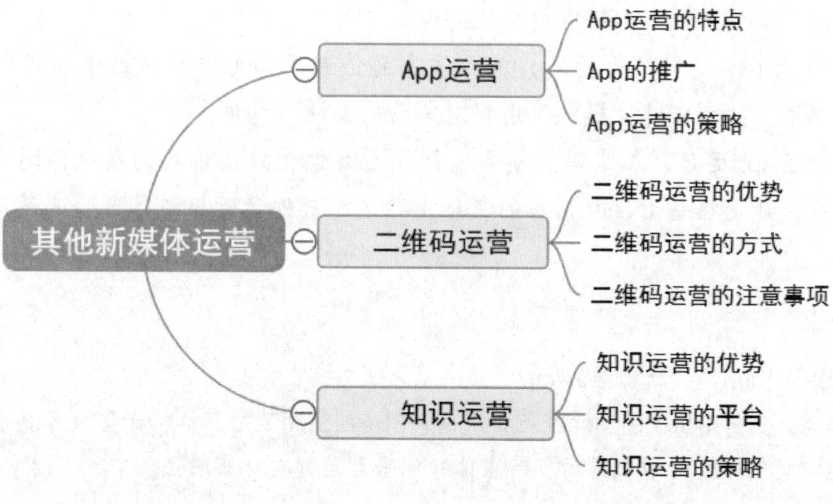

案例导入

Store Sign是一款由华为、非营利组织“欧洲聋哑人联盟（European Union for the Deaf）”、Penguin 和动画巨头Aardman联合开发的App。该App利用图像识别和光学字符识别（Optical Character Recognition，OCR）等技术，将流行的儿童读物翻译成手语，方便聋哑人阅读。2018年12月4日Store Sign正式上线。为了推广Store Sign，华为还推出了一支圣诞广告“Discover the magic of StorySign”。广告的内容是：在圣诞即将到来的欢声笑语中，一位失聪的小女孩一脸沮丧地漫步在街道上，她听不到周围的声音和欢快的音乐，只能盯着发出声音的地方。回到家中，一位圣诞老人送给了她一份圣诞礼物，这个礼物是绘本，圣诞老人用手语为小女孩解读绘本，小女孩终于露出了笑容。广告的最后，圣诞老人走了，华为手机代替了圣诞老人，手机中的Store Sign应用可以将小女孩的童话书中的文字翻译成手语，让小女孩能放方便地阅读，如图7-1所示。

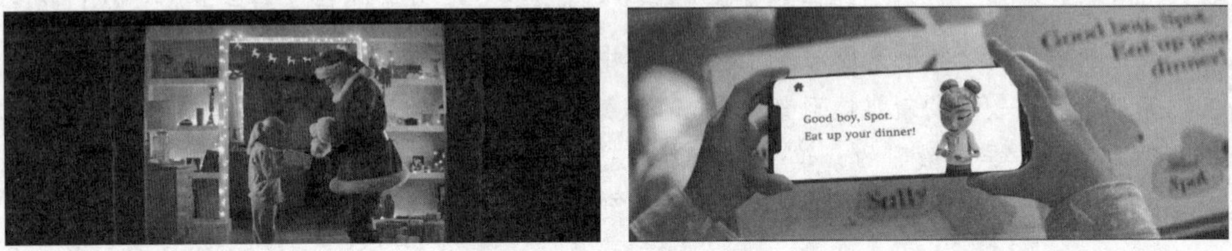

图7-1　Store Sign推广广告

除了投放广告，华为还发起了募捐活动，并邀请失聪儿童前往圣诞老人村度假，进一步为Store Sign造势。Store Sign一上线就受到了广大用户的关注，这是因为其功能强大，免费供用户使用，同时其界面也十分简单，方便儿童操作。目前，Store Sing支持英语、法语、德语等数十种不同语言的手语。

Store Sign不仅吸引了大量用户的关注，还传递了华为“科技改变生活”的品牌理念，为华为积累了品牌口碑，提升了用户对华为的品牌好感度。

此外，除了App运营，二维码、新媒体知识运营也是目前常用的新媒体运营方式，其运营方法类似，都是在基于自身内容的基础上通过与其他运营渠道的整合来达到更好的运营效果。

【思考】

（1）Store Sign是一款怎样的App?

（2）华为是怎样对Store Sign进行推广的？Store Sign又是怎样传递华为品牌理念的?

（3）你对案例中提到的二维码、新媒体知识平台运营有什么看法?

任务一　App运营

智能手机与移动电子商务的发展催生了App（Application，应用程序）运营这种专为移动设备用户而服务的新媒体运营方式。App运营的方式是：企业将开发的App投放到移动设备上，用户下载并使用App的功能或其提供的其他服务。在这个过程中，企业以App为载体，通过各种运营手段来吸引用户、推广产品或品牌，最终达到成交转化的目的。

课堂讨论

针对下列问题展开讨论。

（1）你是从哪些途径知道某个 App 的？

（2）你对 App 有什么看法？以你手机中的某个 App 为例进行介绍。

一、任务目标

在新媒体移动化的大趋势下，越来越多的个人或企业加入了App运营的阵营，并将其作为企业整体运营战略中的一部分。App运营的优势是不言而喻的。对于用户来说，App使用方便，操作简单，实用性强；对于企业来说，App运营可以结合文字、图片、音频、视频、游戏等方式展现企业的产品或品牌信息，有利于形成消费闭环。本任务将对App运营的特点、App的推广和App运营的策略等知识进行介绍，帮助运营人员掌握App运营的相关知识。

二、相关知识

（一）App运营的特点

App运营能够为企业带来大量的用户和平台流量，深入挖掘这些用户和流量，可以为企业带来更多的忠实用户，实现企业品牌的传播。作为移动运营的一种特定形式，App运营有其独特的优势，下面简单介绍App运营的特点。

- **良好的用户体验**。与PC软件相比，App设计了更加满足移动用户需求的功能和界面，风格简洁清晰，突出重点，文字、图片的显示比例和排版也都更注重用户的视觉习惯。App所有功能的开发都是为了展示其核心的功能和特点，针对性强，能够更好地吸引对App感兴趣的用户，提升用户的使用体验，最终形成良好的口碑，为企业品牌形象的传播积累了大量的流量。
- **互动性强**。App是一个功能完整的应用程序，除了可以满足用户对各种生活娱乐的需求外，还能使用户产生评论、分享等互动行为，增加了用户与用户、用户与企业之间的联系。
- **种类丰富**。App的种类十分丰富，如购物、社交、拍照、学习、游戏、教育等，企业可以根据自己的运营目的打造不同类型的App并进行推广运营。
- **信息全面**。App中展示的信息非常全面，可以帮助用户快速、全面地了解产品或企业信息，这有助于打消用户对产品的顾虑，增强用户对企业的信心，提升用户的忠诚度，提高转化率。
- **方式灵活**。App的运营方式较为灵活，用户可以通过扫描二维码直接下载安装App；企业可以通过手机或计算机后台发布、管理App中展示的内容。同时，用户在App中进行的活动也可以被企业统计，使企业更好地进行用户行为分析，帮助企业改善运营计划。

专家指导

目前App的主流支撑平台主要包括安卓（Android）系统和苹果（iOS）系统。其中安卓系统是由Google公司成立的开放手持设备联盟（Open Handset Alliance，OHA）领导及开发的，是一种基于Linux的自由及开放源代码的操作系统。苹果系统是基于Apple的Cocoa Touch框架开发的移动操作系统，只支持iPhone手机、iPod touch、iPad以及Apple TV等苹果公司的产品使用，是一种属于类Unix的商业操作系统。企业要根据自身定位与用户分析，确定开发和投放的平台，以便最大程度获取流量客户。

（二）App的推广

企业开发好的App需要通过各种途径进行推广才能获取更多的用户，App的推广主要有以下5种方法。

- **应用推荐平台**。各类App在应用推荐网站、商店中进行上架，如App Store、安卓市场、小米应用、华为应用市场等。这些应用平台拥有大量的流量，其中的App可以被用户搜索并下载安装，但要注意对App进行排名优化，主要从用户的下载量和安装量、应用数据（如打开次数、停留时间、下载数量、评论数等）、App标题关键词、应用评分、应用描述、应用视频等角度进行优化。图7-2所示为在App Store中以“拍照”和“照片”为关键词进行搜索的搜索结果，从中可看出，虽然关键词不同，但搜索结果的第1、2名都是“剪映-轻而易剪”“抖音短视频”。这说明，这两款App的优化排名做得很好，用户不管是搜索“拍照”还是“照片”，都能第一眼看到它们，这大大增加了它们的曝光量，也吸引了更多用户下载安装。

图7-2 App Store中以“拍照”和“照片”为关键词进行搜索的搜索结果

- **发码内测**。一款App在正式上线、投放给用户使用之前，还要进行内测。内测从广义上理解，是指软件（或游戏）开发完成的初期，由企业发送限定数量的激活码给用户，邀请用户试用。应用在新媒体领域，App发码内测是指利用饥饿营销先对App进行造势和预热，塑造App的形象和价值，再以有限的条件不断刺激用户，增加用户迫切希望获得的想法，如限时抢500个激活码等。此外，发码内测还能使企业通过用户的反馈了解App的性能、界面设计、功能等情况和存在的问题，以对App进行改进和完善，最终为用户提供更好的使用体验。

专家指导

内测分为封闭性内测和开放性内测。用于App运营的内测一般是封闭性内测，只邀请少量用户参与，以达到饥饿营销的效果。开放性内测一般没有限制，只要用户注册登录即可参与。

- **线下预装**。有实力的企业可以和手机厂商合作，在手机出厂前将App直接预装到手机里，这样购买了手机的用户就直接成为该App的使用者。
- **限时免费**。部分收费的App可以通过限时免费等活动吸引用户下载和使用App，通过功能、界面、服务等方面的优势引导用户进行后续的付费体验。
- **官网引流**。企业可以通过官方网站来吸引用户下载并使用App，如在官方网站首页的Banner（横幅）广告位进行推广或设置App二维码入口，将PC端的用户转移到App，这种方式适合内容输出平台。企业也可以通过官方媒体来推广App，如在官方微信中通过关注后的欢迎语、菜单栏、推文、服务号接入功能等进行推广；在官方微博的首页Banner中设置广告、发布活动宣传吸引用户下载等。

（三）App运营的策略

App运营随着移动互联网的发展而快速兴起，目前已有越来有多的企业通过开发App来进行运营。而要想将App推广给用户，让用户知道并吸引他们使用App，运营人员还需要掌握一定的运营策略，如广告运营策略、用户运营策略、内容运营策略和购物网站运营策略等，下面分别进行介绍。

1. 广告运营策略

广告运营策略的实现模式是：广告主通过动态广告栏链接进行广告植入，当用户点击广告栏时就会进入指定的界面或链接，用户了解广告详情或参与活动。这种运营策略是功能性App和游戏类App的常用运营策略，且具有操作简单、适用范围广等特点，广告主只要将广告投放到与自己产品和用户匹配的热门App上就能产生良好的传播效果。但这种广告植入方式会影响用户对App的使用体验，很容易影响App的持续发展。因此，为了保证广告的效果，在进行广告运营时，运营人员可以借助一些营销方法进行广告的植入，如内容植入、道具植入和背景植入等。

- **内容植入**。内容植入是指在应用中自然地融入广告，且不影响用户对App的使用，甚至可以增加用户互动，达到更好的广告效果，如在拼图游戏中植入品牌图片，让游戏用户对碎片进行组合，最终拼成一张完整的品牌或商品图片。

- **道具植入**。道具植入是指将品牌融入App的道具中，在用户玩游戏的过程中增加品牌的曝光率和影响力，例如餐厅游戏中将某食品品牌、餐具品牌作为道具等。
- **背景植入**。背景植入是指将某品牌作为App中的某个界面、按钮、内容或主题的背景，还可以用奖励的方式引导用户使用该背景，从而达到对品牌进行宣传和深化的目的。

2. 用户运营策略

用户运营的目的是为了增加App的用户，让用户了解App、产品或品牌，培养品牌的影响力和用户的忠诚度。用户运营策略常用于网站移植类和品牌应用类App。其运营模式是：企业设计具有一定价值和作用的App供用户使用，用户通过该App可以很直观地了解企业信息，与企业品牌产生更多的联系，同时App又能够为用户提供便利。例如某化妆品品牌针对化妆定制相关应用，吸引目标用户进行下载，在App中设计一些化妆、搭配、时尚等游戏内容，让用户在玩游戏的过程中，不断强化对品牌的印象，这有利于企业培养更精准的潜在用户群。

3. 内容运营策略

在内容至上的新媒体运营时代，App运营也离不开对内容的依赖。App内容运营策略的模式是：通过优质内容吸引精准用户和潜在用户，从而积累口碑和忠实用户，最终实现运营目的。采用内容运营策略需要做好市场调查和对目标用户群体进行精准的定位，并通过文字、图片、音乐、动画、视频等形式传达有价值的、符合用户需求的信息，以便对内容主题、营销平台等进行更加准确的定位，从而达到最佳的营销效果。例如一些介绍搭配知识的App，通过为用户提供实用有效的搭配技巧，吸引有服饰搭配需求的用户，然后向其推荐合适的产品。

4. 购物网站运营策略

除了较为常见的广告运营、用户运营和内容运营外，购物网站运营是App所独有的运营模式。购物类App基于移动互联网和移动电子商务的发展而兴起，可以直接展示企业的产品或服务，引导用户产生消费转化。购物网站运营策略的模式是：企业开发出与自己网站的相关App，投放到各大应用商店供用户免费下载使用，用户可以通过该App随时随地浏览商品或促销等信息，并完成下单和交易。购物网站运营模式的优势是显而易见的。对于用户来说，购物网站App方便了用户选购商品；对于企业来说，购物网站App的便捷性也大大增加了流量和转化率，促成了更多的交易。

三、任务实训

在互联网和全球经济一体化的环境下，人们越来越重视语言学习，网络语言教育的发展非常迅速，这也使传统语言培训机构纷纷转战线上，开发自己的App来进行运营。作为一名新媒体运营人员，现要求对某语言培训机构的App进行运营，吸引用户使用该App。

1. 实训目标

（1）掌握App的推广方法。

（2）掌握App运营的策略运用方法。

2. 实训要求

从App推广与App运营策略运用的角度出发，结合本任务所述内容，从应用推荐平台、广告推广、用户吸引等方面进行运营策划。

3. 实训思路

步骤 01 开发App后，即可选择应用推荐平台进行上线。目前App Store和安卓应用平台的用户较多，可直接在这两个平台中进行投放。同时，为了使用户能够在应用推荐平台中搜索到该培训App，需要注意对关键词、描述等进行设置，如教育、语言、学习、培训等关键词都可进行优化。

步骤 02 在朋友圈、微博等新媒体平台中投放广告，或与其他企业合作，在其他App中推荐自己的App，增加App的曝光量和用户对其的了解。

步骤 03 通过内测发码、活动赠送等方式吸引用户使用，增加App的用户数量，并通过App的功能来留住用户，如免费发放一些基础的学习视频、考试资料等。然后再提供一些付费课程，如名师指导视频、考试真题等。

四、任务考核

填写表7-1的内容并上交。

表7-1 任务考核

序号	考核内容	分值（100分）	说明
1	什么是App运营？App运营有哪些特点	30分	
2	App的推广方式有哪些	30分	
3	App运营的策略有哪些	40分	

任务二 二维码运营

二维码是将特定的几何图形按照一定的规律，在二维方向上分布的黑白相间的图形，含有可读取的相应信息。企业通过对二维码进行运营，可以将二维码所链接的内容设置为企业需要推广的内容，如软文、购物网站、产品介绍、服务资讯或活动等，然后引导用户扫描二维码，使用户了解相关的产品资讯或推广活动，从而刺激用户产生消费行为。

课堂讨论

针对下列问题展开讨论。

（1）想一想二维码为我们的生活带来了哪些便利？

（2）你在生活中见过哪些类型的二维码营销案例？

一、任务目标

二维码运营就是将企业的营销信息植入到二维码的链接内容中，通过二维码图案的传播来推广企业的各种信息，刺激用户产生消费行为。二维码运营是一种十分具有潜力的运营方式，也是新媒体运营中的重要组成部分之一。它不仅可以通过各种新媒体平台进行线上推广，还能印刷到纸张、卡片上，通过传统线下途径进行传播。本任务将对二维码运营的优势、二维码运营的方式等知识进行介绍，帮助运营人员认识二维码运营。

二、相关知识

（一）二维码运营的优势

二维码是移动运营的典型代表，它凭借成本低廉、应用广泛、可塑性强、操作简单等特点，轻松打通了企业新媒体运营线上线下发展的瓶颈，成为新媒体运营、O2O融合运营的最佳载体。从企业的角度来看，二维码运营主要有以下5种比较明显的优势。

- 随着移动互联网的快速发展和二维码在人们工作和生活中的广泛普及，功能齐全、人性化、省时实用的二维码运营将更容易打入市场。企业可以通过二维码便捷地为用户提供扫码下单、促销活动、礼品赠送、在线预订等服务。
- 企业通过对用户来源、路径、扫码次数等进行统计分析，可以制定出更精准、细分的运营计划，提高运营效果。
- 企业进行二维码运营时，可以将视频、文字、图片、促销信息、活动信息等链接到一个二维码上，并将二维码通过社交平台、媒体平台、门户网站、贴吧论坛、企业网站等线上途径进行投放，也可以通过名片、报刊、展会、宣传单、公交站牌、地铁墙、公交车身等线下途径进行投放，方便企业实现线上线下的整合营销。
- 二维码链接的内容可以根据企业的运营计划进行实时调整，需要更改内容信息时只需在系统后台操作即可，无须重新制作投放二维码，有效地减少了企业重新制作的成本。
- 用户只需要通过手机扫描二维码即可随时随地浏览、查询、支付等，二维码的信息传播十分便捷，对企业宣传、产品展示、活动促销、用户服务等都具有十分不错的效果。

（二）二维码运营的方式

二维码运营是移动运营背景下非常受企业青睐的一种运营方式。运营人员在进行二维码运营前需要根据产品或品牌的定位选择合适的运营方式，如通过微博运营、宣传品线下运营等。根据二维码投放的途径，二维码运营的方式可分为线上运营和线下运营，下面对其进行详细介绍。

二维码运营的方法

1．线上运营

二维码的线上运营平台比较多，企业通常会选择用户定位比较精准的平台或用户基数比较大的平台，例如微博、微信等平台，或与产品有关联的论坛、贴吧、网站等平台。

（1）微博

微博是用户基数非常大且活跃度非常高的社交平台，微博上的热门话题通常可以在短时间内引起非常多的关注，企业通过在微博上进行相关活动宣传推广二维码，可以获得不错的效果，图7-3所示为微博上的二维码推广。

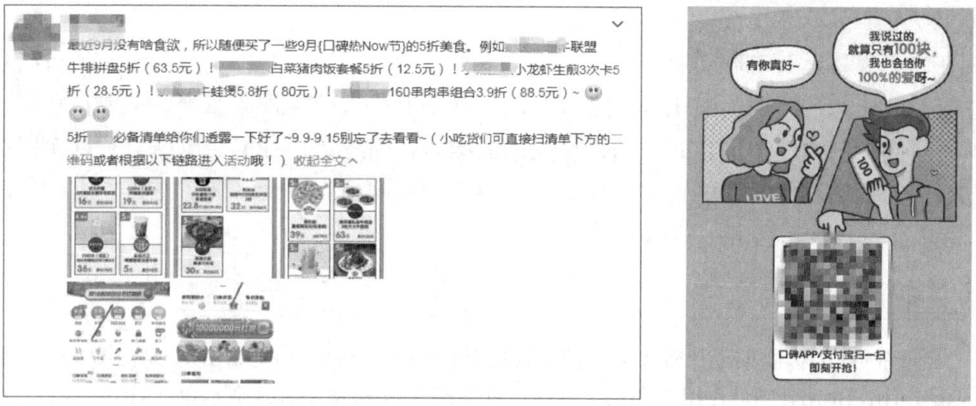

图7-3　微博上的二维码推广

（2）微信

微信作为主流的即时通信工具，不仅具有二维码的传播能力，可以将二维码快速传播到具有相同特征和消费习惯的精准人群中，而且，利用微信还能直接扫描二维码，方便用户进行二维码信息的读取，是企业进行二维码运营的主要方式之一，如扫码骑车、扫码取款和支付等新型的二维码运营及应用模式在微信上均可实现。

除了微信本身的功能可以用于二维码运营外，微信公众平台也是二维码运营的一大途径。企业在微信公众平台进行推送时附带相关二维码信息，也能够获得非常好的运营效果。现在很多公众号在进行内容推送时都会附带二维码信息，图7-4所示为微信公众号上的二维码推广，从中可看出：第1张图在微信推文中植入秋季品牌服装博览会活动的二维码，用户扫描后可了解并登记参加活动；第2张图在推文中植入特价产品的报名二维码，用户扫描后可获得限时特价优惠并进行报名；第3张图在推文中植入微信公众号的二维码，当其粉丝分享了该推文后，其他用户可通过扫描该二维码关注公众号，这为公众号引流提供了快速方便的途径。

图7-4　微信公众号上的二维码推广

（3）网站

现在的新媒体运营在朝着整合运营的方向发展，企业在进行二维码运营时，还可结合相关网站进行推广，如在新浪、腾讯等大型综合门户网站的广告位中投放二维码，或在豆瓣、百家号新媒体写作平台中发布信息时，附带相关的二维码，引导用户扫描。这些方式均可以达到增加用户数量、强化宣传效果的目的。此外，如果企业官网访问量大，还可直接在官网的醒目位置（如导航、菜单栏、Banner等）放置二维码，吸引用户扫描。

专家指导

二维码的线上传播渠道比较丰富，除了比较热门的社交应用和相关网站之外，贴吧、网络论坛（Bulletin Board System，BBS）社区、社交网络服务（Social Networking Services，SNS）社区、新闻网站、视频网站、问答平台、社群等均可实现二维码的有效传播。

2．线下运营

二维码线下运营具有非常强的适应性，特别是随着二维码对人们生活渗透得越来越深入，二维码应用的场所越来越多，二维码运营的渠道也越来越多。下面对较为常见的二维码线下运营的方式进行介绍，主要包括宣传品和名片。

（1）宣传品

在新媒体运营的冲击下，传统运营方式虽然有一定的衰减，但仍然具有非常强大的运营效果，将传统运营、新媒体运营进行整合更是未来企业运营的新趋势。现在很多企业开始通过平面、户外以及印刷品等媒体，结合二维码，策划整合式的线上线下运营方案，将二维码与传统媒体进行捆绑，使传统媒体传播价值延伸至互联网中，积累更多不同渠道的新用户。传统的平面、户外以及印刷品等媒体所包含的种类非常多，宣传单、宣传画册、宣传海报、产品包装、产品说明书、产品吊牌、服装、卡片、优惠券、小赠品、户外广告、报纸、杂志、鼠标垫、周边产品、购物清单等都是非常典型的传统宣传媒介。图7-5所示为淘宝售后服务登记表中的二维码，用户签收包裹后即可看到该登记表，可通过扫描其中的二维码了解网店的最新资讯。图7-6所示为宣传单上的二维码，用户通过扫描该二维码可参与“满减”活动、领取精美礼品。

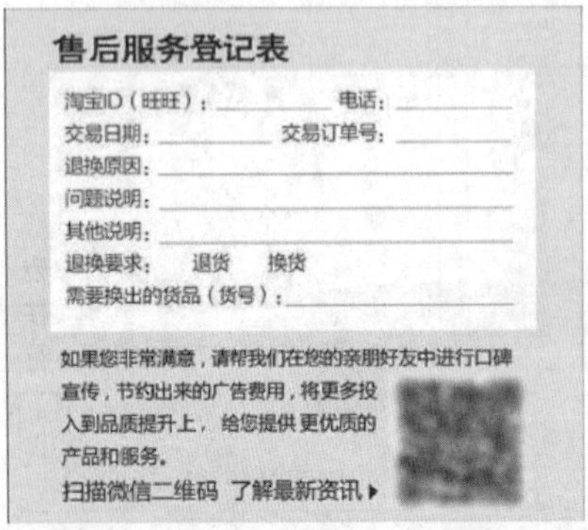
售后服务登记表

淘宝ID（旺旺）：________ 电话：________

交易日期：________ 交易订单号：________

退换原因：________

问题说明：________

其他说明：________

退换要求： 退货 换货

需要换出的货品（货号）：________

如果您非常满意，请帮我们在您的亲朋好友中进行口碑宣传，节约出来的广告费用，将更多投入到品质提升上，给您提供更优质的产品和服务。

扫描微信二维码 了解最新资讯▶

图7-5 售后服务登记表中的二维码

图7-6 宣传单上的二维码

（2）名片

名片是企业和企业职员的形象的代表，也是展示和宣传企业信息的一种传统媒介。将二维码印制到名片上，用户只需使用扫码软件进行扫描，就可以读取名片上或多于名片表达的内容信息。通过二维码名片，企业可以将用户引导到指定页面，使用户了解产品款式、产品参数和产品介绍等信息，让用户更快速、更直接地接触到产品，从而提高转化率，图7-7所示为名片上的二维码信息。

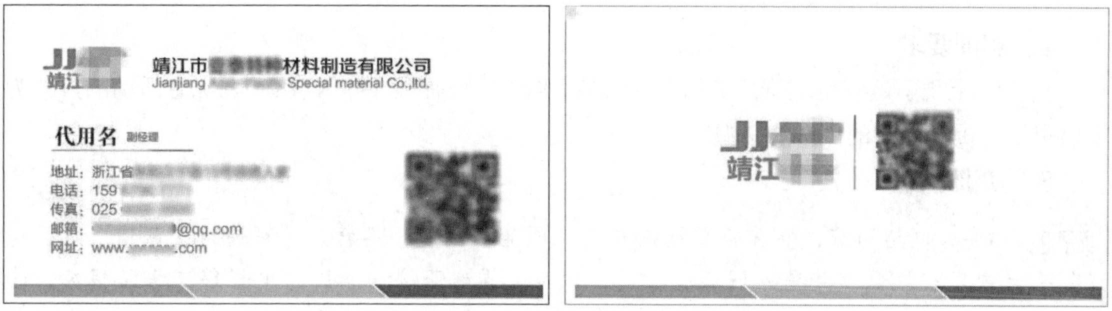

图7-7　名片上的二维码

专家指导

> **线下平台的二维码运营如果方式得当，可以获得非常不错的营销效果。为了吸引用户进行扫码，可以适当采用一些营销小技巧，例如扫码有机会成为会员，获得优惠券、免单、赠品、打折、抽奖、辨别真伪、无线密码等好处，吸引用户主动对二维码进行扫描。**

（三）二维码运营的注意事项

二维码运营的目的是引导用户扫描二维码，使其查看企业的各种推广信息。因此，运营人员在制作二维码时需要注意以下事项，才能有效地调动用户积极性，吸引用户扫描二维码并达到运营的效果。

- **提供有价值的内容**。二维码所链接的内容必须是在充分考虑用户需求的前提下制作的，如促销优惠、抽奖活动、礼品领取等用户感兴趣的内容，内容要有一定的吸引力才能刺激用户进行扫描。可以通过一些文字信息说明扫描二维码后能够获得的价值，促使用户参与活动。
- **合适的二维码投放地点**。线上投放二维码需要商家结合各种推广手段扩大二维码的用户群体，线下投放二维码则要注意投放的地点是否合适。一般来说，公交车站的灯箱、电影院候影区等人流较多的地方，其投放效果会比街道广告牌的效果更佳。
- **落地页移动化**。落地页是指用户扫描二维码后跳转的页面。该页面是方便用户手机操作的移动页面，切忌链接到PC端的网站，避免给用户带来不好的视觉和操作体验，影响用户对企业的印象。
- **内容简洁**。二维码链接的内容一定要简洁明了，页面不要设计得太复杂，以直观、易操作为宜，主要内容要展示在手机屏幕的中央，以方便用户阅读和操作。

三、任务实训

某传统服装企业在淘宝网上开设了官方网店，为了向用户推广其官方网店，并吸引用户进行购买，现要求新媒体运营人员通过二维码的方式来进行宣传。

1. 实训目标

（1）掌握二维码的线上运营方式。

（2）掌握二维码的线下运营方式。

2. 实训要求

结合线上线下运营方式推广该服装企业在淘宝网上的官方网店，然后以优惠活动的方式为网店引流，提高网店的流量和销量。

3. 实训思路

步骤 01 要为网店引流，首先需要让用户进入网店。因此，运营人员可通过在微信、社区论坛等平台中发布软文，并植入网店二维码；也可以在线下公交站牌、电梯等广告位投放二维码广告。

步骤 02 为了吸引用户购买，可以通过微博发布活动信息，并在其中明确要求扫描二维码才能参与。此外，也可制作线下宣传单，在宣传单中描述清楚活动信息，并提供二维码。

步骤 03 在进行二维码的线上线下运营时，要注意区分各渠道的二维码内容，如软文推广的二维码可链接淘宝官方网店或网店中的优惠活动页；线下公交站牌、电梯广告等二维码可以链接官方微信、微博；微博和宣传单活动中的二维码可链接优惠信息。

四、任务考核

填写表7-2的内容并上交。

表7-2　任务考核

序号	考核内容	分值（100分）	说明
1	二维码运营的线上方式有哪些	40分	
2	二维码运营的线下方式有哪些	40分	
3	二维码运营的注意事项有哪些	20分	

任务三　知识运营

内容一直是新媒体运营的重中之重，互联网的快速发展虽然带来了更多的信息，但也产生了信息泛滥、信息超载等负面的影响，降低了用户获取信息的效率与质量。这也使用户对内容质量的要求越来越高，很多用户甚至愿意付费获取有用的内容。了解并掌握知识运营的相关知识，可以帮助运营人员更好地树立企业形象、开展运营活动。

课堂讨论

针对下列问题展开讨论。

（1）你在新媒体平台上发布过文章吗？如果发布过，请简述你发布文章的内容。

（2）当你对某个方面的知识产生疑问时，你一般通过哪种方式来解决？

一、任务目标

知识运营是通过有效的知识传播方法和途径，将企业所拥有的对用户有价值的知识（包括产品知识、专业研究成果、经营理念、管理思想以及优秀的企业文化等）传递给潜在用户，使其逐渐形成对企业产品或品牌的认知，将潜在用户最终转化为用户的过程和各种运营行为。知识运营是目前新媒体运营不可缺少的一种方式，本任务将对知识运营的优势、知识运营的平台、知识运营的策略等进行介绍。

二、相关知识

（一）知识运营的优势

知识运营的核心是知识，知识的价值是企业开展新媒体运营，获取用户好感、关注、兴趣，实现转化的关键。知识运营的优势主要表现在以下3个方面。

- **用户黏性强**。知识运营推崇更加理性与独立的消费行为，其目标用户一般基于对知识的理解、认可才会产生转化，用户行为比较理性，不容易受其他外在因素的影响。基于此，这种营销方式所带来的用户转化是比较牢靠的，用户黏性也更强。
- **价值体现高**。知识运营以知识的形式来传递运营信息，知识内容就是企业的产品或品牌价值的具体体现，如产品技术原理、产品使用方法、品牌价值延伸等，从本质上就与其他运营信息拉开了差距。知识的档次和价值在用户心中处于更高的地位，其价值体现自然也就更高。
- **重新塑造认知**。企业开展知识运营主要是通过传递知识性信息的方式增进用户对产品或品牌的了解，这样不仅可以使用户接收新知识，还能改变用户对于某些固有认知的错误印象，重新塑造用户对企业产品或品牌的认知体系。

在用户越来越重视知识的环境下，企业通过知识运营的方式将运营信息广而告之，可以让用户对品牌产生基本的认知，进而影响用户的固有认知并传递品牌价值。

（二）知识运营的平台

知识可以简单理解为一切有价值的内容，传统的文化、科学、自然，以及他人的经验、见解等都可以看作知识。因此，根据知识的表现形式，可以总结出目前常见的知识运营平台，主要包括知识写作平台和知识问答平台，下面分别进行介绍。

1. 知识写作平台

新媒体时代，越来越多的用户通过新媒体平台来表达自我，人人都是自媒体成为新媒体的典型标志。而知识更注重的是优质和原创内容的输出，因此，也诞生了很多专门的知识写作平台，除了博客、微博、公众号外，现在主流的自媒体写作平台还包括简书、大鱼号、今日头条、企鹅媒体平台、搜狐号、百家号等。

（1）简书

简书是一个优质的创作社区和内容输出平台，任何人都可以在其上创作自己的作品，并与其他用户交流。简书界面简洁、体验效果较好，深受文艺青年和大学生的青睐。简书对文章的原创性要求较高，要想文章入选首页推荐，文章必须为原创，并且具有一定的质量。

由于简书的准入门槛较低，用户数量和流量都十分可观，所以十分有利于打造个人品牌。同时，用户在简书上持续创作优质文章不仅可以获得大量粉丝，还可能与出版社或其他平台的“大V号”合作，进一步扩大自己的影响力。

（2）大鱼号

大鱼号是原UC订阅号、优酷自频道账号的统一升级，内容创作者可轻松接入“大鱼号”，“畅游”阿里文娱生态的多点分发渠道，获得多产品、多平台的流量支持。第一阶段接入的平台为UC、UC头条、优酷、土豆、淘宝、神马搜索、豌豆荚，第二阶段接入的平台为天猫、支付宝等。

大鱼号升级之后，阿里文娱在原有“大鱼计划”10亿元内容扶优基金之上，继续追加10亿元纯现金投入，为创作者提供现金扶持，进一步激励优秀原创作者及短视频创作的产出。

（3）今日头条

今日头条是一款基于数据挖掘的推荐引擎产品，可以基于个性化推荐引擎技术，根据每个用户的兴趣、位置等多个维度进行个性化的信息推荐，推荐内容包括新闻、音乐、电影、游戏、购物等，还可以根据社交行为、阅读行为、地理位置、职业、年龄等挖掘用户兴趣，提取用户高维特征，再根据用户特征、环境特征、文章特征的匹配程度快速完成资讯的推荐。

今日头条精准的推送能力和丰富的资讯形式，为其赋予了较高的营销价值；同时用户多、流量大等特点，也吸引了越来越多的自媒体用户入驻。

（4）企鹅媒体平台

企鹅媒体平台是由腾讯推出的自媒体写作平台，提供开放全网流量、开放内容生产能力、开放用户链接、开放商业变现能力4个方面的能力。

媒体/自媒体在企鹅媒体平台发布的优质内容，可以通过手机QQ浏览器、天天快报、腾讯新闻客户端、微信新闻插件和手机QQ新闻插件进行一键分发，增加了内容的曝光度和曝光的精准度。通过微社区，该平台还可以帮助媒体/自媒体实现与粉丝的互动，方便快速沉淀粉丝群，建立起与粉丝的连接，实现粉丝资源的积累。

（5）搜狐号

搜狐号是搜狐门户网打造的分类内容分发平台，它集中搜狐网、手机搜狐网、搜狐新闻客户端3个方面的资源进行推广，个人、媒体、企业、政府均可入驻。搜狐个人号面向个人，提供以文字、图片创作为主的内容管理、互动平台，帮助个人用户寻找自己的粉丝，打造自己的品牌；搜狐媒体号面向报纸、杂志、广播电视台、电台、互联网等媒体开放内容发布平台，与搜狐共享亿万移动用户；搜狐企业号面向企业、机构，以及其他提供内容或服务的组织，共享海量流量资源，扩大自身品牌影响力；搜狐政府号主要面向国家各省、市、区的各级党政机关，为公开政务信息而打造。

（6）百家号

百家号是百度公司为内容创作者提供的内容发布、内容变现和粉丝管理平台。百家号支持内容创造者轻松发布文章、图片、视频作品，未来还将进一步支持H5（HTML5的简称，即第5代Hyper Text Markup Language，第5代超文本标记语言）、VR（Virtual Reality，虚拟现实技术）、直播、动图等更多内容形态。百家号为内容创造者提供广告分成、原生广告和用户赞赏等多种变现机制，在百家号上发布的内容可以通过手机百度、百度搜索、百度浏览器等多种渠道进行分发，从而使企业获取多渠道流量，实现粉丝的积累。

2．问答平台

问答是一种以第三方的角度来帮助用户解决问题的知识平台，其内容在搜索引擎中可以获得较高的权重，能够获得较好的排名，这种知识运营方式能够达到较为精准的运营效果。百度知道、知乎、在行等都是常见的知识问答运营平台，在这些平台中进行问答的方式有两种，一种是自问自答，另一种是回答别人的提问或者把问题发给其他人回答。不管是哪种方式，都要在剖析用户需求的前提下提供高质量的优质答案。

- **百度知道**。百度知道是由百度搜索引擎自主研发的、基于搜索的互动式知识问答分享平台。在该平台中用户可以根据自身的需求有针对性地提出问题，这些问题的答案又将作为搜索结果，满足有相同或类似问题的用户需求，图7-8所示为百度知道的首页。百度知道不仅可以通过回答问题分享经验与知识，还能在企业的专属问题页面中传播企业的具体业务范围，通过其专属的广告位增加企业曝光度，以便定位更加精确的消费群体，并形成转化。

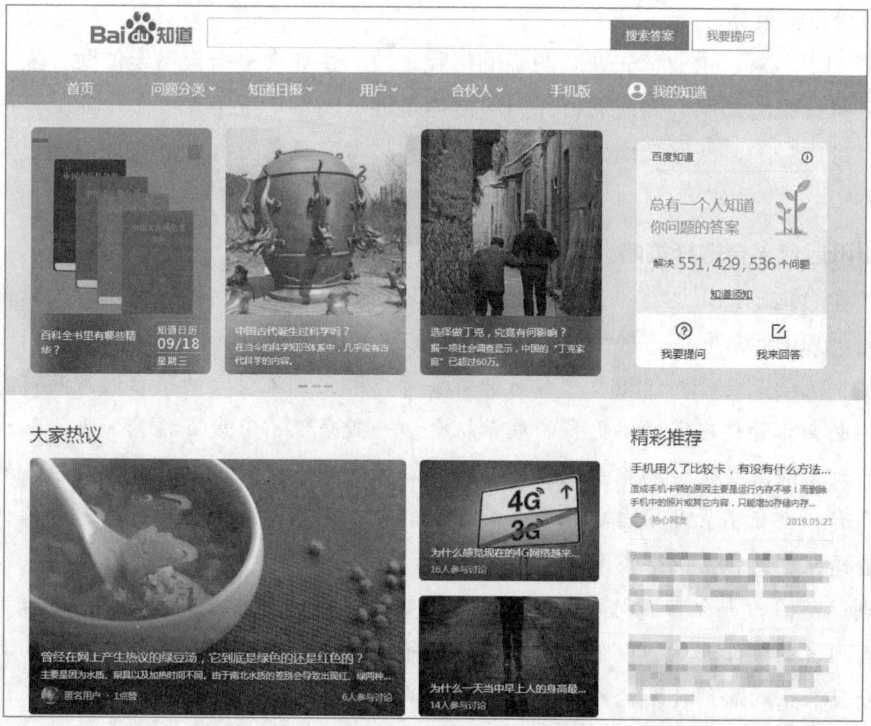

图7-8 百度知道

专家指导

与百度知道类似的还有基于搜狗搜索引擎的搜狗问问、基于360搜索引擎的360问答等。

- **知乎**。知乎是一个网络问答社区，用户可以在知乎上提出问题，或与其他人分享知识、经验和见解。知乎用户通常都有各自的标签，标签相似的人可以围绕着某一个感兴趣的话题进行讨论，也可以关注其他兴趣一致的人。在知乎上，用户通过知识的解答、生产和分享，可以构建具有很高价值的人际关系网，通过交流的方式建立信任关系，从而打造自己的个人品牌。企业可以在知乎中建立自己的官方账号，通过发布专业知识来进行品牌形象建设。
- **在行**。在行是由北京我最在行信息技术有限公司开发的一款分享知识与技能的问答平台。它在传统面对面咨询的方式上进行了优化与改进，通过用户线上填写需求，由用户自由选择获得答案的方式，如一对一面谈、远程通话、小班组团课或个性化定制服务等。在在行中进行运营需要成为行家或顾问，以专家的身份进行知识运营，从而带动线上线下的产品升级，成功打造自己的品牌。

（三）知识运营的策略

知识运营面对的是广大的网络用户群体，因此明确其运营策略才能更好地定位用户，将运营信息以知识的形式告知用户，让用户不仅知其然，而且知其所以然，使用户对企业产品或品牌产生深度认知，以激发用户兴趣并促使其决策，进而在用户消费后形成大量的自主传播和分享。知识运营的策略主要包括自身定位策略、知识运营平台选择策略和转化入口策略。

1. 自身定位策略

要做好知识运营，企业首先要有明确的自我定位。企业在进行自身定位时，需要考虑自身能提供什么有价值的知识、知识的目标用户群体是谁。通常情况下，一个企业的产品、资源等都是有其自身优势的，但就知识运营而言，还需要思考究竟哪方面的优势才能通过知识的形式进行分享转化。

2. 知识运营平台选择策略

选择一个合适的知识运营平台能够获得事半功倍的营销效果。好平台可以为营销提供更多的价值，对于知识运营而言，平台的流量、规则和曝光度都非常重要。

- **流量**。流量是选择知识运营平台时的首要考虑因素，流量大的平台通常具有更大的影响力，也会为营销内容提供更多的展示机会。一般来说，百度百科、知乎等知识运营平台具有天然的流量优势和推广优势，其用户属性明确、定位精准，且拥有较多的优质内容生产者，企业不管是用自建账号开展知识运营，还是与其他优质创作者合作，都是不错的选择，也更容易获得高阅读量。
- **规则**。不同的平台有不同的规则。对于原创性的知识型内容创作来说，平台规则直接影响着内容的最终影响力。保护原创内容的平台，能更好地树立内容生产者的品牌形象，如今日头条的原创计划就可以很大程度地保障内容生产者的权益。
- **曝光度**。平台如果不能为创作者提供更多曝光机会，其营销价值就会大打折扣。现在主流的知识运营平台在打造和突出内容生产者的个人品牌时都有不同的方式。例如百度知道基于百度搜索引擎强大的搜索与收录功能，企业通过百度知道进行运营不仅能在搜索引擎中获得较高的权重，取得较好的排名，还能通过百度的专属广告位增加企业的曝光机会，精准定位用户群体，并形成转化。知乎可以使企业通过问题的解答、知识的生产和分享来为用户贴上标签，构建具有很高价值的人际关系网，通过交流的方式建立用户信任关系，从而打造品牌。

好的内容必须依靠好的媒介和渠道进行推广和传播，才能让更多用户发现和关注，实现其运营价值，因此，运营前选择合适的平台是非常重要的。现在的主流知识运营平台因其定位不同，吸引的用户也不同。例如简书的用户大多为文艺青年和大学生，文章类型也以励志故事、情感故事、专业的“干货”文章为主，其新闻、体育类文章的热度就相对低一些；今日头条的用户多为社会人群，他们对新闻、娱乐等文章比较感兴趣；豆瓣的用户则多为都市青年，他们更关注图书、歌曲、电影、生活等类型的文章。运营人员应该根据具体的运营目的选择适合企业的平台或者全平台进行推广。例如前文芬必得选择知乎来进行知识运营，就是因为知乎是一个受用户认可的UGC内容创作平台，该平台上的用户对专业知识的接受度高，并且乐于传播和分享知识，这些用户都是芬必得的潜在用户，能够为芬必得的产品和品牌形象传播提供口碑。

3．转化入口策略

不管是通过写作平台还是知识问答平台开展知识运营，任何优质的知识在推出时都需要一个方便用户行动的入口，例如快速关注、直接购买、了解更多、收藏转发等，让用户可以及时通过简单便捷的入口对所接收的信息进行关注等。一般来说，用户刚接受信息的时候是转化的最佳时刻，时间间隔越长，入口操作越复杂，用户的转化行为就越少。

由于知识运营的发布渠道有很多，每个渠道都拥有不同的入口和功能，所以运营人员应选择合适的渠道进行内容的发布，或自己制作方便用户转化的二维码或导向链接。

三、任务实训

某婴幼儿奶粉品牌专为1~3岁的幼儿提供优质营养配方奶粉，其产品核心卖点是：特别添加α＋β黄金蛋白，配合专业的喂养建议，提供全面充足的营养。现要求通过知识运营的方式来进行其品牌形象宣传，提高用户对其产品的认知度。

1. 实训目标

（1）掌握知识运营的平台选择方法。

（2）掌握知识运营的内容运营方法。

2. 实训要求

根据品牌的自身定位选择合适的知识运营平台，然后发布知识以进行品牌形象的传播，树立其在用户心中的形象。

3. 实训思路

步骤 01 婴幼儿奶粉品牌的目标用户主要是新生儿妈妈，她们的需求主要是新生儿奶粉相关的一系列问题，如奶粉配方、是否好吸收、能否提高抵抗力等。围绕这些问题，应该选择以知识问答平台为主开展知识运营，如百度知道、知乎等。

步骤 02 确定运营平台后，即可策划知识的表现形式。若在百度知道中提问，可选择一些客观、相关性高且能体现品牌专业性的问题进行回答。若在知乎中开展知识运营，可由企业官方账号发布α+β黄金蛋白的相关专业知识进行科普，再联合知乎大号进行运营，增强品牌在用户心中的形象。

四、任务考核

填写表7-3 的内容并上交。

表7-3 任务考核

序号	考核内容	分值（100分）	说明
1	知识运营有什么优势	30分	
2	知识运营的平台有哪些	40分	
3	知识运营的策略有哪些	30分	

拓展延伸

新媒体时代，任何运营方式都不是孤立的，一个合格的运营人员必须了解每一种运营方式，在综合运营的基础上才能获得最大的运营效果。下面将进一步介绍App运营、二维码运营和知识运营的相关知识，帮助运营人员进一步理解和掌握新媒体运营的方法。

一、应用推荐平台中的应用主要有哪些盈利模式

移动终端使用的应用程序一般通过应用推荐平台进行获取，App开发者主要可以通过以下模式进行盈利。

- **移动广告**。移动广告是指广告主付费给应用开发者，以App为平台向该App的使用对象推送广告。这种盈利方式比较依赖App的下载量和使用量，如果App比较受欢迎，有较好的用户市场，就能够获得比较好的广告宣传效果。
- **付费下载**。付费下载是指App开发者开发某应用后，通过应用商店将该应用出售给目标用户使用。该盈利方式的盈利效果根据App目标用户对App的接受程度而定，如果该群体对App有兴趣，愿意对其进行付费，则可以获得较好的盈利效果。现在很多的游戏、主题、实用工具等App都采用该模式。
- **附加收费**。附加收费是指App主程序免费使用，但部分附加功能需要额外收费，如VIP功能等。
- **后期收费**。后期收费是指App本身免费使用，但会对App内的一些功能或道具进行收费，如游戏应用中的道具收费等。
- **月租收费**。月租收费是指用户在使用App时，每个月均需支付一定的费用，才能正常使用该App的全部功能。
- **组合收费**。组合收费是指开发者开发众多App，通过比较受用户欢迎的App向其他收费

App进行引流，吸引用户消费其他App的功能并进行收费。

二、怎么进行二维码的优化

二维码的优化主要包括视觉优化和内容优化两个方面。

- **视觉**。二维码默认情况下是黑白相间的图形，但其实二维码的外形可以重新进行设计，二维码的尺寸、颜色、类型或图片，都能够根据企业的需求自行进行设计。企业也可以结合自己的产品特色、品牌理念，添加一些能够展示自身特点的元素，如房地产公司将二维码设计成建筑图片等。
- **内容**。二维码可以链接的内容十分丰富，可以是文本、网址、名片、文件、图片等，但由于二维码基于手机设备进行操作，所以首先要考虑手机屏幕的大小与用户操作的便捷性。为了方便用户快速了解二维码链接的内容，二维码被扫描后的打开速度不能太慢，因此不能链接太大的文件内容。对于链接网址来说，尽量设置短链接，降低二维码的密度，避免二维码过密无法扫描。其次，还要注意二维码的引导语，要求言简意赅，能够体现出营销目的，或指出消费者能够获得的利益，以引起消费者扫描的兴趣。

三、知识写作平台的运营价值

知识写作平台的运营价值主要体现在以下3个方面。

- **打造个人品牌**。互联网背景下的网络营销，依靠自媒体这种形式创造价值的不在少数，同道大叔变现1.78亿就是依靠自媒体渠道不断提升个人影响力，再通过持续不断的内容输出打造具有鲜明标志的个人品牌，积累庞大的粉丝群体，最终实现自媒体运营的变现。不管是哪一个知识写作平台，只要能够坚持提供高质量的内容服务，就能够打造出个人品牌。
- **导入电商平台**。很多自媒体人通过自媒体平台积累了人气后，会选择创建网上店铺，走上电子商务运营的道路，经营与自身定位比较相符的产品，利用自身在行业或圈子里的知名度引导粉丝进行购买，实现高效的价值产出，直接产生经济效益。例如罗辑思维的罗振宇就利用自媒体积累粉丝，再通过网上店铺出售自己的产品。
- **实行内容付费**。现在主流的自媒体平台几乎都开通了“打赏”的模式，当内容创造者为用户产出了有价值的内容时，喜欢该内容的粉丝就可能进行打赏，这就是内容付费的一种形式。粉丝打赏可以保持创作者的创作热情，知名度大、专业度高的创作者甚至可以开设专栏，供用户选择订阅，并进行付费。

实战与提升

通过本项目知识的学习，对下列问题展开讨论与练习，在巩固所学知识的同时，拓宽视野，进一步提高自己的能力。

（1）谈谈你对App运营的看法，并列举典型的运营案例进行分析。

（2）谈谈你对二维码运营的看法，它主要可应用在哪些行业或领域？

（3）搜寻和查找知识运营的相关案例，总结知识运营的盈利模式和优缺点。

项目八 新媒体数据分析

学习目标

新媒体时代也是大数据时代，任何新媒体运营都需要数据的支撑才能更好地挖掘用户需求、制订运营计划，以及发现运营过程中出现的问题并改正错误，更好地实现运营的最终目的。运营人员也可在数据分析的过程中发现隐藏的商机，先发制人，占据市场优势。数据分析贯彻在新媒体运营的整个过程中，它是一个不断循环的过程，可以达到及时调整运营方向、控制运营成本和提高运营效果的目的。

学习导图

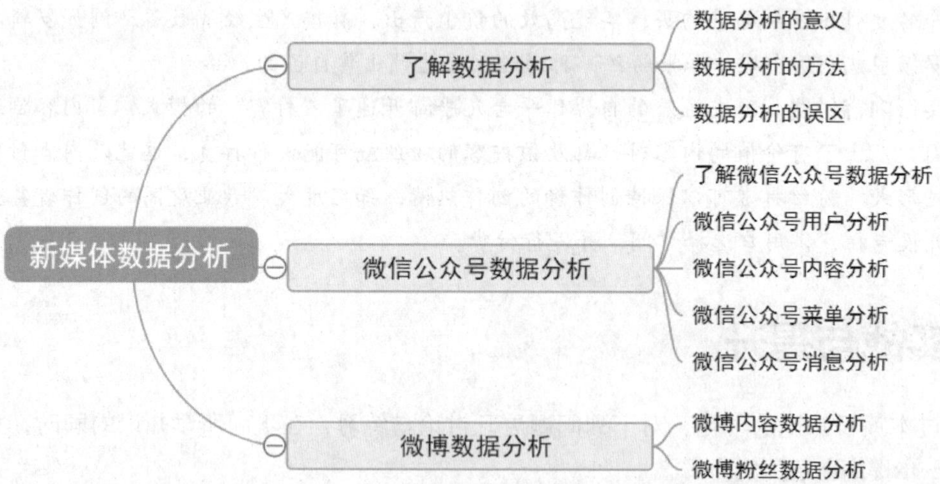

案例导入

《2018微信年度数据报告》显示，截至2018年第3季度，微信月活跃账户数达到10.82亿，2018年9月55岁以上的账户月活跃数达到6300多万，微信进一步向年长用户人群渗透。此外，微信用户的日发送消息次数达到450亿，较2017年增长18%。对微信不同年龄层的用户分析可知，55岁以上的年长用户早睡早起，线上娱乐丰富，习惯饭后和子女视频，比较喜好看健康、养生类的内容；“70后”喜欢在休息时刷朋友圈；“80后”喜欢早晚阅读，且较关注国家大事；“90后”则更爱在朋友圈点赞，喜欢阅读生活情感类内容；“00后”一般晚上10点比较活跃，如图8-1所示。

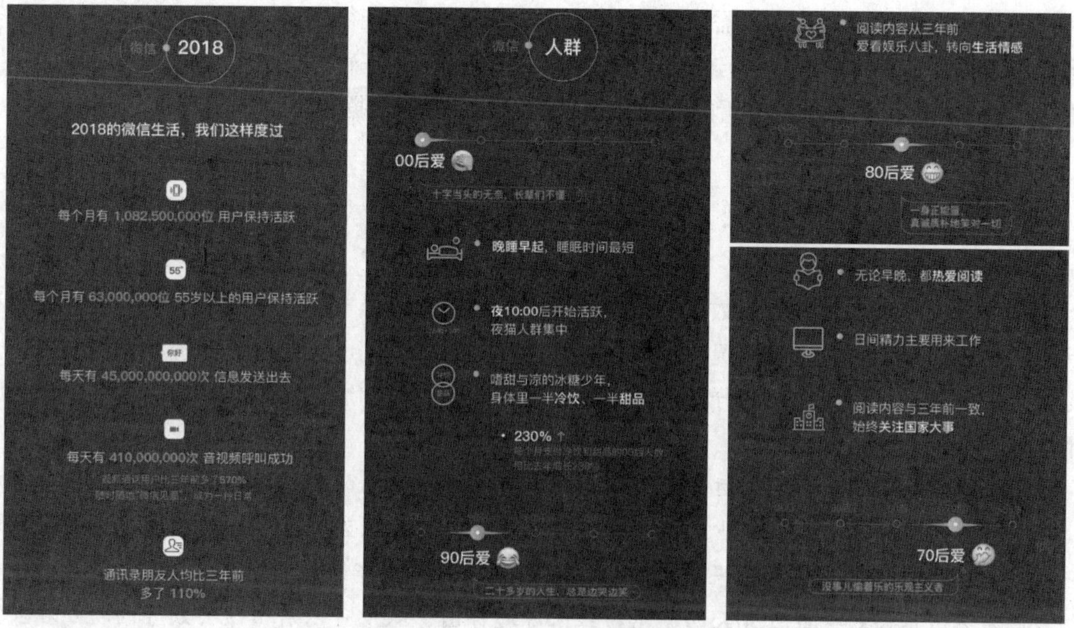

图8-1 《2018微信年度数据报告》

运营者通过对这些数据的统计分析，利用微信可以更好地针对不同年龄段的用户推出特色服务和功能，进行针对化运营，也能更好地进行自身运营策略的调整。同理，通过微信开展运营的个人或企业也要注重微信公众号的数据分析，掌握运营过程中内容的转化效果与用户行为的变化，才能更好地调整运营策略，实现更多转化。

【思考】

（1）数据分析的作用是什么？

（2）数据分析可以采用哪些方法？

任务一 了解数据分析

数据分析是指有针对性地收集、加工、整理数据，并采用适当的统计分析方法对数据进行归纳，提取其中的有用信息形成结论。数据分析是新媒体运营不可缺少的环节，它通过分析各项运营数据得到具有参考价值的结论，从而对新媒体运营进行科学的指导。

课堂讨论

针对下列问题展开讨论。

（1）作为新媒体运营人员，你是如何知道用户喜好的？

（2）当你发布了一篇推文后，如何判断该推文的效果？

一、任务目标

关于新媒体运营的效果，需要对大量的数据进行分析才能得知，如文章转化率等，这需要运营人员掌握一定的数据分析方法。本任务将对数据分析的基础知识进行介绍，包括数据分析的意义、数据的来源、数据分析的方法，帮助运营人员做好数据分析工作。

二、相关知识

（一）数据分析的意义

数据分析是指通过对大量数据的统计和分析，使运营人员全面、准确地了解和掌握企业和产品的运营状态和发展变化情况，更好地预测运营方向并控制运营成本，为企业和产品的运营提供决策性意见。新媒体数据分析的意义就体现在运营过程和运营计划的调整中，主要包括以下4个方面。

- **了解运营质量。**新媒体运营吸引的用户人数多少、页面的跳转率高低、文章的阅读量多少、活动的参与人数多少、博文的转发量高低、文章的互动量多少等都需要运营人员对数据分析后才能得到结果，通过对结果的分析，可判断运营质量是否达标。图8-2所示为某微信公众号最近30天的新增粉丝来源趋势图，从中可以看出该公众号的粉丝在2018年3月20~22日、2018年3月29~30日都出现了大量增长，因此可着重分析这两段时间的运营方法，明确粉丝增加的原因，继续优化保持，以持续增加粉丝。

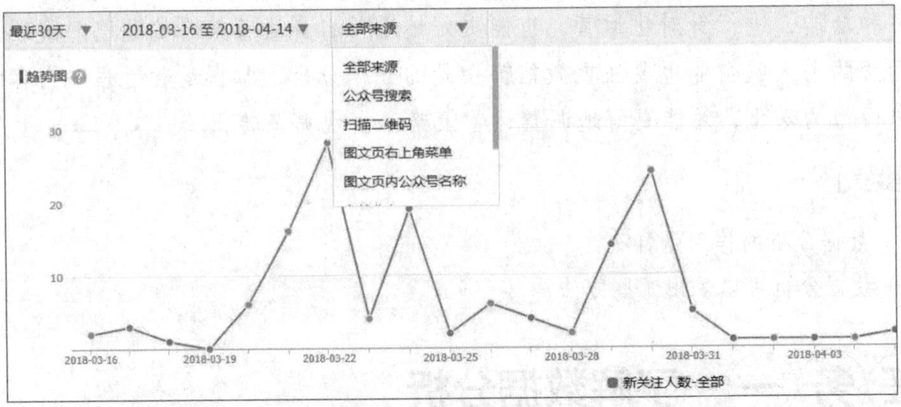

图8-2 某微信公众号最近30天的新增粉丝来源趋势图

- **调整运营方向**。新媒体时代是大数据的时代，大部分新媒体运营平台都提供了数据分析的工具，如百度指数、新浪微指数、微信指数和头条指数等。通过这些工具对网民的各种行为进行分析与研究，可以帮助新媒体运营人员获得更加准确的用户需求信息，有助于运营人员预测并调整运营方向。
- **控制运营成本**。新媒体运营虽然比传统的媒体广告运营相对容易，但要想获得良好的运营效果，提升企业产品的销售额并积累品牌口碑，仍然需要花费较多的运营成本。特别是在如今获取自然流量越来越困难的环境下，企业要想通过流量获得较高的转化，就必须投入一定的资金成本。数据分析可以帮助企业更加精准地定位目标消费人群，把握用户需求，使企业精准地进行广告投放，减少不必要的成本开销，进而达到控制运营成本的目的。
- **评估运营计划**。运营人员在开展新媒体运营时都会制订相应的运营计划，该计划是基于以往的经验与前期的统筹规划而制订的，在实施过程中可能会因为某些因素的变化而产生偏差，此时可以通过数据分析的结果来调整。同时，运营计划的效果又可以通过数据分析进行验证，以评估运营计划的可行性与最终效果，对其执行过程中遇到的问题进行改进，并作为开展下次运营的依据。

（二）数据分析的方法

虽然很多新媒体平台提供的数据分析工具可以进行数据的统计分析，但仍有很多数据需要运营人员归纳后自行总结分析。因此，运营人员要掌握数据分析的常用方法，主要包括对比分析法、结构分析法、漏斗图分析法、雷达图分析法等，下面分别进行介绍。

1．对比分析法

对比分析法是指将两组或两组以上的数据进行对比，通过数字展示或说明研究目标对象的大小、水平高低、速度快慢，以及各种关系是否协调等。根据对比标准的不同，可以将对比分析法分为纵向对比和横向对比。纵向对比是指不同时间段同一指标的对比，如2019年1月到12月的产品销量对比；横向对比是指同一时间段不同指标的对比，如2019年10月某店铺各产品的销量对比。对比分析可以得到经营过程中的各种数据变化情况，从而更好地发现并解决问题。

在进行数据分析时，单一的数据分析只能体现单一的变量，如某一天的流量、销量，如果将某段时间内不同时期的流量、销量进行对比，就可以得到更多的信息，如流量增加或降低、销量提高或减少等，这就是对比分析的优势所在。图8-3所示为2018年五大短视频平台用户各年龄层构成比较，从中可看出抖音、美拍的使用人数最多，且大多为20~49岁的青年群体。

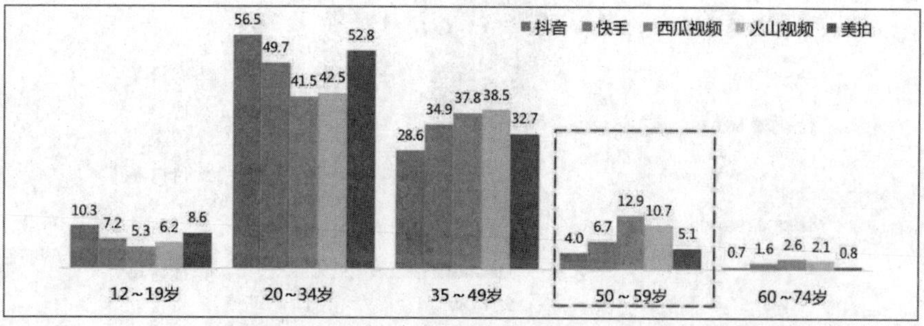

图8-3 2018年五大短视频平台用户各年龄层构成比较

专家指导

对比分析的关键有3点：一是对比要建立在同一标准维度上；二是对比的分析维度量纲要统一；三是要拆分出相关的影响因素。

2．结构分析法

结构分析法是指在有统计分组的基础上，将组内数据与总体数据进行对比分析的一种方法。结构分析法主要用于进行某一部分与总体的占比分析，是一种相对指标分析法。图8-4所示为对网络用户平均每天用于资讯的消费时间的分析，从中可看出，73.7%的用户每天会拿出30分钟以上的时间来看资讯。图8-5所示为网络用户对微博使用情况的分析，从中可看出，60%的用户会使用微博获取资讯。

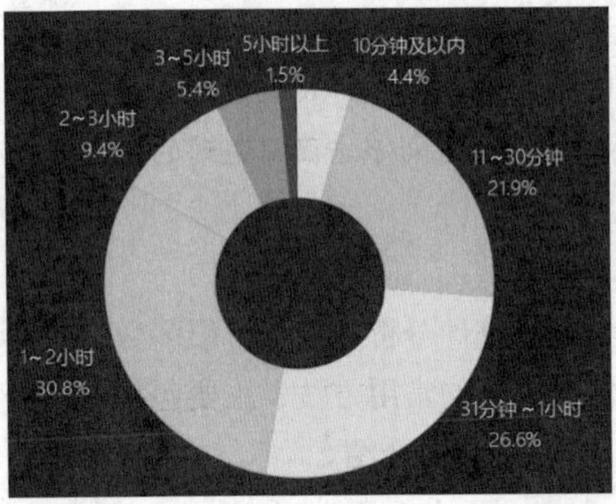

图8-4　网络用户平均消费时间的分析

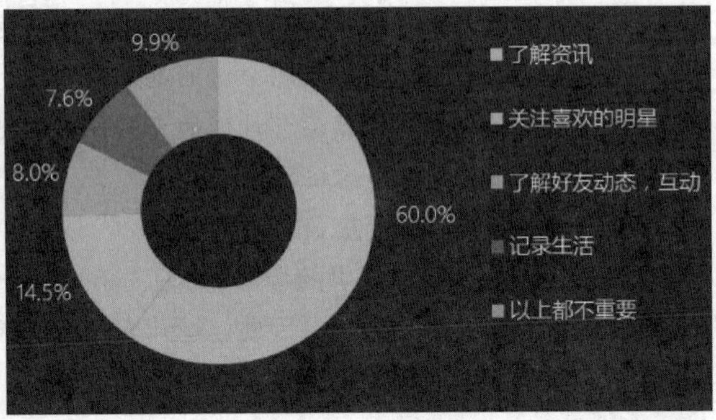

图8-5　网络用户对微博使用用途的分析

3．漏斗分析法

漏斗分析法是指通过对运营各个环节的流程进行对比分析，能够直观地发现并说明问题，如对运营各个环节的转化（从展现、点击、访问、咨询、订单生成的角度进行分析）和用户各阶段的转化比较等进行分析，如图8-6所示。漏斗分析法的各项数据是逐步减小的，要想达到更好的效果可以不断扩大漏斗的开口。

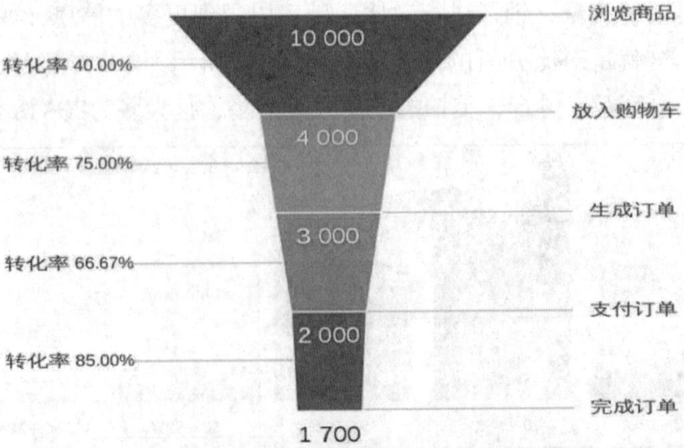

图8-6　运营各环节和用户各阶段转化的比较

4．拆分分析法

拆分分析法是指将一个大的问题进行拆分，将其细分为一个个小问题，从小问题中进行分析，进而快速找到产生问题的原因的方法。这种方法适合对有直接联系的问题进行分析，如营业额是由流量、转化率和客单价决定的，因此，如果发现网店的营业额降低，可以将营业额分为流量、转化率和客单价3个小问题，再分别对每一个小问题进行细分，图8-7所示为某淘宝商家的营业额数据拆分分析法。图中列出了导致营业额发生变化的所有因素，通过分析拆分后的数据，可以直观地发现引起问题的原因，从而分析问题的根源并进行优化。

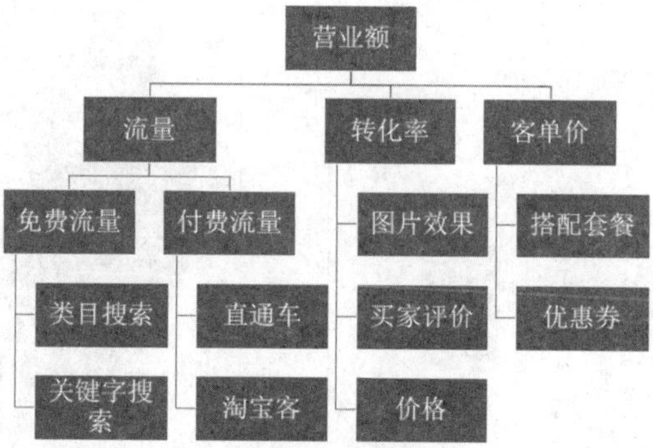

图8-7 营业额拆分分析法

（三）数据分析的误区

很多运营人员因为进入了数据分析的一些误区，导致数据分析的结果不准确，最终使运营计划发生偏差，运营效果不理想。因此，运营人员有必要了解数据分析的误区，避免进入这些误区。数据分析的误区主要有以下4点，下面分别进行介绍。

- **错误选取分析样本**。数据分析的样本选取是相当重要的，运营人员在分析前一定要明确所选取数据样本的时间和范围等，通过制定相同的抽样规则来保证数据分析结果的准确性、公正性。特别是使用对比分析法进行数据分析时，必须保证对比条件相同，否则分析结果会产生偏差。
- **忽略沉默用户**。活跃用户的需求并不等同于所有用户的需求，也不等同于产品或服务的核心需求，在以用户需求为中心的前提下进行数据分析时，不要以部分用户的反馈来做最终的决策，应该听取不同用户的心声，包括沉默用户，从大部分目标用户的需求出发进行数据分析。
- **过度依赖数据**。数据是分析的基础，但过度依赖数据可能会限制运营人员本身的创意和能力。另外，网站、新媒体平台、第三方工具等众多的数据分析平台中的数据信息众多，太多的数据不仅会增加运营人员的负担，还会使其将大量的时间浪费在没有太多价值的数据上，因此，运营人员在进行数据分析时，还要对数据进行筛选，侧重主要数据，忽略没有价值的广泛数据。
- **逻辑关系混乱**。数据分析有因果关系和相关关系。因果关系是指A导致了B的发生；相关关系是指由于同一个原因出现了A和B等多种结果。在进行数据分析时，一定要明确各项数据分析指标之间的逻辑关系，避免出现常识性或逻辑性上的错误，使最终的运营计划产生偏差。如影响销量的因素可能有产品质量、价格、促销力度、用户评论等，如果只针对某一项因素进行调整，可能并不能达到理想的效果。

三、任务实训

图8-8所示为某企业12月份各渠道数据对比分析，图8-9所示为某微信公众号粉丝所在地域分布统计图，对这两张图进行分析。

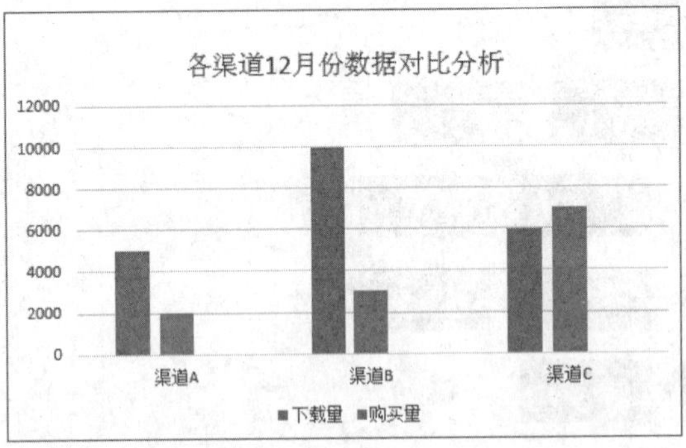

图8-8　某企业12月份各渠道数据对比分析

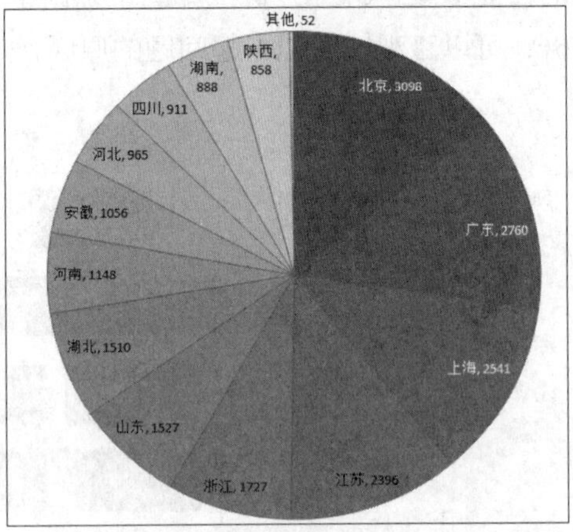

图8-9　某微信公众号粉丝所在地域分布统计图

1. 实训目标

（1）掌握使用对比分析法分析数据的方法。

（2）掌握使用结构分析法分析数据的方法。

2. 实训要求

要求对图8-8和图8-9进行分析，总结两种分析方法的要点，以及分析结果。

3. 实训思路

步骤 01 首先明确图8-8的分析标准，然后对每个渠道的下载量和购买量进行对比总结。

步骤 02 首先明确图8-9的地域分布，然后对每个地域的粉丝数与总人数进行分析。

四、任务考核

填写表8-1的内容并上交。

表8-1　任务考核

序号	考核内容	分值（100分）	说明
1	数据分析的方法有哪几种？简述其含义	60分	
2	数据分析的误区有哪些	40分	

任务二　微信公众号数据分析

微信公众号是新媒体运营的主要渠道，且微信公众号后台的“统计”功能可以方便地对数据进行获取，并进行简单的分析，是运营人员了解并掌握数据分析的一个很好的途径，因此，微信公众号的数据分析是非常重要的。

课堂讨论

针对下列问题展开讨论。

当你运营了一段时间的微信后，如何知道你这段时间的运营效果？新增用户人数、取关人数是多少？推文阅读量、分享量、收藏量是多少？页面跳转率、阅读时长又如何？

一、任务目标

掌握微信公众号数据分析能够帮助运营人员更好地运营微信公众号，发现问题并提升各项运营指标的质量。本任务将对微信公众号数据分析进行简单介绍，再重点介绍微信公众号的用户分析、图文分析、菜单分析和消息分析。

二、相关知识

（一）了解微信公众号数据分析

登录微信公众号，进入后台，在左侧即可看到“统计”菜单中的用户分析、内容分析、菜单分析、消息分析、接口分析和网页分析6个板块，下面分别进行介绍。

- **用户分析**。用户分析包括用户增长、用户属性、常读用户3个方面。用户增长是对新增人数、取消关注人数、净增人数、积累人数的统计与分析。用户属性主要是对用户的性别、语言、省份、城市、终端等数据的统计与分析。常读用户是对常读用户数、常读用户比例等数据的统计与分析。
- **内容分析**。内容分析是对图文总阅读、原文页阅读、分享转发、微信收藏等数据的统计与分析。
- **菜单分析**。菜单分析是对微信公众号的一级菜单、子菜单的点击数等的统计与分析。
- **消息分析**。消息分析是对消息发送人数、消息发送次数、人均发送次数、消息关键词等数据的统计与分析。
- **接口分析**。接口分析是对调用次数、失败率、平均耗时、最大耗时等数据的统计与分析。
- **网页分析**。网页分析是对页面访问量等的统计与分析。

（二）微信公众号用户分析

在微信公众号后台左侧的“统计”菜单中单击“用户分析”超链接，打开“用户分析”页面，在该页面中即可进行微信公众号的用户分析。

1. 用户增长

用户增长是微信公众号最为重要的数据之一，尤其是新关注人数、取关人数等数据。“用户分析”页面默认对前一天的用户增长数据进行统计与分析，图8-10所示为某微信公众号的用户指数“昨日关键指标”。

图8-10　前一天的用户增长数据

从图中可知，昨日该微信公众号有59个新增用户，有29个用户取关，当天净增长用户人数为30。但只分析某一天的数据并不全面，因此微信公众号提供了最近7天、最近15天、最近30天的数据，以及自定义统计时间来查看用户增长数据的方法。在“昨日关键指标”下方的趋势图分析模块中可以自行进行时间设置，图8-11所示即为最近30天的新增人数趋势图。从图中可看出最近30天内，用户增长变化波动较大，2019年9月2日出现较大增长，因此，运营人员应仔细查看该时间粉丝增长的原因。

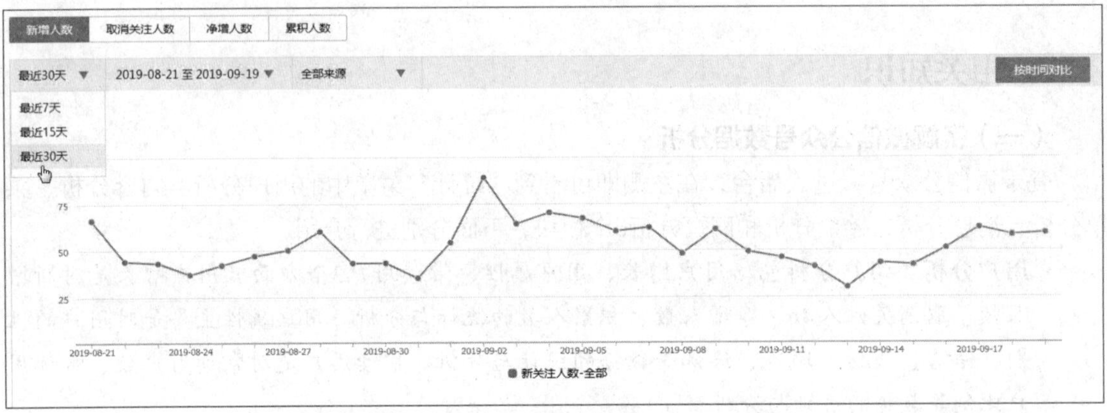

图8-11　最近30天的新增人数趋势图

单击趋势图右侧的按钮，可以对比所选时间内的两组数据，图8-12所示为最近30天的两组数据对比，以更好地观察不同时间段内微信用户的变化情况。

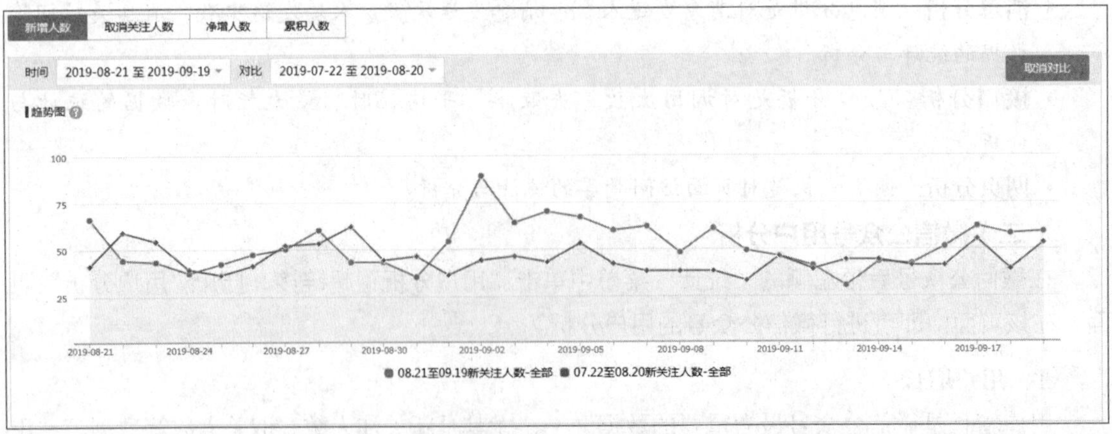

图8-12　最近30天的两组数据对比

专家指导

在趋势图下方详细展示了所选时间段内的用户新增人数、取消关注人数、净增人数、积累人数等数据，运营人员可以单击右侧的“下载表格”超链接下载详细的数据信息，然后通过Excel表格进行个性化分析。

2．用户属性

在“用户分析”页面单击“用户属性”选项卡，在打开的界面中可进行微信公众号的用户属性分析。用户属性包括人口特征、地域归属、访问设备3个方面的内容，下面分别进行介绍。

（1）人口特征

人口特征主要包括性别分布、年龄分布和语言分布3部分，其中性别分布和年龄分布是主要的分析内容。通过对微信公众号的性别和年龄分布进行分析，可以帮助运营人员调整其发布内容和推广内容的风格，如男性偏多，则公众号可以推送体育、汽车类等内容；反之，则可以推送时尚、美妆、娱乐类等内容。图8-13所示为某微信公众号的用户性别分布图，从图中可知该微信公众号的用户男女占比分别为39.22%、60.75%，其中还有部分用户因为没有设置个人资料而无法统计。图8-14所示为某微信公众号的用户年龄分布图，从图中可知该微信公众号的用户年龄主要集中在18~35岁，可能由大学生、白领等青年用户组成，因此其内容风格可以偏时尚、潮流，让用户感受到年轻与活力。

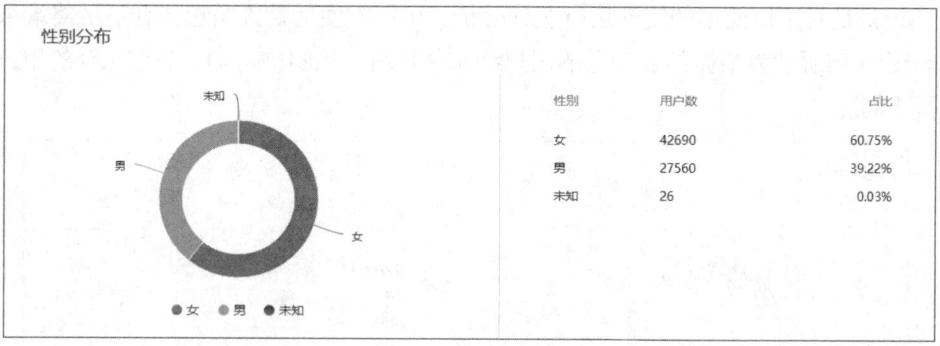

图8-13　某微信公众号的性别分布图

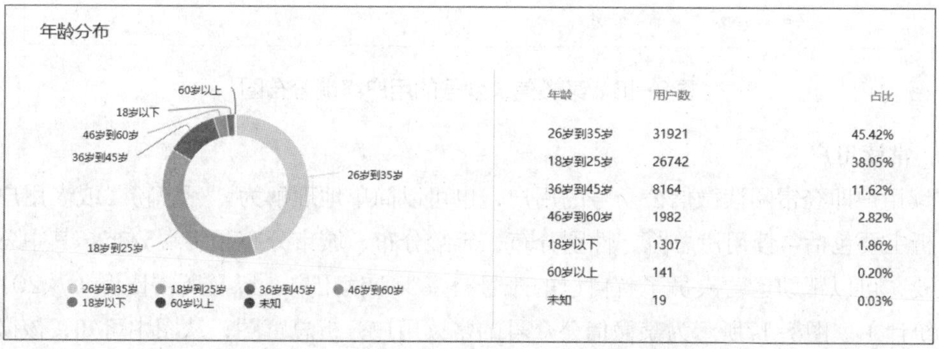

图8-14　某微信公众号的用户年龄分布图

（2）地域归属

地域归属主要是对用户所在的城市分布进行统计分析，可以方便运营人员在策划后续活动时优先选择用户比较集中的地域，或针对某部分地域的用户开展针对性运营。图8-15所示为某微信公众号的地域归属图，从图中可知，用户所在地域很分散，没有明显的地域分布特征，因此不适合针对某一地域的用户进行推广，应从广大用户的普遍心理出发，全面布局才能扩大运营效果。

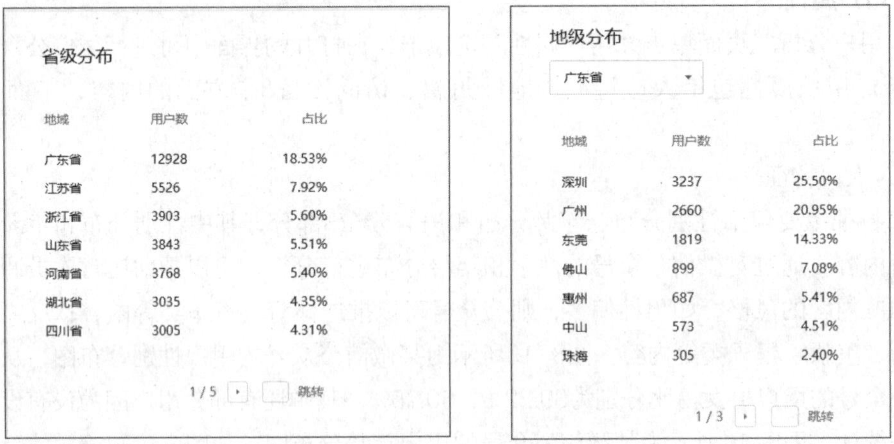
省级分布

地域	用户数	占比
广东省	12928	18.53%
江苏省	5526	7.92%
浙江省	3903	5.60%
山东省	3843	5.51%
河南省	3768	5.40%
湖北省	3035	4.35%
四川省	3005	4.31%

1 / 5 跳转

地级分布

广东省

地域	用户数	占比
深圳	3237	25.50%
广州	2660	20.95%
东莞	1819	14.33%
佛山	899	7.08%
惠州	687	5.41%
中山	573	4.51%
珠海	305	2.40%

1 / 3 跳转

图8-15　某微信公众号的地域归属图

（3）访问设备

访问设备是对用户使用的终端进行统计分析，可以方便运营人员选择合适的终端来开展运营计划。图8-16所示为某微信公众号的用户终端分布图，从图中可知，超过99%的用户使用移动端进行访问。

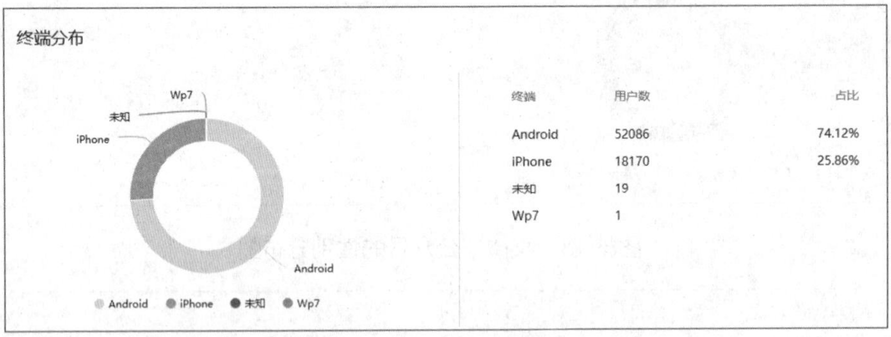

终端	用户数	占比
Android	52086	74.12%
iPhone	18170	25.86%
未知	19	
Wp7	1	

图8-16　某微信公众号的用户终端分布图

3．常读用户

常读用户即经常阅读微信公众号的用户，也可以简单地理解为“死忠粉”或老用户。常读用户分析主要包括常读用户总览、性别分布、年龄分布、城市分布和终端分布。其中总览数据最为重要，可以帮助运营人员了解自己的账号有多少常读用户，以及所占比例（从2019年6月起按月统计）。图8-17所示为某微信公众号的常读用户分析总览图，从图中可知，该微信公众号从2019年6月到2019年8月的常读用户数虽然有所增长，但占所有用户的比例仅为7%，比例较低，应采取一些措施来维护用户。

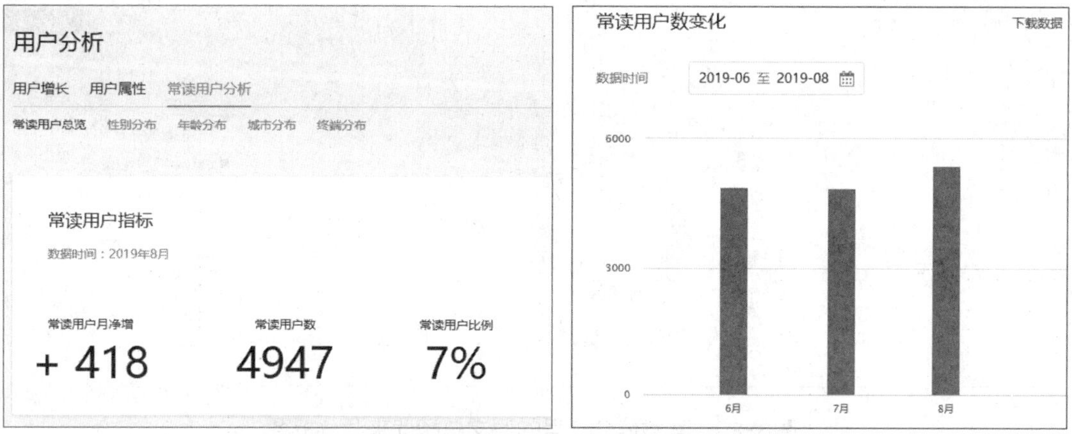

图8-17　某微信公众号的常读用户分析总览图

（三）微信公众号内容分析

内容分析包括群发数据和视频数据两项内容，在微信公众号后台左侧“统计”菜单中单击“内容分析”超链接，在打开的页面中即可对这两项内容进行分析。群发数据针对图文内容进行统计与分析，视频数据则针对视频内容进行统计与分析，二者的数据统计与分析方法是相同的。下面以群发数据为例进行介绍，主要包括全部群发和单篇群发。

1. 全部群发

全部群发主要分析图文总阅读次数、原文阅读次数、分享转发次数和微信收藏人数等数据。在“内容分析”页面可直接查看微信公众号全部群发内容的“昨日关键指标”，图8-18所示为某微信公众号的相关指标。从图中可知，该微信公众号的图文阅读量较低，应注意图文内容的质量或优化标题。

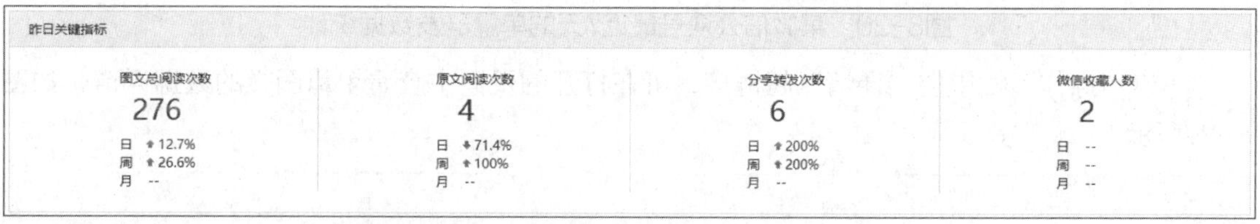

图8-18　某微信公众号的“昨日关键指标”

在“昨日关键指标”下，还可查看最近7天、最近15天、最近30天或自定义时间段内的图文总阅读、原文页阅读、分享转发、微信收藏等的阅读来源分析，图8-19所示为某微信公众号的原文总阅读来源分析图。从图中可知，该微信公众号的图文阅读来源主要是会话（即公众号消息），其他渠道的来源较少，转化率较低。

专家指导

与用户指数一样，在“内容分析”页面的“内容来源分析”板块下也可查看其对应的趋势分析图，以更好地对比不同时间、不同渠道的图文阅读来源。

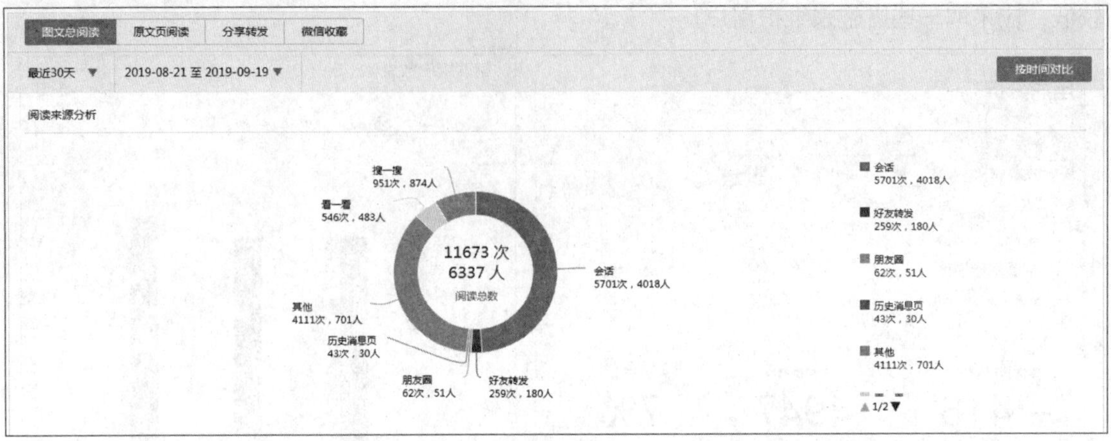

图8-19　某微信公众号的原文总阅读来源分析图

2．单篇群发

单篇群发用于统计分析群发后7天内单篇图文的数据，包括送达人数、阅读人数、分享人数等，图8-20所示为某微信公众号最近7天的单篇群发数据统计。

2018-09-19 至 2019-09-19

内容标题	时间	送达人数	阅读人数	分享人数	操作
等考倒计时，别忘了打印准考证！各考区准考证入口都在这了	2019-09-16	69824	498	3	详情
PPT中的字体怎么搭配？这4种搭配方式最经典！||PPT技巧	2019-09-16	69824	314	2	详情
快速对比表格数据，这几种方法都可以！||Excel技巧	2019-09-06	69552	742	23	详情
给图片做出百叶窗效果，只需要一行符号“-”！||PPT技巧	2019-09-06	69552	259	5	详情

图8-20　某微信公众号最近7天的单篇群发数据统计

单击“操作”栏中的“详情”超链接，可在打开的页面中查看单篇图文的数据详情，如图8-21所示。

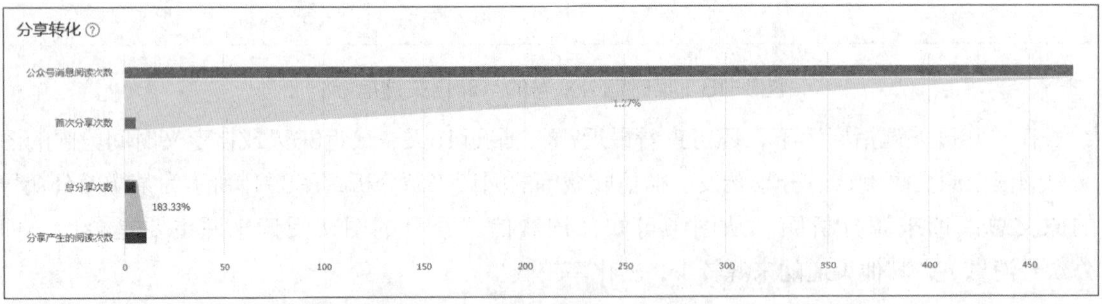

图8-21　单篇群发数据详情

（四）微信公众号菜单分析

在微信公众号后台左侧“统计”菜单中单击“菜单分析”超链接，在打开的页面中即可对菜单进行分析。首先可查看菜单的“昨日关键指标”，包括菜单点击次数、菜单点击人数、人均点击次数3个指标，如图8-22所示。

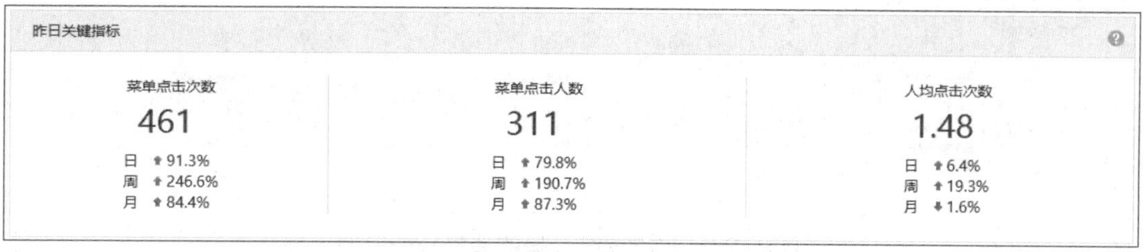

图8-22　菜单“昨日关键指标”

在“昨日关键指标”下方，还可以根据需要选择菜单查看最近7天、最近15天、最近30天等数据，并对一级菜单、子菜单的菜单点击次数、菜单点击人数和人均点击次数进行统计分析，查看所选时间段内的走势，以查看公众号粉丝的活跃度和对菜单的满意度。一般来说，菜单点击次数越多公众号的覆盖人群越多，人均点击次数越大说明用户的活跃度越高。图8-23所示为某微信公众号最近30天的菜单趋势分析，从图中可知，该微信公众号菜单的点击次数较低，且波动幅度不大，运营人员可适当优化菜单，或在点击菜单后设置一些比较有趣的栏目，吸引用户点击查看子菜单。

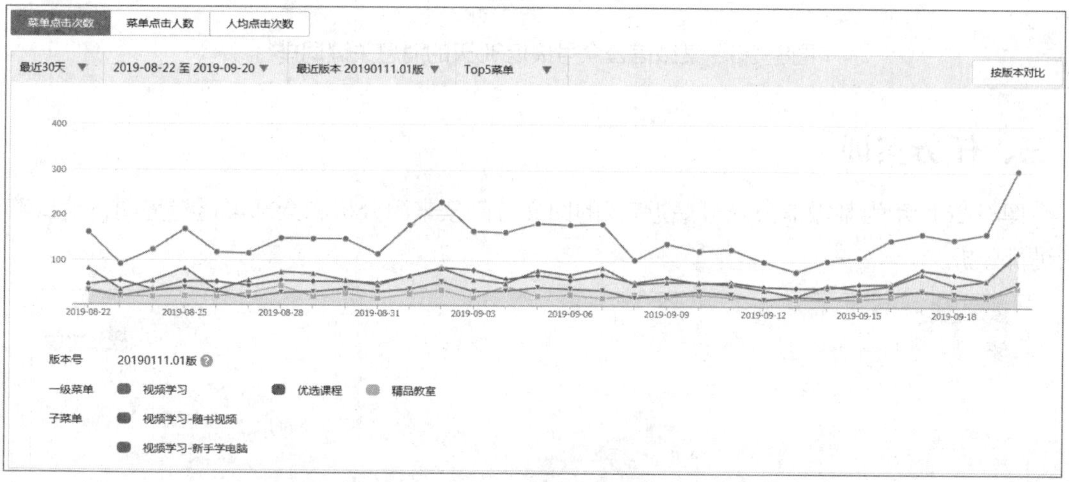

图8-23　某微信公众号最近30天的菜单趋势分析

（五）微信公众号消息分析

微信公众号消息数据分析包括消息分析和消息关键词分析两个部分。

- **消息分析**。可先选择小时报、日报、周报、月报等时间范围，然后查看消息发送人数、消息发送次数、人均发送次数等数据。消息发送人数包括关注者主动发送消息的去重用户数，消息发送次数为关注者主动发送消息的次数，人均发送次数为消息发送总次数/消息发送的去重用户数。图8-24所示为某微信公众号的消息分析日报。
- **消息关键词分析**。可查询微信公众号最近7天、14天、30天的关键词排行，或对微信公众号关键词进行统计排序，以得到用户需求量比较大的关键词，对微信公众号内容进行优化，提高用户与平台的互动频率以及文章的回复率。图8-25所示为某微信公众号最近30天的消息关键词排行。

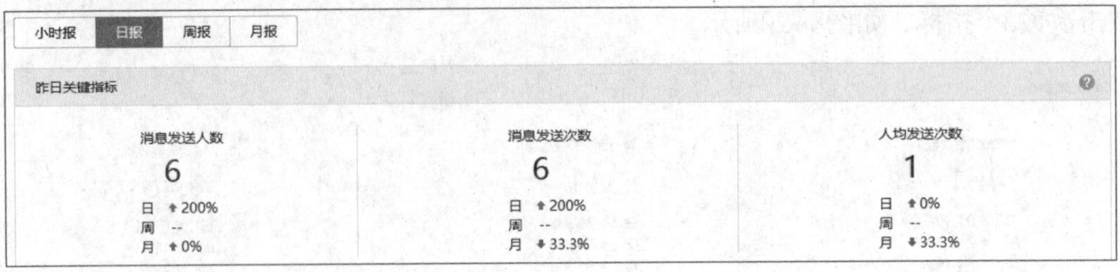

图8-24 某微信公众号的消息分析日报

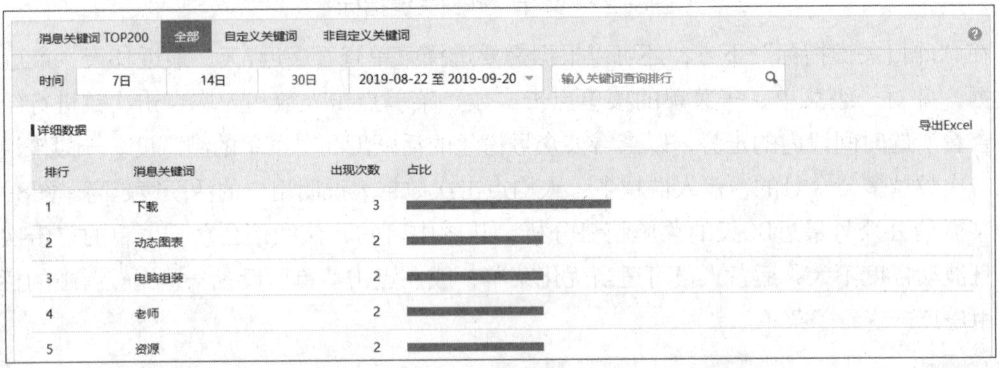

图8-25 某微信公众号最近30天的消息关键词排行

三、任务实训

图8-26所示为某微信公众号最近7天的图文总阅读来源分析和全部渠道趋势图，请试着对其进行分析。

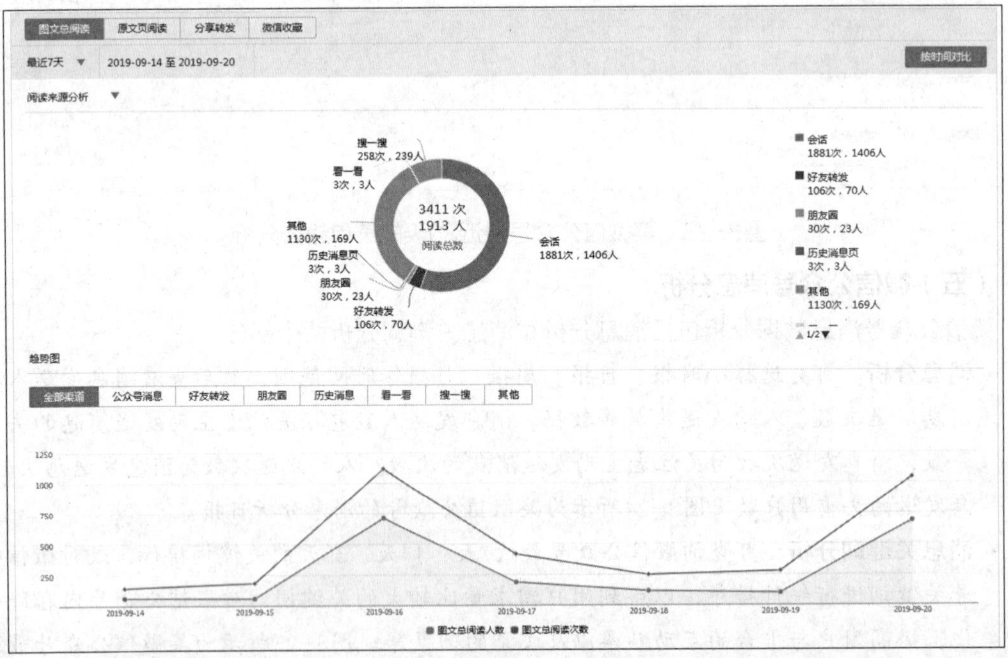

图8-26 某微信公众号最近7天的图文总阅读来源分析和全部渠道趋势图

1. 实训目标

（1）熟悉微信公众号数据分析的方法。

（2）掌握微信公众号图文数据的分析方法。

2. 实训要求

根据提供的数据对该微信公众号图文总阅读数据和全部渠道趋势图进行分析。

3. 实训思路

步骤 01 对图文总阅读数据进行分析，明确数据的主要来源，并对来源低的渠道进行统计，最后给出优化方案。

步骤 02 对全部渠道趋势图进行分析，明确最近7天的总阅读人数和图文总阅读次数的现状，并给出解决问题的方案。

四、任务考核

填写表8-2的内容并上交。

表8-2 任务考核

序号	考核内容	分值（100分）	说明
1	微信公众号用户分析包含哪些内容	50分	
2	微信公众号图文分析包含哪些内容	50分	

任务三 微博数据分析

新媒体时代，微博是用户获取资讯的主要渠道之一，因此对微博数据的分析也是刻不容缓的。运营人员通过对微博数据进行分析，可以及时了解运营的情况、用户的需求和反馈，发现并解决运营过程中出现的问题，以更好地开展企业产品或品牌的运营，提升运营效果。

课堂讨论

针对下列问题展开讨论。

（1）你知道自己发布的微博阅读数是多少吗？转发、评论和点赞数又是多少？

（2）你知道自己的粉丝有多少吗？增长速度又是怎样的？

一、任务目标

微博数据分析可以通过微博“数据助手”来进行操作。在PC端微博“管理中心”页面或者微博手机客户端中依次点击“我”→“粉丝服务”→“内容管理”→“内容效果”，即可打开“数据助手”，在其中可以查看微博粉丝、博文、互动、视频、文章等数据，运营人员根据这些数据可以进行微博营销效果的分析。本任务将重点介绍内容和粉丝数据的分析。

二、相关知识

（一）微博内容数据分析

微博内容数据分析主要包括博文分析、文章分析和视频分析。其中，博文分析是指对所发微博短文进行分析；文章分析是指对微博头条文章进行分析；视频分析是指对所发微博视频进行分析。下面对这3者进行介绍。

1．博文分析

博文分析包括对微博阅读趋势（微博阅读数、发博总数），微博转发、评论和赞数，单条博文分析等数据进行分析，如图8-27所示。运营人员需要重点关注微博阅读趋势和单条微博分析两项数据，微博阅读趋势反映了账号某段时间内的微博被阅读次数，根据这些数据可以分析该账号阅读数据差异较明显的部分，总结用户感兴趣的博文内容。通过单条微博分析（见图8-28），运营人员可以快速找到阅读量和互动数较高的微博，从而对微博内容、发文时间进行统计，以便找出最佳运营策略。

2．文章分析

文章分析可以对文章阅读趋势，文章转发、评论和赞，以及单篇文章的数据进行分析，如图8-29所示。运营人员通过文章分析可以找到转发、评论和赞数比较高的文章，总结文章的相同点，并分析文章主要满足了用户的哪些需求。此外，还可以对高阅读量的文章的排版、语言风格和发布时间等内容进行详细分析。

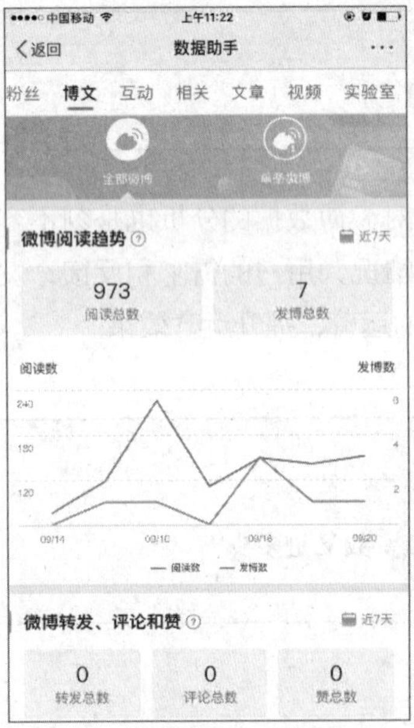

图8-27　全部微博

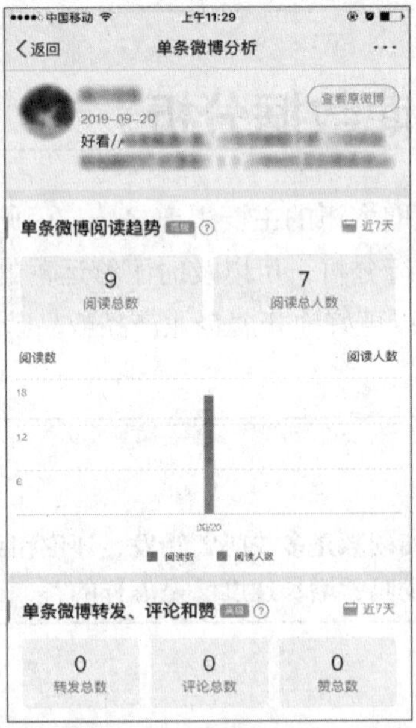

图8-28　单条微博分析

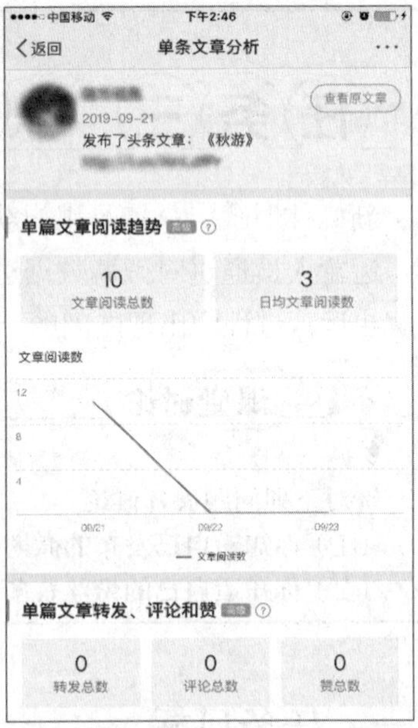

图8-29　文章分析

3．视频分析

与博文分析和文章分析类似，视频分析主要对视频播放趋势，视频转发、评论和赞，以及单条视频等进行分析。运营人员可以通过统计视频的播放量和点赞数，找到优化视频内容的方法，以增强运营效果。

（二）微博粉丝数据分析

对微博粉丝数据进行分析，可以挖掘粉丝的需求，从而在运营过程中提供符合用户需求的内容，吸引用户注意，提升用户参与度，最终顺利达到运营目的。微博粉丝分析主要包括粉丝趋势、活跃分布和粉丝画像3个方面，下面分别进行介绍。

1．粉丝趋势

运营人员可以对近7天、近30天、近90天或更久远时间段的粉丝总数、粉丝净增数进行趋势图分析，以快速掌握粉丝增长或减少的情况，并结合所发布微博内容的分析，找出粉丝变化的原因。图8-30所示为某微博账号近90天内粉丝总数和粉丝增加数的情况，从图中可知，其粉丝数量较少，但整体呈上涨趋势，4月8日粉丝人数增加较多，因此应注重对当天微博运营内容的分析，找到粉丝增加较多的原因，并据此制定增长粉丝的策略。此外，还可对取关粉丝数据进行分析，查看取关粉丝的信息，找到取关的原因。

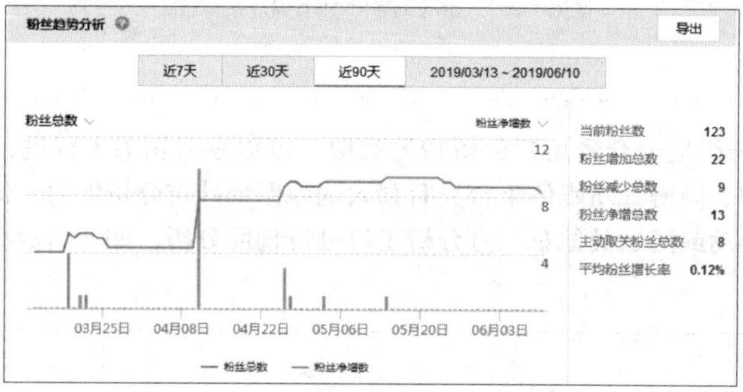

图8-30　某微博账号近90天内粉丝总数和粉丝净增数趋势图

2．活跃分布

活跃分布主要是对活跃粉丝数进行分析。微博账号粉丝根据活跃度分为活跃粉丝和“僵尸粉”（即只关注没有任何互动的用户），通过活跃分布即可查看微博账号近7日的粉丝活动情况，了解粉丝活跃度较高的时段，分析粉丝产生活跃行为的原因，更好地选择运营的时间。图8-31所示为某微博账号近7天粉丝活跃分布图，从图中可知，该微博账号近7天的活跃粉丝数量在30人左右，数量较少，且活跃时间段一般在8:00~10:00、12:00~14:00、17:00~18:00、21:00~22:00。

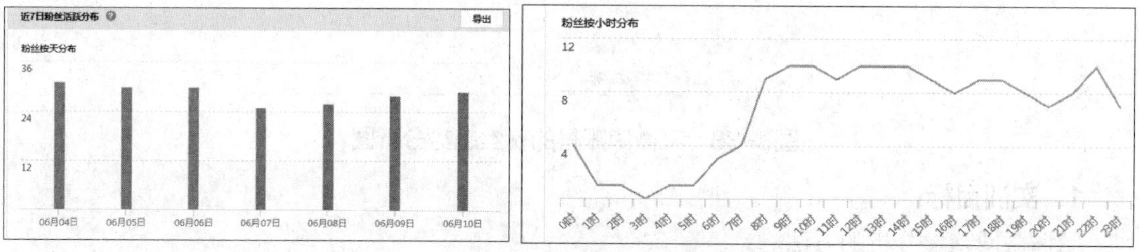

图8-31　某账号近7天粉丝活跃分布数据

3．粉丝画像

粉丝画像主要是对粉丝来源、粉丝性别、粉丝年龄、粉丝地区分布、关注我的人的粉丝量级、粉丝兴趣标签、粉丝类型等进行分析，图8-32所示为某微博账号的粉丝类型。

通过粉丝来源可以查看粉丝账号的来源渠道，如来自微博推荐的粉丝较多，运营人员应当设置好微博分类标签，便于微博官方将其推荐给有共同需求和兴趣的用户。粉丝性别和年龄的统计分析可以影响微博内容的选题和语言风格，如女性粉丝较多，则选题时可以偏向娱乐、综艺、时尚等。

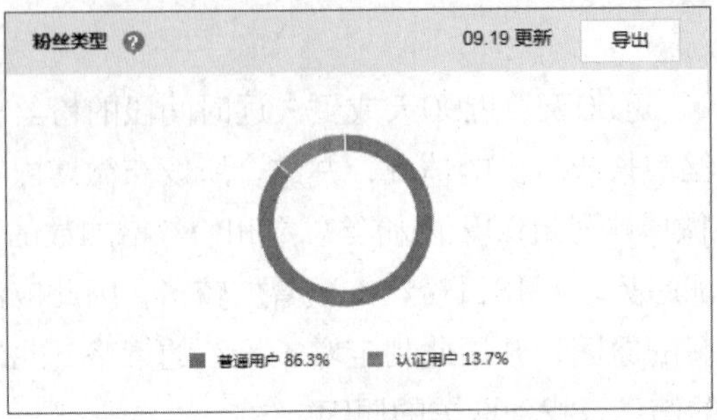

图8-32　某微博账号的粉丝类型

专家指导

微博粉丝画像与微信公众号用户分析较为类似，可以参考相关内容进行学习，这里不再赘述。此外，虽然微信、微博等新媒体平台具有强大的数据统计与分析能力，但一些精细化的数据还是需要运营人员手动或通过其他第三方分析工具进行辅助分析，如新榜数据、西瓜助手、考拉新媒体助手等。

三、任务实训

图8-33所示为某微博账号的粉丝趋势分析图，请试着对其进行分析。

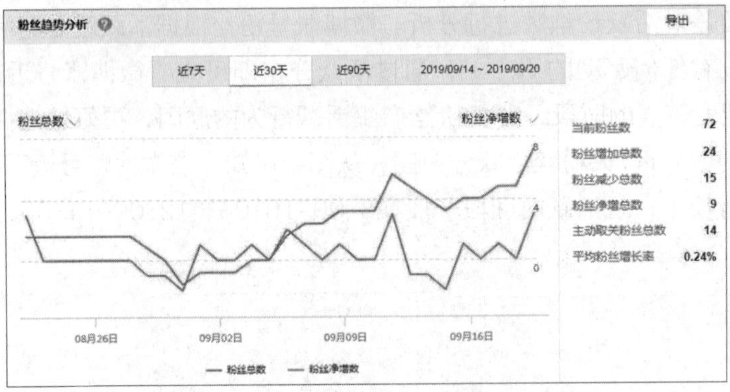

图8-33　某微博账号的粉丝趋势分析图

1. 实训目标

掌握微博粉丝分析的方法。

2. 实训要求

根据图8-33所示的内容，对该微博账号的粉丝数、粉丝增减情况等数据进行分析。

3. 实训思路

对趋势图中的数据进行分析，总结出该微博账号的现状，以及应该采取什么样的措施来获得新粉丝。

四、任务考核

填写表8-3 的内容并上交。

表8-3　任务考核

序号	考核内容	分值（100分）	说明
1	如何对微信公众号数据进行分析	50分	
2	如何对微博数据进行分析	50分	

拓展延伸

下面对新媒体数据分析的相关知识进行拓展，进一步提升读者的认知。

一、对比分析法的维度

对比分析法的维度可以分为同比、环比、定基比3种，下面分别进行介绍。

- **同比**。同比一般是指基于相同数据维度的时间同期对比，或者基于时间维度的影响因素对比。
- **环比**。环比是指连续两个相邻期间的对比，用于表示事物的逐期发展变化程度。
- **定基比**。定基比是指针对一个基准数据的对比，如对于某运营活动，渠道A和渠道C相比，渠道B与渠道C相比，那么渠道C就是基准数据，两者的比值就是渠道A与渠道B的定基比。

二、微博互动数据分析

微博互动数据分析包括“近7天账号互动top10”“我的影响力”和“我发出的评论”3个方面的内容。“近7天账号互动top10”用于展示一周内与该微博账号互动频繁的10个账号，可方便运营人员了解这些账号的用户的兴趣，并做好与潜在重点用户的互动。“我的影响力”用于查看影响力、活跃度、传播力和覆盖度等数据，可方便运营人员查看微博的数据变化，进一步了解目前该账号的运营影响力，进而制定相关的运营策略。“我发出的评论”用于查看发出评论的总数和日均评论数等数据，用于对运营人员的运营情况进行监测和考核。

实战与提升

通过本项目知识的学习，对下列问题展开讨论与练习，在巩固所学知识的同时，拓宽视野，进一步提高自己的能力。

（1）谈谈你对数据分析的理解，并简述数据分析的方法。

（2）以你目前运营的微信公众号为例，分析其用户、内容、菜单和消息等数据。

（3）以你目前运营的微博账号为例，分析其内容、分析和互动等数据。